中华现代学术名著丛书

康德学述

郑 昕 著

图书在版编目(CIP)数据

康德学述/郑昕著.—北京:商务印书馆,2011(2021.5重印)
(中华现代学术名著丛书)
ISBN 978-7-100-08625-7

Ⅰ.①康… Ⅱ.①郑… Ⅲ.①康德,I.(1724~1804)—哲学思想　Ⅳ.①B516.31

中国版本图书馆 CIP 数据核字(2011)第 193420 号

权利保留,侵权必究。

本书据商务印书馆 2001 年版排印

中华现代学术名著丛书

康 德 学 述

郑　昕　著

商 务 印 书 馆 出 版
(北京王府井大街36号　邮政编码100710)
商 务 印 书 馆 发 行
北 京 冠 中 印 刷 厂 印 刷
ISBN 978-7-100-08625-7

2011 年 12 月第 1 版　　开本 880×1240　1/32
2021 年 5 月北京第 2 次印刷　印张 9¼　插页 1
定价:45.00 元

郑 昕

(1905—1974)

出版说明

百年前,张之洞尝劝学曰:"世运之明晦,人才之盛衰,其表在政,其里在学。"是时,国势颓危,列强环伺,传统频遭质疑,西学新知亟亟而入。一时间,中西学并立,文史哲分家,经济、政治、社会等新学科勃兴,令国人乱花迷眼。然而,淆乱之中,自有元气淋漓之象。中华现代学术之转型正是完成于这一混沌时期,于切磋琢磨、交锋碰撞中不断前行,涌现了一大批学术名家与经典之作。而学术与思想之新变,亦带动了社会各领域的全面转型,为中华复兴奠定了坚实基础。

时至今日,中华现代学术已走过百余年,其间百家林立、论辩蜂起,沉浮消长瞬息万变,情势之复杂自不待言。温故而知新,述往事而思来者。"中华现代学术名著丛书"之编纂,其意正在于此,冀辨章学术,考镜源流,收纳各学科学派名家名作,以展现中华传统文化之新变,探求中华现代学术之根基。

"中华现代学术名著丛书"收录上自晚清下至20世纪80年代末中国大陆及港澳台地区、海外华人学者的原创学术名著(包括外文著作),以人文社会科学为主体兼及其他,涵盖文学、历史、哲学、政治、经济、法律和社会学等众多学科。

出版说明

出版"中华现代学术名著丛书",为本馆一大夙愿。自1897年始创起,本馆以"昌明教育,开启民智"为己任,有幸首刊了中华现代学术史上诸多开山之著、扛鼎之作;于中华现代学术之建立与变迁而言,既为参与者,也是见证者。作为对前人出版成绩与文化理念的承续,本馆倾力谋划,经学界通人擘画,并得国家出版基金支持,终以此丛书呈现于读者面前。唯望无论多少年,皆能傲立于书架,并希冀其能与"汉译世界学术名著丛书"共相辉映。如此宏愿,难免汲深绠短之忧,诚盼专家学者和广大读者共襄助之。

商务印书馆编辑部
2010年12月

凡　　例

一、"中华现代学术名著丛书"收录晚清以迄20世纪80年代末,为中华学人所著,成就斐然、泽被学林之学术著作。入选著作以名著为主,酌量选录名篇合集。

二、入选著作内容、编次一仍其旧,唯各书卷首冠以作者照片、手迹等。卷末附作者学术年表和题解文章,诚邀专家学者撰写而成,意在介绍作者学术成就、著作成书背景、学术价值及版本流变等情况。

三、入选著作率以原刊或作者修订、校阅本为底本,参校他本,正其讹误。前人引书,时有省略更改,倘不失原意,则不以原书文字改动引文;如确需校改,则出脚注说明版本依据,以"编者注"或"校者注"形式说明。

四、作者自有其文字风格,各时代均有其语言习惯,故不按现行用法、写法及表现手法改动原文;原书专名(人名、地名、术语)及译名与今不统一者,亦不作改动。如确系作者笔误、排印舛误、数据计算与外文拼写错误等,则予径改。

五、原书为直(横)排繁体者,除个别特殊情况,均改作横排简体。其中原书无标点或仅有简单断句者,一律改为新式标点,专名号从略。

六、除特殊情况外,原书篇后注移作脚注,双行夹注改为单行夹注。文献著录则从其原貌,稍加统一。

七、原书因年代久远而字迹模糊或纸页残缺者,据所缺字数用"□"表示;字数难以确定者,则用"(下缺)"表示。

重印感言

齐良骥

商务印书馆编辑部重印郑昕先生的《康德学述》(1946年初版),让我谈谈感想。

郑昕先生是我学康德哲学的老师,也是同我年岁相差不多在旧社会念大学的一些同志学康德的老师,又是解放后进大学当前在全国各地的好多哲学工作者学康德的老师。我们想起郑昕先生,必定想到康德;说到康德,必定想起郑昕先生。在我们的思想里,他们是联在一起的。郑昕先生是我国第一个远渡重洋去康德祖国攻读深入堂奥的康德专家。郑昕先生为介绍康德哲学贡献出毕生力量。

面对着《康德学述》,往昔情景不禁漂浮心际。我第一次见到郑先生是1933年秋天在沙滩北大红楼四楼临街的一间教室里。身材魁梧,恐怕是因为刚从德国回来吧,穿的是一身国内少见的黑色西装,更显出一位古典哲学学者的深沉风度。当时正好是他教学生涯的开始。我们一年级同班四个人(解放前大学里学哲学的很少)就是他第一次上讲台的听众。课程是必修课的"逻辑学"。有趣的是听了整整一学期没有听他讲起概念的内包、外延以及三段论式等等,更不用说逻辑的运算,他一次一次地总是在讲认识、对象、素朴的反映论等认识论的问题。我们刚进大学,西方哲学知识不多,听了觉得茫茫然,抓不住要领。不仅"逻辑学"是这些内容,"认识论"课的内容也差不多,后来听了他讲"康德哲学",才恍然大悟,原来一年级时我们听的已经是康德的"先验逻辑"!

恐怕谁都承认,郑先生讲康德,满腔热诚,难能可贵,令人萦怀难忘。甚至可以说,他的态度近乎虔诚。可是,回想起来,与此相映成趣,更可贵的是他又不止一次地向我们赞扬列宁的《唯物主义和经验批判主义》,说它是一本了不起的书,尽管他无意向我们介绍列宁的观点。对《唯批》的赞扬跟他早就与革命志士有交往并接触到进步思想分不开。一个人总会有这样那样的矛盾,这里所表现的矛盾在他特别突出。在当时的课堂上,赞扬列宁的《唯批》,也了不起。当时的青年,听老师赞扬列宁的书,不禁对他另眼看待,好像增加了敬意,有趣的是在这里却好像联带着增强了他反复讲解的康德哲学的吸引力。

1937年春,郑先生指导我写了一篇有关康德认识论的毕业论文。不久,抗日战争爆发,他随北大去昆明,我从日军铁蹄下的北平离家出走,辗转去昆明进西南联大哲学系工作已经是1941年了。那时国民党积极反共消极抗日,苦闷的青年寻求思想上的慰藉,渴望求知,康德哲学课堂不像在北平时那样冷清了,他讲起来兴致更浓。三本批判轮番讲,我抽出时间又当起旁听生。大约1944年以后,我们同住在青云街靛花巷一幢陈旧的小楼里,他在二楼,我在三楼,得以不时请教,也不免闲谈。正是当时,他坐在那间用薄板同邻室隔开的大小不过六七平方米的昏暗房间里,桌上纸笔之外只有一两本书,也许还有一叠讲稿,衔着烟斗,仰面沉思,随想随写。我扰乱了他的思路,但他总是高兴地接谈,谈的很自然就转到他正在考虑的问题。这样连续好多个月扎入康德哲学里边,设身处地,深思熟虑,用自己的语言表现出来的就是这本《康德学述》。

郑先生所以对康德哲学精髓了如指掌,与他功力之深分不开。他去德国多年,先在柏林大学,后去耶那大学。不清楚为什么离开柏林去耶那,猜想可能是为了求教于新康德派大师布鲁诺·包赫(Bruno Bauch, 1877—1942,西南学派李凯尔特的学生,从1911年一直是耶那大学教授,著有《康德》、《真理、价值和实在》等书)。在包赫教授指导下研究三年。从1933年起在北大专门讲授康德历时三十余年。翻开他的藏书,不管是柯亨、那托尔普的书,还是菲舍、文德尔班、李尔的书,更不用说康德著作,一页一页字里行间的铅笔线条,还有页边上密密麻麻的随记,足见用功之勤。

不过,正由于功底深厚,《康德学述》才不很容易读懂,正如康德哲学原来就很难一目了然。但是,这本书必然会在对康德哲学有初步知识的读者中间引起莫大兴趣。多读、细读一定会不断有所了悟,因为作者几十年的工夫是把读者引进门槛的很好保证。当然,对今天的读者,马克思主义哲学基本观点几近于常识,引进门却不得其道而出,是用不着顾虑的,这一点我与商务印书馆编辑部的同志有同感。

遗憾的是郑昕先生留下的著述不多。因此,这本《康德学述》更值得珍视。它堪称我国认真介绍康德哲学的第一部专著。这是一位进步学者为人民留下的仅有纪念,让我们学习他几十年如一日作学问的谨严不苟!

目　次

弁言 …………………………………………………………… 1
谈哲学(代序一) ……………………………………………… 3
从希腊,文艺复兴,说到康德的唯心论(代序二) …………… 9
一　康德对玄学之批评 ……………………………………… 15
　　前言 ……………………………………………………… 15
　　本论上篇　玄学之由来:对象原则种种 ……………… 16
　　　现象与物如的分别 …………………………………… 16
　　　释物如 ………………………………………………… 17
　　　玄学怎样产生的 ……………………………………… 18
　　　经验的方向 …………………………………………… 19
　　　经验的方向与玄学 …………………………………… 20
　　　玄学之对象——"先验的幻象" ……………………… 21
　　　玄学的原则 …………………………………………… 22
　　本论下篇　各种玄学系统及其批评 …………………… 25
　　　三种理念 ……………………………………………… 25
　　　三种玄学 ……………………………………………… 25
　　　　甲、心灵玄学(理性心理学)及其批评 …………… 26
　　　　　心灵的本体性的诐论 …………………………… 28
　　　　　心灵的单一性的诐论 …………………………… 29

ix

心灵不灭的诐论 ·· 31
　　　心灵的人格性的诐论 ······································ 32
　　　心灵的理想性的诐论 ······································ 33
　　　"心理学问题"的出路 ······································ 37
　　乙、宇宙玄学(理论的宇宙论)及其批评 ·················· 40
　　　关于宇宙量的争执 ··· 42
　　　关于宇宙内容的争执 ······································ 44
　　　关于宇宙秩序的争执 ······································ 46
　　　关于宇宙存在的争执 ······································ 47
　　　理性的宇宙论可能么? ···································· 49
　　　理性的宇宙论里的假矛盾命题 ··························· 52
　　丙、"神道"玄学(理性的神学)及其批评 ·················· 56
　　　本体论的证明(上帝的存在)及其困难 ················· 57
　　　宇宙论的证明(上帝的存在)及其困难 ················· 59
　　　自然神学的证明(上帝的存在)及其困难 ··············· 60

二　康德论知识 ·· 65
　上篇　总问题及时空 ·· 65
　　Ⅰ　绪论 ··· 65
　　　一、现象与本体对立的假定 ······························ 68
　　　二、感性与悟性对立的假定 ······························ 68
　　　三、悟性与理性对立的假定 ······························ 70
　　　四、理论的理性(自然)与实践的理性(自由)对立的假定 ······ 70
　　Ⅱ　问题　先天综合判断如何可能?(或从纯理性来的知识
　　　　　　如何可能?) ··· 72
　　　一、"分析判断"与"综合判断"的区别 ················· 74

x

二、先天综合判断 ·· 75
三、数学的判断，是先天综合判断 ························· 76
四、自然科学（物理学）里基本的假定，都是先天综合判断 ······ 78
五、玄学命题是先天综合命题 ································ 79
III 空间，时间，及其"体"，"用" ···························· 80
A、先明空间时间之"体"——"形上的"讨论空间时间 ······ 80
一、空间时间非经验的观念，而为先天的观念 ······ 81
二、空间，时间，不是概念，而是直观 ···················· 82
三、空间时间是唯一的，无尽量的 ························· 83
B、空间，时间的"用"——先验的讨论空间时间 ········· 84
C、"空间时间即在吾心之观念" ······························ 89
D、空间时间的"先验的理想性"及"经验的实在性" ········ 92

中篇 ··· 95
甲、改造的范畴 ·· 95
乙、范畴的"体""用" ·· 122
范畴的先验演绎（按第一版申说） ······················· 129
创造的想象力与范畴 ·· 136
范畴的先验演绎（按第二版申说） ······················· 141
范畴的致用（图式说） ·· 162

下篇 知识的基本原则 ·· 166
一、本质常住的基本原则 ··· 182
二、按照因果律之时间内的继续原则 ······················· 191
三、交互（影响）的基本原则 ··································· 212
经验思维底设准 ·· 224

附录 真理与实在 ··· 241

（一）引论 …………………………………………… 241
    一、真与实 ………………………………………… 242
    二、"思"与"在" …………………………………… 242
    三、几种对象——实在的与不实在的 …………… 244
    四、思维，认识与错误 …………………………… 246
    五、几种判断举例 ………………………………… 247
    六、有效性与效准 ………………………………… 249
（二）真理问题 ……………………………………… 252
    一、真理，效准及事实关系 ……………………… 253
    二、真理与思维，矛盾法的试用 ………………… 255
    三、第三境界 ……………………………………… 259
    四、真理与错误是平列么？ ……………………… 261
    五、真理与对象 …………………………………… 264
（三）实在问题 ……………………………………… 265
    一、实在问题的外形剪影 ………………………… 265
    二、论感觉，客观思维，实在之连锁 …………… 270

《康德学述》成书背景及特点 ……………… 陈启伟 279

弁　　言

　　是书成于乱离中之读书杂记。平日随己之所好,心之所记,一一笔之于书,剪裁为文,或可为《纯理性批导》一书之提要与诠释;谓为述学,殆犹过也。抑此学之在吾国,犹为一未耕之园地,吾人但求会悟而得其真,然后再视有无"新"哲学途径(超过康德,可能有新哲学,掠过康德,只能有坏哲学);故虽了无创意,亦汇集问世,以利初学。康德之学,博大精微,且行文艰涩,说之者复纷歧浩繁,苟有人焉,肯为此作长编,一如焦里堂氏之于孟子,其学术价值,诚未可衡量也。

　　本编取材,除康德之《纯理性批导》及《未来玄学导言》外,有下列数书:

Windelband, Lehrbuch der Geschichte der Philosophie

Rogers, A Student's History of Philosophy

Fischer, Immanuel Kant 2 Bde.

Kroner, Von Kant bis Hegel Bd. I

Riehl, Der Philosophische Kritizismus Bd. I

Caird, Critical Philosophy of Kant vol. I

Paton, Kant's Metaphysic of Experience 2 vols.

Apel, Kommentar zu Kants Prolegomena

为随己之所好摘录者。至:

Cohen, Kants Theorie der Erfahrung

Bauch, Immanuel Kant

Cassirer, Kants Leben und Lehre

为获益最多之书,均弃置平津,只能随心之所记,有所采录。书中所集各篇,除《康德论知识》之中篇及下篇,尚未经发表外,余均已在《学术季刊》发表者。各篇既非一时之作,亦未能合而观之,其内容重复,不匀称与用字不一致之处,势不能免,冀能于再版时有所损益。附录一篇,曾载《哲学评论》,大体依附以下三书:

Bauch, Wahrheit, Wert und Wirklichkeit

Anfangsgruenden der Philosophie

Studien zur Philosophie der exakten Wissenschaften

不敢掠美。代序两篇,系为昆明《云南日报》及《中央日报》所撰之《星期论文》,均未能一一向原印者请求重印,是所憾焉,一并于此纪之。

民国三十四年秋时客云南

谈哲学(代序一)

哲学是一种无用的学问,它不像科学,能显著的致用,所以它常被人所忽略;它所研究的是关于宇宙和人生一些根本问题,又觉得它不可须臾离。它有时被尊为"普遍的科学",一切科学都是它的支部;有时被贬为"坏的科学",为科学的渣滓,好像科学发达了,哲学便没有存在的余地。对哲学作这类毁誉的人,都要既未明了哲学的性质,也未明了科学的性质。哲学的价值,不因为有"不虞之誉"而增加,也不因为有"求全之毁"而减少。

哲学是什么?颇不易说。因为各家各派见仁见智不同,很难有一致公认的界说。按希腊原字,哲学是"爱智"的意思,有人遂称它为讲"宇宙的智慧"和"人生的智慧"的学问。我们权且按照这个定义来谈谈哲学。

哲学虽以获得宇宙的智慧和人生的智慧为目的,但达到这个目的,却不是一件不费气力的事。第一步要从怀疑常识和破除成见入手。我们先不要谈宇宙,暂就日用的这张书桌谈谈,看我们对它怀了多少成见?能有多少智慧?

我们平日对于这张桌子的存在,当然不会发生疑问,它是一件木头做成的,有一定的形象,一定的颜色,四条腿的实实在在的东西。哲学的任务是"格物""致知""穷理",它第一个问题是"桌子是实在的吗"?这个问题好象很唐突。其实我们只要思索一下,便知道,说桌子是实在的,不外是说:我的眼能见(视觉)它,它有一定的颜色;我的手能摸(触觉)它,它是光润的或粗糙的;我的鼻能嗅(嗅觉)它,它有一定的气味等等。除非我们用感官的视觉,触觉,嗅觉等等去接触它,我们不能对这张桌子有所"知"。然而单凭感官,我们便能认识它吗?又不尽然。我所见的桌子有颜色,所触的桌子是光润的或粗糙的,所嗅的桌子是有油漆气味的。换句话说,我对桌子只有颜色的感觉,光润或粗糙的感觉,油漆气味的感觉。但我所见的是桌子,而不是颜色的感觉,所触的是桌子,不是光润或粗糙的感觉,所嗅的是桌子,不是油漆气味的感觉。我们平日的成见,以为我们对于这张桌子有视觉,便是我见这张桌子。这显然有困难。因为对于这张桌子的视觉,你的,是桌子的那一面,我的,是桌子的这一面。同时我的视觉,你的视觉,也因为时间、地位、光线等等有变化,而我见,你见这张桌子,是说见这张自同一的,实在的桌子;视觉所及的桌子,只是桌子的某部分,二者有很大的分别。如果由视觉扩充到别的感觉则困难更要增加,我不只看(视觉)这张桌子,说它有一定的颜色,同时用手摸(触觉)这张桌子,说它是光润的或粗糙的,用鼻嗅(嗅觉)这张桌子,说它有油漆气味。视觉、触觉、嗅觉各不相侔,我们怎样知道所视,所触,所嗅的是自同一的,实在的桌子?颜色的感觉,光润或粗糙的感觉与油漆气味的感觉,有什么方法比较?我的视觉、触觉、嗅觉与这张桌子有什么关系?我有什么权利说:我对它有视觉、触觉、嗅觉,便说我认识这张桌子?你现在问我摆在我面前这张桌子是什么?我可以凭借我的感官的感觉描写一次给你听:它有某一定的颜色,是光润的或粗糙的,是有油漆气味的等等。它究竟是什么呢?我现在还不能说。或说:感官对于桌子的认识,是必要的条件,而非充分的条件。

我们对桌子的认识，还另有所凭借，凭借空间、时间、本质，因果一类的概念去认识。桌子既是可视、可触、可嗅的东西，它当然不是空间、时间以外的东西。它总是占空间的，有它的不可入性，有它一定的形象，广延等等。它总是占时间的：桌子和它的前身（木料）是先后存在，桌子和桌上的书籍是同时存在，桌子这一面和那一面是同时存在的。拿掉空间和时间的关系，根本不能有桌子这回事。再就我们对于桌子的知觉说，知觉永远离不开时间，永远跳不出当前的霎那。"同时"和"先后"，是时间主要的标帜，单凭知觉，我不能说太阳和地球同时存在，不能说西山和翠湖同时存在，甚至于不能说桌子的这面和那面同时存在，一切都随我的知觉流去，我把握不住任何事物，我只有心中的霎那，霎那是无法把握的，说霎那时，已经过去，好象有过去，将来，而无现在，没有现在的世界，成何局面？没有现在的桌子，何从认识？我们也不能有"我见这张桌子""这是一张桌子"一类简单的命题。

我们不能离开空间时间谈桌子，然设想空间时间内没有桌子，是可能的。那就是说：空间时间比桌子根本。空间时间虽不为知觉的对象，却是我们知觉事物的条件。不是事物本身具有空间时间的性质，而是你我加到事物上去的理想的标准；我们凭借这个理想的标准（时间空间）去认识事物。

我们即在日常生活中也相信物是许多不同的性质组合成的。譬如白是性质，甜是性质，白和甜都是实在的，而彼此不同。但一块糖可以同时白而甜。白糖是物，白与甜是同一物的性质。我们说性质"附丽"于物，物为性质的"负载者"。无性质便无物，物不能无性质，白糖块无甜与白的性质不成其为白糖块，白和甜的性质，又得附丽于糖。分开来说，白的性质，可以附丽于马、雪、玉、人,成为白马、白雪、白玉、白人。甜的性质,可以附丽于瓜、果、蜜、酒,成为甜瓜、甜果、甜蜜、甜酒。所以每个性质,都是物的性质;而物必有其性质,才成其为物。抽掉物的一切性质,在感官内所呈现的物,亦即消逝,剩不下那个性质的"负载者",所谓"负载者",不过是比喻的说法,表示性质有所依附而已,用哲学上术语说,物有它的"本质"("物自身"),有它的"附性"(性质),本质蕴涵附性,附性依附本质。所以将各性质加起来,不即等于物的本质。本质者,是综合诸性质的纯概念,它并不是性质后面或里面的实在体,它是我们的理性所加于这一组或那一组的性质者,是这一组或那一组的性质所附丽或依附的"理"或"形式",或说它是这一组性质(如颜色、光润、油漆气味等等),或那一组性质(如白、甜等等)之能组合为这一物(如桌子)或那一物(如糖块)之理由。

  凡物必有其性质,其整个的性质,我们称之为物之情形。关于物之性质的蜕变,我们也说物之情形的变化。任何变化,都有它的原因,宇宙间没有无因的事物。人类的知识,主要的是按着因果的线索,去说明经验中的事物。因果律是哲学上聚讼的问题,我们不想陈说各派人的论据。如果能了解"本质"的意义,便不难了解因果律的意义,它和本质一样是一个纯概念,它加给在经验里先后发生的事物以必然的联系,使我们从经验里的事物,获得普遍有效的知识。拿桌子例来说:木匠心中的计划,他的肌肉的活动,桌子的分子运动,万有引力等等,都是决定这张桌子存在的因素,是它的"因"。严格的说,凡是时间上先乎这张桌子存在的"事",都直接的或间接的为它的"因"。只有将所有的在前发生的"事"(因)都弄清楚(事实上是不可能的),才能充分的说明这张桌子(果),桌子又是无数量的事的因。宇宙间的事物,便是这样在因果的关系里紧迫关联着。这个关系网任何一环中断，当前经验里的事物，便得不着充分的解释。我们凭借这个纯思想的概念去无穷尽的推广我们的知识。我不说桌子本身包含因或果的成分，我只说因果的原则，是我们了解关于桌子的经验的形式，我并不是将因果的概念加到桌子上去，只将这个概念加到关于桌子的经验或知识上去，在经验界碰不到所谓"第一因"，所以知识也永无止境，我们可以不停息地作格物，致知，穷理的努力。

"桌子是实在的么？"其实在性何所依据？曰：依据感官的感觉和空间，时间，本质，因果一类的"真理的形式"，桌子的实在性是这样的构成的。桌子离不开感觉和真理的形式，感觉和真理的形式之外无实在。

就上面的分析，已可看出即认识一件外物（桌子）均如此之难，慢说对宇宙的认识？然认识事物虽然困难，却不是没有办法，其办法均为"人心之灵"的贡献。

不过人心之灵也有它的极限，也就是说，知识有它的极限。譬如这个有条理，有秩序的宇宙的整体，对于我们便是个"谜"。我们只能说，假如宇宙无条理，无秩序，我们不会对它有知识，正面的我们不能回答宇宙何以有条理，有秩序，有的哲学家说：这样的宇宙，是上帝意志的安排，是"预定的和谐"。这种说法，是无法证明的玄学，不是知识。人类之不能道破宇宙之秘密，是人类的极限，并不是知识更发达时便可揭穿此秘密。我们贵能了解玄学之不可了解的性质，不在强不知以为知去虚拟玄学系统。

然而我们虽不能把握住宇宙的整体，不能有宇宙的玄学，却能把握住我们自己，能有道德的玄学，人类的行为，是人自己的作品，自家的动机，即自家行为的"第一因"，叫湛然清明的心，作自家的主宰,这叫作意志自由。解释自然,如果用自由的概念(如上帝的意志等等),便是自然科学的送终,解释道德,如果用因果律,替你的行为从遗传(如性格智力等等)或环境(如政治的,经济的,社会的环境)里找原因,说你如此行事,是遗传或环境使然,则你的意志不自由,而为(外物)机械的(因果的)所决定,人欲之私,会有排山倒海之势,来支配你整个的行为。人之可贵,在乎能有所不为,替自己的行为立普遍有效的法则,自己去遵守。"你的行为要遵守你的意志的格言;你的意志的格言,要时时能为普遍的法则。"我不愿我之欲念为普遍法则;我不欲人之欲我所欲。普遍的道德律为纯意志的对象。地位、金钱等等,是人欲之私的对象;前者是尊敬的对象,后者是争夺的对象。纯意志替自己行为所立的普遍有效的法则,叫作道德律。

人究竟是"万物之灵",以怀疑分析始,以条理法则终,人能创造知识,自强不息,行己有耻,这叫作人的尊严。哲学的用处,即在使人明白自家的尊严。

从希腊,文艺复兴,说到康德的唯心论(代序二)

(纪念康德二百二十周年诞辰)

一个伟大的思想家,对于人类的文化思想发展说,总是承先启后的。承先,不是将过去的学问成绩,一一积累起来,而是按着一定的原则,将以往的成绩,加以改造和再创,成为一种崭新的学问;惟如此方能启发后昆,表示他在历史上划时代的意义。康德便是这样的睥睨古人,下开百世的思想家。本文只就他思想上承继希腊和文艺复兴的部分,略作叙述,借以说明他的唯心论的来源和方向。

希腊人是个奇特的民族,开始即立无用的自然概念,寻求宇宙原则。宇宙的本体,或曰变,曰多,或曰常,曰在,曰一,或曰原子,或曰数,而以晚出的柏拉图的说法为最圆满。他的相论,是由批评哲人派的唯觉论产生出来的。这派人的哲学标语是:人为一切的尺度。人,指认识的主体,特别指人的感觉说。感觉,各人不同,即同一人的感觉,又各因时因地不同。感觉不但为一切物的尺度,并且为在与不在的尺度,在与不在,也成为感觉里的现象。感觉之外无物,只有感觉为唯一的实在。它不只是实在的标准,而是实在本身。外界是我的感觉,外界不实在,只有我的感觉实在。柏拉图反驳哲人派的论证是这样的:你们说感觉,便是假定:在,离开在,感觉根本不能成立。感觉不是普遍的,空洞的,它应该是:如是在;它有一定的性质。你们的出发点,以每个感觉都互不相同,其互不相同,已假定了每个感觉的自同一,不然不能说这个感觉,那个感觉。感觉之互异,已假定了同异,说每个感觉,已假定了一,说不同的感觉,已假定了多,假定了数:一,多,数,同,无,异,在,如是在等等,柏拉图称之为理念或相。此类相,是现象的原型,现象分享此类原型,才能是可言说的,可思维的物;相是现象的本体。亚里士多德沿着柏拉图的方向,找语言,思想和物的共同原则,然他们都不分:物的认识与物的概念;相,既为本体的,又为有效的概念,而科学与形上学只一间之隔,都争识此相——西洋的科学,哲学在这条狭路上停滞了垂二千年,直到文艺复兴,伽利略才将自然科学从形上学解放出来,科学找到它自己的方法。这个运动,直接影响康德的唯心论。

有中古一千年哲学为神学的婢女的黑暗时期,才显得出文艺复兴的伟大。文艺复兴的贡献,在人的发现与自然的发现,此二事复密切联系着。分开说,所谓人的发现,是指人的自意识说;自然的发现,是指对自然的欣赏和研究说。此期之人与自然之合一的看法,实是一个由外向里的运动。由分析精神的性质,去说明自然的性质;回到希腊无用的自然概念。此期哲学家象布鲁诺之赞颂宇宙之无尽,和谐,美,有情,其方法是形上的人类学的。小宇宙(人)是大宇宙的一面镜子,人惟能自知,才能知天。不但人,即一山一石,一草一木,均是反映出宇宙全体:一枝一法界,一叶一如来。正因为这个对自然的诗意看法,引起科学方法的自觉——伽利略的自然科学(力学)。在他的科学的方法里,培根的经验主义与数学的理论汇合。培根以归纳法为唯一的探究自然的方法,只由归纳法入手,才能获得普遍知识,恃此普遍知识去解释自然间个别的现象。他更进一步主张,了解自然,本身并不是目的,其目的在致用。人类知识的目的,在以人对自然的知识,去征服自然,使自然服从人心,故知识即权力。当日各种科学上之发明,应用:显微镜,望远镜,指南针,印刷术等等,使不可见者可见,不可能者可能,科学成了人类智慧的指针,培根的话,益能深入人肺腑,然以徒重应用,功利,失了西洋无用的知识概念,和无用的自然概念的原意。其何以致此?因培根的经验主义未能与数学理论配合故。而由事实出发,去了解有数学秩序的宇宙,正是科学的文艺复兴的精神。象刻卜勒即运用归纳法发现了行星运动的规律,正好证实了宇宙间数学的秩序。在自然科学里,归纳法真正的任务,是在找出:可以测量(读去声)决定现象间不变的数学关系,而能够作此种研究对象的是运动。刻卜勒所寻求的神圣的数学,几何,在物体运动之规律中找到了。伽利略更用清楚的方法意识创造关于运动的数学理论:力学。他用分析方法,去找可以作数学决定的单一的运动过程;他用综合方法,指示出数学的理论与经验所表现的完全一致。以这个观点,科学的实验,才获得重大的意义:它不只是向自然提出问题,而要有计划的分离出运动的单一形式;为着使它服从测量,于是培根所依稀仿佛预说的自然研究,才获得正确的意义。自然科学方法,给哲学以双重影响:经验主义被数学理论所纠正了;布鲁诺式无尽的,和谐的,美的自然,由培根的攻击,不期然达到正确的数学理论。这两种文艺复兴的思潮,在伽利略的科学思想里汇合。

康德怎样受伽利略的影响,怎样了解哲学和科学或理性和自然的关系,从他下面一段话中可以体会得出来:"当伽利略试把他自己选择的某种重量的那些圆球自斜的平面下滚时,或当托里拆利使空气乘载他事先所决定的与一定容量的水相等的重量时,或当晚近斯托尔由于某种原料的抽出或加入,使金属变成石灰,或使石灰变成金属时,他们实给一切自然科学家以新的光明。因为他们可以认识:理性如何只能了解依它自己的规律所产生的东西,理性如何可以根据判断的原理,依照规定的法则进行研究,与自然如何必须回答理性所提出的问题:而不是好象理性被自然牵着鼻子走。因为只是偶然的观察,不依预先规定的计划而得的观察,决不能组成一必然的规律,而此种必然规律,又为理性所寻求的。理性一方面必须本其原则,惟自与此原则一致的现象中,方可认识自然规律,一方面又必须本其依此原则而规划出的实验以研究自然,如此,理性庶几可以受到自然的益处,但并非象小学生之事事唯教师之命是从,而乃居于法官地位,强迫证人,回答他所提出的问题。物理学革命的想法,完全归功于这个见地:只在自然里找相当于理性所添进自然中的(不是对自然诗意的玄想)。自然要向理性学乖,就自然本身说,它于理性是无所知的。自然科学徒然徘徊歧路许多世纪,至此才踏进了康庄大道。"

康德接受伽利略的科学思想,才能自别于希腊的宇宙哲学;运用彻底改造了的空间,时间及本质,因果诸范畴,创立他的唯心哲学。柏拉图,亚里士多德虽一致承认认识与存在间有共同原则,然其为原则,仍是本体的,如前所述,而科学与形上学,复以此本体的为研究对象,各显身手。亚里士多德注重科学所同于形上学的;伽利略确定了自然科学的方法和对象;其方法是归纳法和综合法,其对象是合乎数学规律的现象,将科学从形上学里解放出来;康德才能将柏拉图,亚里士多德的形上逻辑,改造成为先验逻辑。认识与对象最高的原则是同一的,此同一的原则,不是本体的存在而为纯我(或:心);纯我所驭用的理性形式,是空间,时间,本质,因果等等。科学固异乎形上学,与形上学殊途;它不能与形上逻辑同归,却不能不与先验逻辑同归。因为科学所遵守的原则,不外乎空间,时间,本质,因果等等之为理性形式,苟不能证明这桩道理,则认识与对象的条件同一,便要落空,要证明认识与对象的条件是同一的,则不但要证明时空,范畴是纯我所运用的理性的形式,还要证明此理性形式于自然科学一般的对象有客观的效准。这是康德唯心论的纲领。康德的先验逻辑,是形式逻辑的扩充,再造。形式逻辑里的规律,虽为思维的必要条件,究竟于知识不是创造的,它象培根所挖苦神学的话,是不能生育的尼姑,先验逻辑的要旨,是要将逻辑运用到对象,用到经验;用到自然界,使逻辑有内容;而借逻辑的作为(判断),一一复归于逻辑主体(纯我或心),当前所与的事实,由逻辑的主体看去,总是时空内有广延的量,有密度的量,是无数的因果等等。先验逻辑的任务,是将当前所与的事实,放在时空范畴里去了解,将它变成可以说明的事实,即是说,逻辑的主体,凭借时空范畴,作先天综合判断,康德称时空为感性的形式,范畴为悟性的形式,感性,悟性,是广义的理性(心),其形式也可称作理。此理是人心所共有之理,共守之理,不是悬挂在外面的理。此理有客观性,即是说,有普遍的效准与必然性,经验之所以为共同的经验,对象之所以为共同的对象,端赖此心之理。理不在外,心外无理,所谓外物之理,即吾心所赋与者。"可能经验的条件,同时是可能经验对象的条件。"可能经验的对象,即指自然。其条件,即指普遍的自然律。可能经验的条件,即指吾心所运用的时空范畴,即思想律。除开思想律,不能说自然律;除开吾心之理,不能言外物之理。康德的名言："悟性不从自然中求它的先天的规律，而在自然前颁布它的先天的规律"，惟如此我们才能明了自然，明了这个用数字及几何图形所做成的自然，及明了科学书里所印的经验。科学书中所言之理，即吾心之理的一大例证。科学所言之理，苟非具先天性（即普遍效准与必然性），则只有一时一地一人之科学，而无共同之科学。此一大例证，是求知的人必不可忽略的。所谓逻辑的主体或：纯我或心者，实不外乎是知识的形式的条件；没有它，则我们的观念，无所系缚，不能获得客观的统一与衔接。此我或心，于当前之观念，认识过去之观念，分辨之，了别之，即是说：我作判断。此分辨了别的主体，在一切判断中它是主体，没有它即没有判断，它是每个可能判断的主体，而不是任何判断的对象；它不具任何经验的或心理学的内容。关于每个可能经验对象的认识，都得以它为形式的条件，而它不为任何可能的认识的对象；凡以我或心为自足自在的本体去作种种认识者，都是假知识，都是虚妄的玄学。

一　康德对玄学之批评

前　言

玄学有两种：一种是理性派（广义的）或实在论（广义的），所代表者，一种是由康德所启发，经过菲希特、谢林之努力，到黑格尔始完成者。康德所启发之新玄学，建立在他的知识论上，其基础已由《纯理性批导》之先验分析篇之"纯我""纯思"奠定之。此"纯我""纯思"，其入，则湛然清明，其出，则处理万机：用它的空间，时间，范畴的工具，使经验或自然获得理论上的（或"形上的"）根据，"经验的对象才可能"。然"纯我"或"纯思"可以处理经验的对象，却不能处理非经验的对象（"先验的对象"）。理性派人贪用理性，故其所创立之理性心理学，理性的宇宙论，理性的神学均站不住。理性有误用亦有善用，理性的善用，以心灵，宇宙，上帝为理念，为知识之目的，之理想，却正可推进知识，崇高化知识。这个在理论上只为"训导原则"的理念，在道德世界完全证实了，成立了道德律的"建立原则"，在美与目的世界更具体化。此谨慎的、分析的善用理性的开端，到黑格尔才美满的完成。

康德所批评的玄学，是理性派的玄学，而今日流行之新理性主义，新本体论诸学派，也有可借镜的地方。因为他们都是采用形式逻辑的武器，扶摇直上，直搏不可摹拟、不可言说的无心之"实在"，无心之"理"；又复都忽略现象，不谈现象的基础，将现象与本体分成两橛，此其所同蔽。

由康德所启发，到黑格尔始完成之新玄学，不入本文讨论之范围。

本论上篇　玄学之由来：对象原则种种

现象与物如的分别

康德的知识论，是严格的现象论。它由知识论的立场，去驳倒理性派的玄学。同时又爱惜本体，计划一个连系知识与道德的新玄学。所以他虽严格的分别现象与本体，却不去分割现象与本体。

康德以前的哲学，多半都为外界凝固的物所蔽，康德划时代的功劳，即是解这个蔽。譬如在笛卡尔的二元论，即以心灵与物体为两种不相同的本体（心为思维的本体，物为广延的本体）；在唯物论则以心灵与物体为相同的本体。而他们共同的假定，都是以物体为本体，以现象为物如。康德即指点出来，心灵与物体不属于同一个领域，不能用同样的认识机能去处理。所以他特别注重现象与物如的分别；理性派玄学的产生，即由于不知道现象与物如的分别。

理性派的玄学，即以为现象及物如所表象者同为一个对象，由感官去表象此对象时，则为现象；由悟性去表象此对象时，则为物如。感性于此对象，只摄其貌；悟性于此对象，却能了解其真，认识其"本然样子",现象与物如,只有程度上的差别。康德认清楚,现象与物如,不是程度上的分别,而是类的分别。如果现象与物如所表象为同一物,则物如不外乎是现象剥去了感性的表象后所剩余者。然在康德,剥去了感性的表象(现象),则毫无所剩,决不剩下物如。现象即不外乎是感性的表象。从现象抽去概念,则只为经验的直观;再将经验的直观抽去,只剩下印象;再将印象抽去,则一无所剩,决不再剩下物如。不过在另一意义之下,康德承认感性与悟性有一个共同的对象,此共同的对象是现象。感性与悟性之对于现象,各有不同的功能:感觉所认识的现象,还是"未决定的对象",再由悟性的安排,其现象才是客观的,非如此表象不可的现象,或自然。此自然或对象,还是现象。不过感性的对象,是偶然的观念,悟性的对象,是"必然的观念"。用他在《未来玄学导言》的说法,感性的对象,是"知觉判断"的对象,悟性的对象,是"经验判断"的对象(参第十九章)。在前种判断中只能说:"我每次载物,感觉着物体重";在后种判断中,我才能说:"物体是重。"(参"先验演绎篇"第十九节)。

释 物 如

现象与物如的分别,既是类的分别,则物如不能渗入现象,它不是现象里面或现象后面的东西。即悟性也只能思维它而不能厘定它。悟性所厘定者"经验的对象",而物如是"先验的对象",它的量,不倚于我们的直观,它的质,不倚于我们的感觉,它的本质和因果,没有时间的决定,它的必然性,不靠我们认识的方式。然而关于一个对象直接的表象,不是悟性的概念,而是感性的直观。物如要是可表象的话，则其悟性，当具一种直接的表象力，而不是我们的悟性，即是说，只有直观的悟性或理智的直观能够表象它。这样的直观的悟性，是不是可能，我们既不能肯定，也不能否定，因为这样的一个概念，本身并不矛盾。我们只说它不是我们的悟性，因为我们的悟性，只是推理的，不是直观的，我们的悟性，并不包含能表象物如的条件。消极的说，物如永远不为感性直观，积极的说，物如为非感性直观的对象。故物如之为对象，对于我们的悟性说，是一个问号，对于我们的知识说，它是一个分水线，是一极限。我们只能对现象或经验的对象有知识，却不能对物如或先验的对象有知识。凡想以物如作认识之对象者，谓之玄学。

玄学怎样产生的

推翻玄学是不难的，在康德之前已有人更激烈的主张过，而真正找出玄学之所以误入迷途，怎样产生了玄学，则从未有人看出。所以我们先要说明玄学在事实上的可能性，再去证明玄学在理论上的不可能。玄学的对象是物如。从合法性的立场说，物如不能够是对象，不能有关于物如的认识，虽然事实上有玄学这种学问存在，而它所认识的不是真理，是幻象。在另一方面说，如果物如根本不是对象，则错以物如为对象的幻象也无从发生。玄学之为假学问也不可能，则我们无法说明许许多多玄学系统的事实。故我们一定要指示出物如是假对象，于是：关于假对象的假学问才是可能的；将它当作真学问是不可能的。

此幻象何由产生呢？它不能来自经验，因为经验内只有感性的对象。在经验范围之内，不容"超感性的"有存在的幻象。由经验不能产生那个幻象,则其根源当在理性中求之。故康德称此幻象为"先验的幻象",以别于"经验的幻象"。此先验的幻象给物如一种外貌,好象物如是现象,是可认识的对象,引诱人类的理性去认识此假对象。从悟性的立场看,我们不能对物如有所发现,只能消极的说,物如是悟性的极限,象是感性界极辽远的边缘,我们的经验,象是和它逼近,向这个经验的极限逼近。

经验的方向

一切经验的规律,最重要的是现象的因果连系的规律。每个现象之为可能经验的对象,都被一个必然的在前的现象所决定;每个现象,都被所有的在前的现象所决定;每个现象,又都是在它以后所发生的现象的条件。此因果的链子,连系所有的现象,成为一个不断衔接的系列或"经验的连续"。经验的连续这一端到另一端:由第一个条件,下降到一串被决定的现象,直到这一串的末端;再由此末端上溯一切被决定的现象,回到第一个条件。只有在这种看法,象是能接近经验的边缘,象是能够达到经验的整体。此向上,向下或后退,前进的方向,是两个方向:后者是由条件向下或前进,由条件到被决定的;前者由被决定的向上或追溯条件。凡因均先于果的;故替果求因,是后退的,替因求果,是前进的。凡能求着的均是所与,在果里,一切的因,均已给与。因为,照时间说,一切的因,均已先在过。然在因里,一切的果,未必皆给与。故在现在里,已有一切的过去,而没有一切的将来。经验的极限,不在将来,虽然将来的最终的时间点一定是经验的极限;而经验的极限,只能在过去,因为过去的始点,或过去的整个的系列,做成经验的极限。

经验的极限,不能在被决定的系列里找,而只能在条件的系列里找。所以寻找经验的极限唯一可能的方向,是因果连系的继续的后退方向:由被决定的追溯条件。

经验的方向与玄学

经验的方向,即是因果连系的继续的后退方向,由被决定的追溯条件,其所追溯的条件,仍是有条件的条件;我们永远求不到所谓"最后的因"或"第一因"。此等"最后的"或"第一因",是"绝对的",是"无条件的"。康德称之曰:物如或理念。它之为理性之目的,是必然的;它之为经验的对象,是不可能的。在康德,只有悟性是决定经验的,故"绝对"或物如不是"悟性的概念",(指先验分析篇所论因果,本质诸范畴,)不是悟性的对象,而为"理性之概念"。悟性之概念,是决定经验的,决定关于存在(自然)之经验的;而理性之概念所要表示的,不是已有的,而是应该达到的,它是理性所要求的目的,无经验可与符合的。此类理念,康德称之曰"原始的理念"或"先验的理念"。

物如是"先验的理念",是经验的极限或目的,是经验所想努力达到的,而又永远达不到的极限或目的。经验想靠近此极限,想达到此目的,即是说,经验应该推广自己;经验不能达此目的,即是说,经验不能完成,不能停息。如果经验一方面不停止的推广自己,一方面又不能完成,故经验的领域及其联续是无限的。就另一方面说,经验如果有一"绝对的"为目的,则一切经验判断必有一共同之目的,则一切经验的科学,实是"一种"科学,人类知识的系统,实有一个统一。经验应该向此高不可攀的目的迈进,在不断的推广经验的过程中,此目标永远摆在目前,知识的各部门,渐渐溶于一个知识的整体。此整体的理念,为经验科学之目的。

故理性之于悟性,犹之乎悟性之于感性(此语假定读者对《先验观物学》及《先验逻辑》第一部分特别是"先验演绎篇"的了解)。悟性连接感性的现象为经验的判断,理性连接经验的判断(每种科学里每个命题,都是一个经验判断),成为一个知识的整体。悟性给现象以悟性的统一,于是现象成为可能的经验(参第一版及第二版之"先验演绎篇"及"先验原则篇");理性给经验判断以理性的统一,使经验趋近整体,即是说,理性要求要此整体(参"先验矛盾篇"第一,第二两章及该篇之"附录")。

玄学之对象——"先验的幻象"

经验不能达到它的极限,因为经验自身是无限制的,无边际的。经验的极限,是"统一的理念",它是知识的目的——是知识所达不到的目的。它推广经验,"训导"经验。如果知识以彼极限为可达到的,为所与的,以之为对象,则在此时刻,经验已不再推广自己,而超越自己,超过它自己的限度,它不再是经验,而为玄学,为本体论。不以经验之极限为理念,而以之为对象,则玄学成立。然此错误,并非偶然的。苟此理念绝对不象是可能经验的对象,则玄学根本不会产生;然此不可避免之"先验的幻象"为何产生乎?

我们的经验,按其性质说,是无限的,前已言之。每个经验的对象是一个现象。每个现象,必有别的必然的在前的现象为其因,此现象又为别的现象之因;此处既无第一分子,也无最末分子,正如既无第一个时间点,也无最末时间点一样。然现象里虽无所谓第一或最末分子,而理性又必然的替它们设想一个既不倚于一切经验的条件(如空间,时间,范畴),也不是经验的对象(如现象)的"什么东西",此引诱理性的"什么东西",吾人名之曰物如或理念。经验本来是无限制的,而理性又替它要求有一个限制,于是幻象产生了:好象此经验的极限即在经验领域之内,即在现象之内。好象物如即是现象的第一分子,此分子即在现象之内,为一对象。此种先验的幻象,为莱布尼兹一流的玄学所迷恋,如此超越了经验的界限,他们还自以为在认识的领域里,却没有觉察出现象与物如间的深渊。

物如是知识的极限,却好象是知识的对象,极限的概念,不知不觉的引进极限的对象这个幻象,好象此极限已在空间,时间以内,好象物如是宇宙的第一因。于是宇宙在空间时间内有无开始的矛盾,宇宙组成是物质的还是精神的之矛盾等等玄学上莫须有的争论出来了。他们都假定宇宙是已成的,为给与的,为物如(宇宙实在是理念,是"做不完的课题"云云)。

此幻象为不可避免的,虽然经过严格的批评知道它是错误,然人类的理性却摆脱不了此错误,正如科学知识,虽然说明无水天相接,日月在方升中无大小之别等等,而我们的眼,总摆脱不了水天相接和日月大小之别一样。不过后者为感官知觉的不可避免的经验的幻象,前者为纯理性的不可避免的先验的幻象而已。

玄学的原则

一切的玄学,都建立在:由有条件的存在(相对的存在),推证无条件的存在(绝对的存在)。其推证法是:如果有条件的存在给与了,则其存在的一切条件也都被给与。——如果其条件的系列不完全或最先的分子还需要决定,则不是"一切条件";完全之条件系列或最先分子,是无条件的。故其推证法是:——其推证均为认识物如——如果有条件的给了,则其一切条件的系列(无条件的亦即是绝对的)也都给与;现在有条件的对于我们给了,所以无条件的对于我们也都给与。由有条件的存在推其条件,不但是对的,并且是必需的。对于条件,只能纯逻辑的说,它是有条件的,还是无条件的:在第一种情形,替条件,寻条件,直到条件的系列的尽头为止;在第二种情形,无条件的登即给与。对于这种推论,纯逻辑的说,没有什么问题。"有条件的"这个概念,趋向着无条件的,后者是前者的完成。然单言概念与合言概念与对象之关系,却大有分别。用康德的说法:形式逻辑的概念与先验逻辑的概念,却大有分别。问题是:概念关系何种对象?于概念有效者于对象未必有效。概念在形式逻辑里可以不管对象,而在先验逻辑里,一定要管对象。故在形式逻辑为对者,在先验逻辑可以错。在先验逻辑:有条件的存在的概念,只对现象说;无条件的概念,只对物如理念说。此根本不同的关系,形式逻辑不管,而为先验逻辑的识度(参"先验逻辑"之首四节)。

在先验逻辑,我们可以作如是之推论:如果有条件的存在(为现象)给了,则无条件的当作理念也给了;此理念决不为经验的对象或现象。在这种推论方式之下,任何玄学都不能产生。在先验逻辑可以推论;如果有条件的存在当作现象给了,则其条件也被给为现象,正因为其条件为现象或可能经验的对象,故其系列决不能为完整的给与;因为经验即无完整。这种推论,否定了一切的玄学的可能性。独断的玄学,以有条件的存在为只是概念(思想),而不去分别现象与物如，他们以有条件存在这个概念，不靠"我们的"观念。此概念不只用于现象，并且运用于"一般物"（物如）。故其推论：如果有条件的（当作物如）给与了，则无条件的亦被给与。现在有条件的（当作现象）是给与了；所以无条件亦给与了。这个三段论式中名模棱的错误，是明显的。"有条件"这个中名，在大前提指"一般物"（物如），在小前提指现象，一名两义，不能有结论。然上面的错误，并不是有意犯的。要想根本分别物如与现象，首先要将现象辖归"我们的"有必然衔接的观念——凭借"直观的形式"（空间，时间）与"思维的形式"（范畴），"纯我""纯思"随时必须陪伴的观念（参"先验演绎篇"第二版十五，十六，十七各节）。没有这种识度，人类的理性，很不容易分别现象和物如：以现象为物如，以物如为现象，不知觉的遂犯了上面错误的推论。故在先验的幻象，物如成了现象，象是客观存在着。理性的推论，如由有条件的存在，推一无条件的，是有正当的理由；而由有条件的存在，推出无条件的，以之为存在，为对象，则只为假理由，为"理性的诡辩"，为"矛盾的推论"。

一切的玄学，都建立在"矛盾的'理性'推论"上；康德解除他们的困难，他的推论法是：如果有条件的存在给与了，可以推出无条件的——假定此无条件的，不为物，不为现象，而为理念。现在有条件的存在为现象或经验的对象给与了，故一切条件的系列或绝对——不在现象之内——当作理念也给与了。即是说，一切条件的系列对于我们不是给与（所与），而是做不尽的课题；是它理性的必然的课题。经验之于理念，为永远不可企及的。经验惟借理念推广自己，以求接近知识之整体。然在经验内，决不能完全达到此目的，即是说，经验完全不能实现理念：经验既不能有理念这个对象，也不能以理念为对象。

本论下篇　各种玄学系统及其批评

三　种　理　念

如果有条件的存在给与了，我们可以推论一个无条件的（绝对的），以之为要努力达到而又决达不到的目的，即是说，以无条件的为理念。

有条件的存在有三种：一、为内在之现象（心内之存在），二、为外在之现象（心外之存在或外界之存在），三、为一般可能的存在或对象。我们的理性，借此可以推知：一、是心内绝对之理念，二、心外绝对的理念，三、一切可能的理念。一、内心之绝对，是主观的绝对，或说绝对的主体，一切内现象所依归的主体：心灵。二、心外之绝对，是客观的绝对，绝对的对象或完全的对象，外现象的整体，自然的整体或宇宙。三、一切可能存在的绝对，绝对的绝对，绝对完全的存在，为一切可能的实在的总念：上帝。故由有条件的存在，可推论一、心灵的理念，二、宇宙的理念，三、上帝的理念。

三　种　玄　学

理性的推论，如果不以绝对为理念，而以之为可能经验的对象，则其为推论，是"诡辩的"，"矛盾的"：一、以心灵的存在，为可认识的对象；二、以宇宙的存在，为给与的，可认识的整体；三、上帝的存在,为可认识的神明。此三种理念,各有其理由,而三种假学问(玄学),均只有假理由。一为真理,一为幻象。康德《纯理性批导》之"先验辩正篇"的任务,即揭开此幻象,证明玄学之为假学问是可能的,玄学之为真学问是不可能的。

甲、心灵玄学(理性心理学)及其批评

以下先述理性心理学的理念,再述理性心理学之假对象。

现象的认识叫作经验。经验科学,粗略可分为二种:治"外"经验的科学为物理学(极广义的),治"内"经验的科学为心理学("心灵学")。心理学活动之范围,不外乎内心之种种经验、观察、比较、体验内心的种种变化,故其对象,为内心的各种不同的境况。因为我只知觉到自家的心理状态,永不能知觉到别人的内心,故心理学只能有比较的普遍性,用类比的方法去省察。心理学的任务,是找内现象的连系与统一。它假定一个主体,各种内心状态,都是这同一主体的"宾词"(描写),此主体不又为宾词;它是"主体"。心理学即思认识各种"内"现象之最高或最后理由;按着理性的推论,推演出一个绝对的主体之理念。此主体的不同之情形,即为"内"现象,为知觉的对象。内现象均为"我"的观念。内现象之连系,之统一,即此可思维,可表象之"我"。此思维之主体为心灵。此心灵之理念,为"心理学之理念",为内经验科学之所寻求者。试就心灵的概念分析:一、心灵为一切心理上之变化所依归的主体,故为本体;二、心灵既为内现象本体,它不能象思想,观念等等是为组合成的,而它是单一的(非组合的);三、心灵既为单一的本体,在一切的变动的状态中为同一物,在一切变动中,自意识出同一,故为自意识的生命或人格;四、因为心灵只以自己为对象,故对于自家的存在,非常确定,而对于己身以外的存在,便不免置疑。理性心理学还从心灵是本体,推证心灵是非物质的,从心灵之单一性,推证心灵是不灭的等等。

如果只言心灵之理念,固未尝不当;若视之为对象,为可认识之物则其为推论,不免矛盾,无中生有,自搏其影。理性心理学,借重理性的推论去证明心灵是本体的,单一的,人格的,只有自家是可靠的,非物质的,不灭的等等,就中以心灵的本体性的证明为最根本,他们以为,如果这个论证站得住,其他诸性,均可推演得来:如果思维的本体是存在的,则很容易推出,与其他组成物比较,它是单一的,因为它意识出自同一,所以是人格的;因为直接的自认识,故自家之存在,决无可置疑,自身以外之物,难以置信,也易于看出。故理性心理学,最注重心灵本体性的证明。康德之反驳理性心理学凡三次,《纯理性批导》之第一版(1781)最详尽。并重提他的空间,时间说,作无情驳斥的利器。第二版(1787)及《未来玄学导言》(1782)所言均较减略,读者幸勿因第一版尝为人诟病而忽之也。

康德在他的知识论的核心——"先验演绎篇"里,曾反复的说明:没有"纯我"或"纯思",则我们的观念无所"系缚",不能获得客观的统一与衔接。此"我"于当前之观念,认识过去之观念,回忆之,分辨之,了别之,即是说:"我"作判断。此分辨的,了别的主体,在一切判断中它是主体,没有它即没有判断。它是每个可能的判断的主体,而不能是任何判断中的对象。它是不具任何经验的或心理学的内容的。关于每个可能的对象的认识,都得以它为形式的条件,而它不为任何可能的认识的对象。

每个可认识的对象,都假定直观,对象只在直观里给与。一个对象,如果当作本体去认识,必当作常住的现象去直观。不通过常住的"图式",则本体的概念,不能有所表象,它(本体的概念)只是个空洞的名词。然不变的现象,假定不同的现象同时;同时的别的现象消逝,某个现象不变(常住)。不同的现象同时,只能在一个空间里;故不变的现象之能被直观,得假定空间。在纯时间里——纯时间不常不住——不能直观不变的现象。故只在时间里的"内"现象,决不能当作不变的现象去直观,也决不能当作本体去认识(参"经验的类比"第一二两章及《先验观物学》)。

此处可明显的看出:"我"和"思维的主观"不能为认识可能的对象,因为它是可能的认识的形式的条件,它不是直观的对象,因为它不是现象,而为现象的形式的条件;它更不是直观的不变的对象,因为思想"物",如果是直观的性质的话,也决不能在空间里直观,只能在时间里被直观。故理性心理学之所欲证明者:思维的主观是一思维的本体,或心灵是本体,均为了无根据的臆说。他们这个大前提站不住,其余的论证,当然困难。他们在此处将"我思"译成"我是思维的——我是一思维物"。将"我思"变为"一个思维的本体",将"我"变成自足自在的物如。

心灵的本体性的诡论

理性的心理学想证明"思维的我"与本体的概念是同一的,以"我"(逻辑的主体)与本体的概念(实在的主体)同时做一个三段论式的中名,其推论是这样的:

凡判断之绝对的主体的观念,不能用作说明别的事物的宾词者,谓之本体(大前提)。

我之为思维物,是我的一切可能判断的绝对的主体(小前提)。

故我之为思维物(心灵)是本体(结论)。

一　康德对玄学之批评

此三段论式中的中名为"判断之绝对主体",在两前提中应该同义,不然不能有结论。而这里的"判断之绝对主体",实有二义:在大前提者,是指判断中的主体,被判断的主体,是判断的对象;在小前提者,是指判断的主体,为逻辑的条件的判断之主体。前者是实在的主体,后者是逻辑的主体。本体只能为实在的主体,只能为判断的可能的对象,只能为直观的常住的对象;而逻辑的主体,永远不是直观的对象,永远不是判断中的主体,不是实在的主体,故也不是主体。此处结论之错误,明若观火。大前提说:凡当作判断的主体,决不能当作宾词去想者,谓之本体——这个判断的主体是实在的主体;小前提说:思维的我,只能当作一切判断的主体者,谓之本体——这个判断的主体,是逻辑的主体。大前提说:本体是能当作主体去判断者,小前提说:"我"在一切情形下是判断的主体。大小前提中,同字不同义,所用的概念同,而意义不同。大前提内之"本体"与结论中之本体不同义;小前提与结论中所用之思维亦不同义。故不免于错误。惟此幻象,既非经验的幻象,也非有意为之,它是"先验的幻象"。先验的幻象不是偶然的;好象思维的我同时能够是被思维的对象,好象心灵是可认识的对象,好象是一个思维的主观。故康德称此理性心理学的推论为"纯理性的谬误"。

有几个心理学的理念,即有几个"纯理性的谬误",惟"本体性的谬误"被揭穿了,其余的象心灵的"单一性",心灵的"人格性",心灵的"理想性"的证明,不难一一被推翻的。

心灵的单一性的诐论

理性心理学最喜证明的,在哲学里蔓延最广的,莫若:心灵之单一性。其言略曰:如果心灵不是单一的,则必为许多思维的主体所组合成的,如此则一个思维之成立,必为诸思维之主体的交互作用的结果,象自然中之运动,为许多不同的动力的交互作用的结果。然而,不同的观念,在不同的主体里不能做成一个思维,正如同许多不相干的字,不能做成一首诗。这派玄学家想拿思维之统一性去证明心灵之单一性,思维不是组合成的,所以心灵也不是组合成的。然此证明的理由并不充分。事实上是有组合成的思维象集合的概念,即包含许许多多的观念。思维不是单一的观念,只有"纯我","纯思"或"必须伴着我所有的观念"的"我思"能"系缚"观念,给观念以客观的统一的"我思"(逻辑的主体),才是单一的观念,不能再向单一处分析的单一的观念。理性心理学却以此单一之观念,为单一之本体。我们在上节已经说明:此"我"是知识的形式条件或逻辑的主体。它既不能表象对象,其自身亦非单一之对象,故无法证明:心灵是单一的本体。

理性心理学对其所证明之心灵单一性非常重视,他们想从心灵的单一性去证明心灵之无体性。因为一切单一的均为不可分的。而一切体均为可分的,故单一非体,心灵为无体的或非物质的。慢说理性心理学不能证明心灵的单一性,即令心灵之单一性可以证明,也不能得到心灵与物体之分别,物体是什么?康德在《先验观物学》篇已充分的证明:物体是我们"外"感觉的现象,不是物如。物体只能"外"直观到;心灵如果能直观的话,只能"内"直观到,它与物体的存在有别。它不是物体的观念,决不能在空间里被直观,决不是空间内的现象或"外"感觉的对象。或说外直观的对象中,决无感情,意志,意识,思维等等,而只能有物质,形象,不可入性,运动等等。然这并不是心—物之性的分别,而是我们对心—物之表象之方式的分别。物体之广延性,可分性等等,只为我们"外"感觉的现象,为我们的观念,而我们的观念之所凭依者,又应该是心灵,苟如此,我们诚无法看出心灵与物体的要素——使物体所以为物体之要素——有何根本的区别?"外现象所凭依之此未知名的'什物'(物如),激发吾人之感性,使感性获得空间,物质,形象诸观念;此未知名的'什物',又可同时为思维的主观(心灵)它既不广延,也不具不可入性,也不是组成的,因此诸宾词,皆只用于感性及其直观的。""准此,虽即承认人类心灵之单一性,也不能说心灵与物质有何充分的分别。"莱布尼兹想根本改造物质的观念,说物质最基本处是"非物质的"(精神的),心与物的分别,只是精细的"灵子"与粗糙的"灵子"的分别,是等级上的分别,不是种类上的分别,"本体"(物如)于是窜入现象,产生了单一的,不可分的,无形体的心灵——先验的幻觉。心灵的单一性不能证明,即说证明了,也不能作分别心物之根据;因为物体及其可分性不外乎是经验的对象或我们的观念。

心灵不灭的诐论

理性心理学以为从心灵之单一性可替心灵不灭找一个证明的理由:单一的是不可分的,故不必因为分而终止或消灭。这个论证,并无充分的理由;因为不能分并不能证明其不能消灭,可能的它整个的消蚀。孟德生氏想在他《菲多篇》里弥补这个缺陷,其言曰:单一不能消蚀,因为单一不包含"多",故既不能减少,也不能逐渐的减少。心灵或有或无,或是或不是。从其存在的情形,渡到其不存在的情形,为不可能的;故不能逐渐的消灭,只能忽然消蚀;因为在其存在与其不存在之间不能有时间,然而两时间点中间必有时间,故单一或逐渐的消灭,或不消灭;现在,单一的性质排斥逐渐的消灭之可能性;故单一既不能因为分而消灭,也不能忽然消蚀,故心灵单一,心灵不灭。

我们细心审查，便知孟德生氏并未能从单一的本体证明心灵不灭，而实是一种假定：假定单一排斥一切"多"，排斥一切异。单一性不但排斥可分性，并且排斥"群"的部分；单一不可分，即是说，它没有部分。它不是组合体，它没有"广延的量"。然而，它虽不具"广延的量"，却具"强度的量"；它必具"强度的量"，因为它是"内"的现象。《基本原则篇》已说明：每个"强度的量"必然连续的由有到无之间，由意识到意识的消蚀之间，有无穷多的等级。——所以理论的证明心灵不灭，是不可能的。心灵或是现象，或不是现象。它要是现象，就得受认识的"基本原则"决定；它要不是现象，是本体，则我们既不能肯定，也不能否定它是"灭"或"不灭"：如果强作心灵灭或不灭的肯定，都是假知识。

心灵的人格性的诐论

心灵既未证明是本体，也未证明有单一性；即令有单一性，也不能说明心物基本的分别，更不能由此推证心灵之不灭。然心灵之为"人格"，却好象是必可证明的。

心灵之为"人格"，假定心灵之自意识，意识到各种不同的心灵之状况或形态。此意识还非人格，除非各种不同的意识属于同一个主体，此同一个主体，意识到它自身的同一，心灵才是人格。此二者均属人格性：在一切情形变动时其主体之同一；主体自意识此同一。此两种能力都好象是属于人的心灵；它是主体，是一切内变动所依归的同一的主体；它自意识为此同一主体。故理性心理学的推证：——

凡在不同的时间，能自意识为同一主体者，是一人格。心灵有此意识，故心灵为一人格。

问题是，我们怎样才能认识一个在诸变动情形中之同一之主体?除非它在变动的情形中不变或常住。然此常住性为"外"经验之对象。内变动永远不为外经验之对象,故常住性或主体之同一,决无法认识的,故决无理由说心灵是人格。不由常住性推证同一性,以什么推证同一性呢?理性心理学曰:从同一性之意识推证,我——思,故心灵为自意的本体。然"我"只为形式的,逻辑的条件,它非对象,只好象是对象,"我——思"于是成了"本体——思"。"我——思"不是一个存在的命题;此理非理性心理学者所知的。意识的统一,并不蕴含对象之认识;在我心中之各种的情况,决不能为你的或他的意识之对象。正如同别人的各种不同的情况,不能为我的意识之对象。什么使不同的情况为我的情况?答曰:只有我的意识,能使不同的情况,为我的情况。没有我的意识,不同的意识,决不能被表象。在"他"意识里的不同的情形,决不能当作我的去表象。说去表象不同的情形,当作我的,即是说,我的意识。我的不同的情形,即是说,我将那些情形当作属于我的去表象,即是说,我意识我的自我的同一。何谓意识出自我的同一?康德曰:"在我的一切不同的情况中,我意识出是我的情况,我于是意识着我。""在一切我的情况中,凡我当作属于我的主观去表象者,即是我表象我的主观,属于那一切的情况;此情况的时间继续,是在我的心中或在此时间继续里,我为同一的主体。"此语为分析命题,为不作任何认识的命题;"我"这个观念,只比较,了别各情况,而并未推广什么。故以"我"为超出"形式的条件"的"人格",实为理性的错误推论所得的先验的幻象。

心灵的理想性的诐论

前面已将理性心理学之"理性推论"所得的结论——心灵的存在(本体性),单一性,无体性,不灭性及人格性——都一一否定了。

其证明之错误，均以"我"为存在的，为对象——其实是假对象——去证明此"我"即是"心灵"，有上面所讲的种种属性，这真叫作无中生有。持此说之玄学家，不但看不出自家之错误，反倒自诩其说为"最科学之科学"。他们自以为所论之对象——"我"——在一切可能的认识的对象中，是最可靠，最明白清楚的对象。只有它（"我"）是唯一可靠的，除它以外，一切物之存在，均为可疑的。它们为何可疑，是由"理性的推论"所可以证明的。其言曰：我们对于一物之认识愈直接，则此物之存在性愈确实可靠；对于一物之认识愈间接，所用之"中间概念"之系列愈大。则其物之存在之确实性愈小。直接的认识，不需要中间概念，故其存在为可信，间接的认识，需要中间概念，故其存在为可疑。我的思维，是我的直接认识的唯一的对象；而于我以外之物的认识，必以其物为我的知觉的原因去认识，故其存在，是推知的。笛卡尔的哲学的基本命题："我思，故我在"。其必然的结论是："我思"以外的存在均可疑。理性心理学即建立在"我思，故我在"上，想由此证明心灵之存在，是唯一确实可靠的。其"理性的推论"如下：

凡物，其存在，当作所与的知觉之原因所推出者，只有可疑的存在。

一切"外"现象的存在，不是直接被知觉到，而只能当作所与知觉之原因所推出者。

故一切外感官对象之存在，为可疑的存在。

持此见解者，康德称之为"外现象之理想性"，故称此理性推论之谬误为"理想性之谬误"。

此处可将康德所反对之"经验的唯心论"及"先验的实在论"与康德所主张的"经验的实在论"及"先验的唯心论"，作一简略的叙述,比较。先述康德所驳斥之"经验的唯心论"及"先验的实在论",二派虽不同名,却必然的走同一条道路的。

外现象在任何情形之下,均为经验的对象。经验对象之存在,或为确实可靠,或为可疑。持前说者为唯实论,持后说者为唯心论。二者均对经验对象的存在说。故前者可称为"经验的实在论",后者可称为"经验的唯心论"。理性心理学的"理性的推论",是经验的唯心论的立场,故驳斥理性心理学,即驳斥经验的唯心论。全部《纯理性批导》所言,即不外乎由"先验的唯心论"去推翻"经验的唯心论"。

经验的唯心论及理性心理学并不否认我以外之物,只说对于我们,对于我们的表象,外物之存在是可疑的,是不确实的;因为我们不能直接的知觉外物,只能由推论才能认识物之存在。说我以外之物,即是说,不倚于我们的观念有物自身(物如),在我以外存在。在我以外的是空间。说我之外有物自身,物自身在空间里,则空间亦有物自身的性质,为绝对实在的空间。承认我以外(空间以内)物自身的存在者,为"先验的实在论",否认我以外(空间以内)物自身的存在者,为"先验的唯心论"。如果在我之外有物自身,则我对此物自身,当然不能直接的表象,物与物之观念,也当然有别;物之观念,当然是可疑的。——此为经验的唯心论的主张,而先验的实在论亦持此说,且必持此说。

康德所持之"先验的唯心论"及"经验的实在论",恰好与上述两派哲学对立。康德在《先验观物学》里曾证明:空间时间离开"我们",什么也不是。空间时间只是"纯理性的直观",是我们感性原始表象的形式。一切的对象,均在空间时间以内;一切的现象,只是必然的观念,决不能当作物自身。外现象或我以外之物,为空间以内之物,此物不外乎我们的必然的观念;因为空间也不外乎是"高度秩序"的观念。空间内之本体,即是物质,"此物质及其内在的可能性,只对现象说,现象离开我们的感性,则为乌有。"物质的存在及外现象的存在,均不外乎是"我们的观念",是我们的必然的观念,除开"我们的观念",即没有物质或外现象。物质或外现象不是物如。物质及外现象也和别的观念一样,都是直接的被认识,它们的确实性,和我自身的存在一样的可靠。它们是"吾心"之观念,与我们的存在,为不可分离:我对于我的存在的知觉(意识)同时也就是对我的必然的观念的知觉(意识)。

我们对于外界的存在能够释疑,经验的唯心论的基础便动摇了,建立在经验的唯心论上的理性心理学的基础也动摇了。他们的错误,在以外界为物自身,蔽于凝滞之物,而不知"心"之"全体大用"。而"经验的唯实论",是肯定外界的存在的,经验的唯实论的立场,必然的与先验的唯心论相契合。也必然的与朴素的唯实论及先验的唯实论对立。先验的唯心论以物质及外界和我自身的存在一样的确实可靠,因为二者都是必然的观念,我们都直接的意识得到。它们是不同的观念,而非不同的物。如果叫康德的哲学为"二元论",则是肯定内现象及外现象的存在的"二元论";它将"内""外"现象,一齐肯定,这是经验的唯心论者所不敢为的。普遍的二元论,是将物自身分作思维的本体与广延的本体,或分心灵与物体。他们不将物体看作一种必然的观念,而将物体看作和心灵根本不同的本体。这是笛卡尔的办法。一元论者想克服笛卡尔的困难,然仍以现象为物如。而心——物两种物如,是相同的本体。他们(一元论者)又分裂为极端相反的两派:甲派人以物如为精神的(单元的)性质,乙派人以物如为物质的性质,甲派叫作"唯灵论",以莱布尼兹为传人,乙派叫作"唯物论",各时代之唯物论者,均奉此教义。

笛卡尔与康德哲学的分别,这里看得最清楚。他们在区别心灵与物体上,都被称作"唯心论者",同时被称作"二元论者",惟笛卡尔所持者为"经验的唯心论",康德所持者为"先验的唯心论";笛卡尔之"二元论"为独断的,康德的"二元论"为批评的;笛卡尔分别心与物为两种不同的本体,而两种本体,都是物如,康德以二者均为必然的观念。笛卡尔之二元论,以物体存在之观念,是间接推知得来的,故对于我们说,外界为可疑的,而康德的"二元论",以物体存在的观念,是直接的,故为确实可靠的。我们有时称康德为"先验的唯心论",有时称之为"经验的实在论者",有时称之为"二元论者",其实是同一立场,由不同的方面去说。他的"先验的唯心论"所表示者:物质之存在,物质或物质的物,不外乎我们外感官之对象,为外现象,为我们"心"中必然的观念。他的"经验的实在论"所表示者:一切的外现象都直接的被知觉,故亦直接的确实不疑。他的"二元论"所表示者:外现象的存在与内现象之存在,同样的确实,物体之存在与我们自身的存在,同样的确实。说他的学说是"二元论",因为他分别心理的现象与物理的现象,这两种现象虽不相同,而却同为必然的观念。

"心理学问题"的出路

笛卡尔之二元论与康德之"二元论"之分别,至为明显。由康德之新立场,整个的改造了传统的"心灵论"。苟如笛卡尔的主张,心物为两种不同的本体,则如何说明此两种不同的本体的连系?二者间之连系,在人类确是事实:心灵之变动,直接引起身体之变动,身体之变动,也直接引起心灵之变动。心身交互关系,向为玄学家所乐道,要不外三种情形:一种笛卡尔所持之心身交互影响说,是心物两种不同的本体,实际的,自然的,互相影响。另一种主张:心身既为两种不同的本体,二者必互相排斥,不能直接的交互影响,而为超自然的交互影响;上帝的帮忙。上帝的管理法又分两种:甲种管理法,于每次心身的动作管制,象钟表匠随时拨准他的钟表。乙种管理法,一切心身动作,于一次中有完全之契合;故有合乎规律的必然性。前种以马勒布朗士的"机会主义"为代表,后者以莱布尼兹的"预定和谐说"为代表。

笛卡尔以来之以心物为两种不同的本体的假定是错误的。故理性心理学的问题是假问题。所谓物,不外乎是"外官觉"之观念,为空间内之对象。所谓心,不外乎是内现象,为"内官觉"之观念。故心身交互之问题,应该是:内观念与外观念如何必然的联系起来?我们由思维的主观去说明内观念或思想,——由空间——外直观的基本形式——去说明外观念。故问题是:在思维的主观里,怎样能有空间的外直观?思维的主观为悟性,直观为感性,则问题是:悟性与感性如何联系?此为真正的心理学问题,心与身之联系问题,"先验哲学"所发现的问题。这个问题应该有个回答,然而"先验哲学"不能给这个回答。悟性与感性应该有个共同的根,然这不是人类的理性所能穷究的。康德的功劳,是在辨明真假问题,而越分的解决,正是解决了假问题,故为假学问。

理性心理学,整个的被推翻了。康德不是替他们解决问题,而是替他们纠正问题。他们的问题不能解决,如果能解决,则理性心理学已是可能。然康德不妨指出他们的迷途,指出他们的"理性的推论",均是谬误,均建立在那先验的幻象之上。以"我"为对象,以"我"为外在物为本体。"我"若不能为可认识之对象,亦即不能为本体,既不是单一的本体,也不是人格的本体。如果物不为物如,而只是外现象或观念,则物之存在不可疑,正如心内之观念之存在及我们自身的存在,一样的确实可靠。唯灵论者的理性心理学的主张,固为武断,然其相反的主张:唯物论,也一样的武断。康德虽反对笛卡尔、莱布尼兹诸家的立场,却不是帮唯物论说话,盖唯灵唯物,其失均也。唯灵论者曰:心灵为单一的本体(正);唯物论者曰:心灵不为单一的,而为组合体;心灵不是本体,而是物质的偶性(反)。两派主张,一正一反,然皆于心灵有所肯定,且为武断之肯定。另一派怀疑论者,取唯物论立场,攻击唯灵论,复就唯灵论立场,还攻唯物论,使两俱失之,而自家无所判断。唯康德否定正反两面的"可证明性":他对其证明的理由,加以判断。在康德看来,唯灵唯物,虽为对立学派,然都假定心灵之"可证明性",故同样为莫须有的玄学。唯灵论说:心灵是不灭的;唯物论说:心灵是要消逝的;康德说:心灵不灭,是无法证明的,心灵之要消逝,也无法证明的。心灵根本不是理论哲学(知识论)的对象,不是由逻辑可以证明其有无的。

唯物论以物如为有体之物,而以物质为物如,其说之不能成立,《先验观物学篇》已详言,故不再驳斥。笛卡尔、莱布尼兹之蔽,在以"思维之我"为物如,故须层层驳斥;而唯物论之以物体或物质为物如之主张,《先验观物学篇》所立之空间时间论,已不允其成立。无空间即无物质;无感性及纯理性直观即无空间。苟无纯思维主观,运用其直观形式与思维形式去认识,那里还有可作认识的对象之物质?其不入知识之领域之"物质",之"绝对料",皆朴素的唯实论之谬见,唯物论又从而扬誉之。此理不明,无法进纯哲学之门。

理性的心理学所示者,为一个理论上不能解决之问题,科学的"心灵学"止步。故理性心理学如果做到好处,也不能是"学术概念",而只是"界限概念"。它不会与唯物论走一条路,也不应沦为唯灵论。它根本不是"建立的原则",而只为"训导的原则"。因为它不增加我们心理学的知识,只能指示我们对的界限。故理性心理学即做到好处,也不是"学说"或"主义",而只是一种"纪律"。

乙、宇宙玄学（理性的宇宙论）及其批评

一切超感性的玄学,都是由有条件的存在,理性的推论出一个无条件的存在。一切的现象的总称叫做宇宙或自然,而"外"现象的总称为外界或空间内的宇宙。在同时间内的一切现象,形成宇宙的情况;此一切现象的变化,形成不同的宇宙的情况;一切现象的"果",形成宇宙的变动。在宇宙的变动里,每个分子,被一切在前的分子所决定,它又决定一切在后的分子。如果没有在前的情况或现象的系列,则当前的情况或现象即不能有。一切的在前的现象的系列,是一个完整的或无条件的系列。故一个现象若为所与,其整个的条件系列亦必为所与:此完整的系列之于当前之某一现象,形成一个整体,此整体不能再是有条件的,因为,如果是有条件的,则不能包含一切的条件:此完整的或无条件的整体叫作宇宙。故从一个给与的现象推其完整的条件系列是应当的。他们的推论是:——

如果一个现象被给与,则其条件的系列（宇宙的整体）也被给与;现在现象被给与了,故宇宙为其现象的条件。

此理性的设言的推论,由所与现象推其整个的条件系列,如善用之,是对的。它想完成此倒退的系列,它要求此系列的完成,即是说,它以完整系列的理念为目的:宇宙的理念。这样了解的"宇宙的整体",是"理性的自然的理念"。不但是对的,而且是必要的。

每个现象之为直观的对象:一、为广延的或组成的量;二、为填满空间的存在(物质);三、其为宇宙变动系列中的分子(果);四、按照一切现象的衔接说,它的存在,倚于此衔接。在这四种纯悟性概念下,每个有条件的存在被给与。这四个范畴的题目,亦为理性心理学及理性宇宙论的题目。宇宙的理念所表示者,不外乎完整条件的系列之对于一给与的现象的关系,故亦不外乎四种情形:每个现象之给与,一、为有条件的量,二、为有条件的物质,三、为有条件之果,四、相倚的存在。故宇宙的理念说明替所与的现象之为:一、有条件的量,二、有条件的物质,三、有条件之果,四、相倚的存在,找一切条件的完整系列。每个现象之为量,之在空间及时间内为组合的,广延的。每个一定的空间,被整个的空间决定,每个一定的时间,都被一切在前的时间决定,甚至可以说,对于所与的量之完整条件系列,是整个的空间及一切在前的时间或说在空间与时间内完全的组合。如果称空间时间内的宇宙为宇宙量,则宇宙论的理念为:一、宇宙完全的组合或完全的量;二、每个物质的空间的存在是可分的,或说物质成于部分,其部分是其存在的条件,此条件系列的完整,是一切的部分;除非有个彻底完全的分,不能有一切的部分;三、每个果,都由所有的因决定,故此条件系列的完整,在所有的因。有此一切的因,现象才能成立,才能完全的成立;四、每个相倚的存在,都假定另一个相倚的存在,彼一存在,倚此一存在,而复另有所倚,故条件系列的完整,靠所有条件的完整,靠相倚的存在的完整。故宇宙论的理念,四个题目:一、宇宙量的绝对完整;二、宇宙内容(分)的绝对完整;三、因的绝对完整;四、相倚的

存在绝对完整。此四者,若善了解之,为人类理性所必达的目的,其推论应该是:

如果有条件的存在(现象)给与了,则其一切条件的完整系列当作理念也被给与。

其推论不应该是:

如果有条件的存在(现象)给与了,其一切条件的完整系列当作对象也被给与。

后一种推论,是以理念为对象,以物如为现象,理性被先验的幻象所诱,以为理念是物,以为物如是现象,是可认识的对象。先验的幻象的诱惑力,在宇宙论里最大,也最明显;以宇宙的现象,为宇宙的整体,好象还未越出经验的范围。如果不以宇宙的整体为理念,而当作对象去推论,理性势必为此幻象所惑,其推论必为矛盾的,宇宙论的理念,遂沦为理性的宇宙论的假对象。理性的宇宙论为一种假学问,其假对象即是:宇宙的整体。

关于宇宙量的争执

宇宙量是指空间时间内所与的宇宙。"空间时间内的所与的宇宙",根本是一个不通名词。理性既妄引它为对象,必然的要发生两派对立的学说:"纯理性的独断论"(正),和"纯理性的经验论"(反)。

正:宇宙有空间的与时间的限制;时间上有个起始,空间上有个范围。

反:宇宙无空间的与时间的限制;时间上无起始,空间上无范围,宇宙对空间时间说是无尽的。

"正"方面的论据:如果象"反"方面的主张,宇宙在时间方面无起始,则在每个当前的宇宙情况中或当前的时间点中,已有一永恒

（无尽的时间系列）终了。一个终了的无尽，是一个完全的无尽，这是不可能的，因为无尽的系列决不能完整。故当前的宇宙情况的时间系列，不能是无尽的或无起始的，而是一个有尽的系列：故宇宙在时间内有起始。如果象"反"方面的主张，宇宙在空间内无范围，则宇宙为无尽的给与的整体。如果一个量，限于可见的范围，则其完整性能一目了然。不过无尽的宇宙量，是不能一目了然的。想去表象宇宙量，只有继续表象其部分，即是说，表象其无尽的时间系列，也就是说，表象一个无尽的宇宙的整体。想表象一个无尽的宇宙的整体，必靠表象无尽的时间系列的终了——这是不可能的（说见前）。从无尽的宇宙的不可能，推出有尽的宇宙的必然性；故在空间内有广延的宇宙，不是无尽的，而有其范围。"正"的证明，是由证明"反"的不可能着手：一个终了的无尽，是不可能的。

"反"方面的论据：是要证明"正"的论据不可能，于是"反"的主张，便有必然性，如果诚如"正"的说法，宇宙在时间内有个起始，空间有个范围，则困难重重。每个起始，是一个时间点。每个时间点，都由一切在前的时间点决定。假若宇宙在时间内有个起始，则在此起始之先，必有时间。惟在此时间内，是空无所有的，当然也没有宇宙。空无所有的时间，是空的时间。在空的时间内，此一时间点与彼一时间点，了无分别。即是说，他们主张在先在的时间点，尚无所存在；在后在的时间点，却忽然有所存在。此说显然悖谬。在空的时间里，什么都不能成立，当然宇宙亦不能在空的时间里成立。主张宇宙在时间内有个起始，是不可能的说法：故宇宙必然的无起始。如果如"正"的主张：宇宙在空间内有个范围，则宇宙必在无限的空的空间中：空的空间，好像是一个桶，宇宙的整体，在此桶中。然《先验观物学篇》已证明过，此宇宙外的空的空间，宇宙

43

之先的空的空间，都是不可名言的"怪体"，因为空间时间不是物，不是对象，而是物或对象的形式。如果宇宙在空的空间里，则宇宙对此空的空间必有关系。然宇宙以外的空的空间既不成其为对象，则对于不成其为对象的关系，也不成其为关系。空的空间或宇宙以外的空间是不可能的，故无尽的宇宙是必然的。"反"的证明，是证明"正"的立场的不可能：空的时间与空的空间是不可能的。

"正""反"两派，均假定宇宙的整体是给与的，为可认识的对象。如果这个假定对了，则"正""反"均各有理由；如果这个假定错了，则均只有假理由。他们之假定的错误，不是偶然的，是纯理性推论的结果，其推论的形式：

如果有条件的给与了，则无条件的也给与（纯逻辑的说）；

现在某有条件的（现象）是给与了（就事实说）。

所以宇宙的整体也给与。

"有条件的"这个中名，在大前提为思维的对象，在小前提为感性的对象，中名歧义，故不能获得正确的结论。而"正""反"两造均以为获得正确的结论者，实来自不知分别物如与现象，物如与现象混淆，以物如（宇宙之整体）为对象（现象），这个假对象，为"理性的推论"所引出之"先验的幻象"。

关于宇宙内容的争执

我们于填满空间的存在或有常住性的存在，其唯一可认识的"本体"是物质。物质是组合成的，由它的部分组合成的。一切组合成的，都可分解为它的部分。此分解或是有尽的（有限的），或是无尽的（无限的）：如果是有尽的，则有最后的，不能再分的单一的部分；如果是无尽的，则其部分还是一个组合体，即是说，无单一的部分。故两派人的争执是：

正：宇宙中每个组合的本体，均成于单一的部分。一切的存在，都成于此单一体的组合；

反：宇宙间无组合物成于单一的部分，宇宙间根本没有成于单一的。

我们在前面已将理性心理学所证明的心灵之本体性及单一性否定了，在那里已指出：如果要论及本体性，也只能论及物质的本体性，故此处只就物质的本体性说，说物质的存在，为单一的本体。

正：假若像"反"方面的主张：宇宙间之组合的本体，不成于单一的部分，任何的东西，均不成于单一的。然每个组合的本体均成于部分，是部分的外在的堆集或衔接；一切的组合，都是外在的关系，是给与的部分的偶然的关系，此偶然的关系，是可以在思维内"扬弃"的。如果一切的组合均在思维内"扬弃"了，所剩的只是"非组合的"或单一的。假若世间没有单一的，则所剩的为无，从无决不会生有，当然一个组合的本体，也无从发生。如果组合的分子不在思维里"扬弃"，而无尽的分，则其分子间的关系，不是偶然的关系，而为独立不倚的或曰本体；苟如此也不会有组合的本体，因为组合的本体的分子，亦必是本体。故否定单一的本体的存在，同时即否定了组合的本体；因为照此说的假定，组合的本体，或成于无，或成于"非本体"，"正"的证明，是证明"反"的论据不可能：无尽的组合的本体的概念，是不可能的。故宇宙间物，均应当作单一的本体，或"基本的本体"看，或曰"一切组合之第一主体"。对于物质说，此单一体为原子，对于一般物说，此单一体为灵子。康德亦称此矛盾为"先验的原子论"或"灵子论的矛盾原则"。

反：如果依"正"方面的主张，宇宙间一切的组合物均成于单一的部分，只有单一的存在。然一切组合，只在空间内可能。如果组合的本体成于单一的部分,则此单一的部分,亦必是空间的去填满此单一的不可再分的空间的部分——此显然不可能。在空间内的本体,一定要是组合的;故没有组合物成于单一的部分。因为"绝对的单一"排斥多,排斥空间,排斥量。绝对的单一,永远不能是直观的对象,因为直观内一切的对象都是量。故曰:宇宙间没有单一的存在。"反"的证明,是证明"正"的论据不可能:单一的空间的部分的概念或单一的直观的对象是不可能的,没有量的直观的对象之概念,是不可能的。

关于宇宙秩序的争执

正:如果像"反"方面所主张的:自然的因果律为唯一的因果律,则甚困难。因为,苟无"第一分子",则因的系列永远不完全,也即永远不会有一切的因;而自然律之于每个果,正要求此一切的因。无充足的因,决定的因,一切均不能发生,不能成立。故欲说明一切的发生,一切的成立,"第一因"的作用,是必不可少的。如果像"反"方面所主张的,则当前的果,没有充足的理由或充足的因,于是一切的实现是不可能。

反:如果像"正"方面的主张,有所谓"自由的因果律",似乎说不通。自由的因果律,是说第一因绝对自开始一串发生的系列的。然其开始,也得像其他的一切开始,是一个时间点,跟着一个在前的时间点。如果真有第一因,则它与在它前之"因",既相连系,而性质又不相同,如此则第一因和它"因"之间,只是继续的状况,而不是因果的连系,只是此随从彼,而不是因为彼,所以此。如此则违背了"基本原则"所说的按照因果律的时间继续的原则。也即是否定一切经验的可能性。"反"推论的结果,必然的要否认"先验的自由",而只承认自然的彻头彻尾的规律性,只承认事物间无尽的因果衔接的连锁。"反"之证明,是证明"正"方面的论据之不可能:苟如"正"所言,有所谓"自由的因果律",则事物的因果衔接连锁中断,一切的经验之可能性也被摧毁无余了。

"正"的方面,想联合自由与自然;"反"的方面,只肯叫自然因果律唯我独尊。康德名后者为"自然的全能性"以与"先验的自由"对立。叫自然的因果律独尊,好像说,惟有自然因果律合乎规律性,有规律性,而自由是反规律性的,无规律性的。这两派的争执,在哲学上最热烈,真所谓自古已然,于今尤甚了。

关于宇宙存在的争执

每个宇宙的情况,是在宇宙变动的系列里被诸前在的情况所决定的一分子,此分子倚于宇宙变动的整个的系列。此宇宙变动的系列,或为有限的,或为无限的。说它是有限的,是说在宇宙之中,必有一存在——或为宇宙之部分,或为宇宙之因——为一切物之所倚,而它却不必有所倚,即是说,它是一个绝对的,必然的存在。说它是无限的,是说在宇宙之中,或在宇宙之外,均无绝对的,必然的存在。

正:绝对的,必然的存在,或为宇宙的部分,或为宇宙之因,是属于宇宙的。

反:在宇宙之中,或在宇宙之外,没有一个绝对的存在为它(宇宙)的因。

正:康德在这里的证明,部分的采用直接的证明法。宇宙每个变动,都由一切在前的变动所决定。在前的变动完整的系列,必有其第一分子或最高分子,它再不能有所倚,它是绝对的存在,必然的存在。——此为直接的证明。此绝对的,必然的存在之属于宇宙,或为其部分,或为其因,要间接的证明——证明其反面的不可能。宇宙的变动之整个的系列既有开始（因），则此开始在时间的系列里是一个时间点。时间是一切现象的形式，任何物均不能不倚于时间。如果必然的存在是在宇宙之外，则时间也必在宇宙之外——此说显然不可通。

此证明完全是宇宙论的，因为其证明不越出宇宙之范围；然却与所谓"超越哲学"（神学）证明上帝的存在之所谓"宇宙论的论据"不同。神学由宇宙的偶然的存在，证明（推论）宇宙之外的一个绝对的存在（上帝），而宇宙论是由宇宙的变动的存在，推论宇宙之中的一个绝对的存在。偶然的存在与变动的存在的分别，却非常之大。偶然的存在，是说某事物在同一个时间点，可以存在（甲），也可以不存在（非甲）；变动的存在，是说某事物在每一个一定的时间里，一定只能是这样（甲），不能是别样（非甲），在这个时间点是甲，在另一个时间是非甲，因为它（某事物）变动了。偶然的存在，没有必然性；变动的存在，有一定的必然性，所以在其某条件系列的完整，假定一个无条件的，必然的存在，故神学之由宇宙推证绝对的存在，是"超越的"，而宇宙论之由宇宙推证绝对的存在，是"内在的"。

反：如果像"正"方面所主张的，则绝对的存在，或存于宇宙之中，或存于宇宙之外。如存于宇宙之中，则它（绝对的存在）或为宇宙之部分，或为宇宙之整体：它如果是宇宙的部分，则它是整个宇宙变动的系列的第一分子或绝对的开端；它如果是宇宙的整体，则此整个的宇宙变动的系列，没有开端。说它是绝对的开端是不可能的，绝对的开端，是无因的开端；没有在前的时间点，不是开端。它也不是无开端的宇宙的系列，因为宇宙的系列，是由无尽的宇宙的情况所做成的；如果宇宙的情况的每一分子都是相倚的，有条件的,则此相倚的,有条件的分子的总加,也不会构成一无条件的,绝对的存在——故在宇宙之中无此绝对的存在。它不在宇宙之中存在,能在宇宙之外存在么？也不可能。因为它(绝对的存在)要想是宇宙变动系列的因,或是宇宙变动的系列的开端；然开端是在时间以内,在感性世界以内,故绝对的存在,不能在宇宙之外存在。如果它既不在宇宙之内,也不在宇宙之外存在,则它不存在。

这个"二律背反"与前三个"二律背反"不同；在前三者之矛盾命题,由不同的证明理由表示出,此处之矛盾命题,由同一个证明理由表示出。"正""反"均主张：每个宇宙的情况,都假定过去的时间里一切条件的系列,不过其结论相反：

正：有一个原始的存在；反：没有原始的存在。

理性的宇宙论可能么？

上面所列举的"正"与"反"四种对立的判断(命题),均不成其为知识判断(或经验判断),从知识的立场看,那些判断,都是虚无的。因为"正""反"两造所处理的对象(像宇宙的整体),都不是悟性的对象,故其为判断,不是实在的判断,不是知识的判断。"正"主张各种有限的宇宙：宇宙的开始和有限制的宇宙空间,物质的有尽的分,有尽的因果连系,存在的有尽的相倚等等。悟性想超过此限制,想于宇宙开始之前设时间,于宇宙空间之外设空间,于每个因之前设因,于每个相倚的存在设条件。悟性不以有限的宇宙(整体)为满足,而要求比宇宙的整体更多的部分：故"正"方面各对象,对于悟性说,太小。"反"方面假定无尽量的,无限制的宇宙的整体,其系列永不为悟性所能尽,故其各对象,对于悟性说,太大。当作知识说,"正""反"各判断都是虚无的,不可能的,所以理性宇宙论为真学问是不可能的。

"正""反"的对立,只是破坏式的,怀疑式的,不能真正的解决问题。惟康德指出宇宙论的判断在原则上所以错误的道理,所以不可能的道理。怀疑式的解答,只看见被证明或否定的命题的结果互相矛盾,互相排斥,而康德的解答,着重证明本身:是对证明的理由的判断,对证明的假定的判断。"正""反"两造各以自家的判断,为知识的判断,康德指示出,它们不是知识的判断,而是理性的推论,其所以引出"先验的幻象"式的谬误的结论,是必然的。"正""反"两方面的命题,都建立在下面的"理性的推论"上:——

如果有条件的存在给与了,则其条件之完整系列也给与;现在有条件的(存在)给与了,故其条件之完整系列——即是说,宇宙的整体——也给与了。

"正"方面证明给与的宇宙的整体有一个时间的开始与空间的范围,成于单一体,有一个绝对的因,有绝对的必然性等等。"反"方面证明所与的宇宙的整体,为"正"的各命题的反面;"正""反"两方面,都假定宇宙为给与的整体,为给与的,可认识的对象。如果他们的假定是对的,则双方的证明均有效;如果他们的假定错了,则双方的证明均无效。这是整个的宇宙论的丐论;建立于这个假定上推论的结论,必须检讨。大前提说:如果有条件的为给与,则其条件的完整系列也给与。在"有条件的"概念里,已假定其("有条件的")一切条件,因为,只有作如是想,"有条件的"才可能。假若大前提中所指的"有条件的"只为思维的对象,不倚于感性的条件,则大前提是对的。除非一切的条件(宇宙为整体)给与了,"有条件的"不能不倚于感性而给与。小前提说:有条件的存在给与了。当然有条件的存在,只有由于直观,即是说,为一现象,倚于我们感性的现象,为给与的。我们只要比较大前提和小前提,便看出"有条件的"这个"中名"有两个不同,互相否定的意义:在大前提里的"有条件的"是一个不倚于我们感性的对象,是一个物如;小前提里的"有条件的存在",是一个现象,是"我们的观念",要不倚于我们的感性,则为乌有。大前提说:假设"有条件的"本身(不是当作能表现的对象,而为理智的对象)给与了,则宇宙的整体亦给与;小前提说:有条件的(不是当作"有条件的"本身,而只当作现象)给与了。这明明是"四名"的三段论式,不能得出结论;其妄推出的结论,是"四名的谬误",整个的理性宇宙论的"正""反"命题均基于此"四名的谬误"上。

假若"有条件的存在"只当作现象或"我们的观念"为给与的,则意义完全不同。一个现象之给与,并不是所有的现象一齐都给与,我们要按着经验的线索,从一个现象到另一个现象,我们逐渐的按着条件倒退的程序,寻找现象与现象间的连续;现象是决不超出经验范围的。现象的连续或宇宙,决不超越我们的经验。宇宙之为现象的连续,对于我们说,决不是已经给与了,而是我们由经验去"决定"宇宙,"形成"宇宙。如果现象不倚于"我们的观念"而为物如,则宇宙之为整体已经给与了,则"正""反"两造之命题,各有其理由。如果现象只为"我们的观念",则宇宙对于我们并未给与,我们按着空间、时间及范畴的"功能",去连接一个一个的观念,使成为必然的观念,或观念与观念间有必然的衔接,有必然衔接的观念叫作现象或宇宙。这个宇宙,是"我们"所决定,所形成的;也只有这样的宇宙,才能为知识的对象,才能为我们所了解。宇宙决不是能当作整体对我们给与;它既不是有尽的整体,也不是无尽的整体。故"正""反"两造的肯定,都各只有其假理由。

以现象为物如的学说,我们称之为"先验的实在论"与以现象为"我们的观念"之"先验的唯心论"对立。假若先验的唯实论对了,则"正""反"两造均有理;假若先验的唯心论对了,则"正""反"两造之证明的理由均错。矛盾命题,不可能同时都对,除非以现象为物如,像先验的唯实论的主张。他们的立场的不可能,正好证明先验的唯心论的必然性。现象不是物如,而只为我们的观念,在"先验的观物学"里已有直接的证明,此处是间接的证明,证明现象为物如之不可能。假若现象即是物如,则"正""反"同时都对。现象的"先验的理想性"在"先验观物学"篇直接的证明了;此处的证明,是间接的证明。此处的证明理性宇宙论的不可能,是间接的证明。像理性宇宙论的主张,必遇以下的"二难推论":如果宇宙为自存的整体,此整或有尽,或无尽。然依"正""反"两面的主张:"正"推翻了"反"之"无尽"说,"反"推翻了"正"之"有尽"说,亦即是说:以宇宙为自存的整体,有尽也罢,无尽也罢,都是错(此其一)。宇宙之为一切现象的总念当作自存的整体,也是错(此其二)。我们由此可以推知现象除为"我们的观念"外即为乌有,此亦即是现象的"先验的理想性"所要表示的。理性宇宙论者假定一切现象或感性界是所与的,于是现象即成了物如,"正""反"的矛盾命题,即建立在此错的假定上。先验哲学,一方面发现理性的宇宙论的基本假定的错误,同时发现了物之真性质:感官的对象。康德的批评的态度,比"正""反"两造的只会破坏,只知怀疑,不知高出多少倍。他们用悟性的尺度,去各自摧毁其对方之论据;而康德取得法官的立场,去检讨双方的假定,在双方的结论里,发现双方的证明的理由之不可能。使我们明瞭:整个的理性宇宙论的主张,既非悟性的认识,也非已经证明了的命题。

理性的宇宙论里的假矛盾命题

"反""正"之各判断当作知识的判断说，是不可能的，然仍不失其为逻辑的判断。既为逻辑的判断，则"正""反"双方的命题，不能同时都对（像"二律背反"），也不能同时都错（像"二难推论"）。在上面所述四种（宇宙量，宇宙内容，宇宙秩序，宇宙存在）"二律背反"里，"正""反"各执一辞，好像双方均对。而在批评的解答中，则"正""反"好像均错。"正""反"诸命题，又都为矛盾的命题，矛盾的命题，是一个必真，一个必假的命题——这个谜怎样解答呢？简单的说，"二律背反"里的命题，不是真正的矛盾命题，而是假矛盾命题。

矛盾命题的关系，是甲与非甲的关系，中间不会有第三种可能。每个主词，必有两个宾词（甲与非甲）之一（或甲或非甲）。说既不是甲，也不是非甲（像二难推论），是不可能的；说既是甲，也是非甲，像"二律背反"也是不可能的；必然的或是甲，或是非甲（选言命题）。"二律背反"之"正""反"两面都能证明对方在"事实"上之不可能，是都先假定了一个不可能的"事实"为事实。假定说，是有"方的圆"（不可能的"事实"），"正"说：方的圆是圆的，"反"说方的圆不是圆的，是方的。方的圆之不可能，是明显的；有限的或无限的宇宙之整体（即方的圆）之不可能，却需要批评的识度，才能发现的。

一个概念，既不是甲，也不是非甲，即为乌有；一个物既不动（甲），也不是它的反面（非甲），是不可能的：有人便想用此"二难推论"去证明上帝的不可能。运动是地位的变动，静止是地位的不变，动与静是空间里的存在。一切空间内的存在，或动或静；既不动，也不静，则为乌有。如果上帝的存在，是一种空间内的存在，则上帝的存在不可能；只有在这个假定之下，这个"二难推论"才有效,才能说上帝的存在是不可思议的。然而这个假定是不可能的;此二难推论,是个假二难推论,因为在这个推论之中,隐藏着一个不可能的假定。动与静之对空间内的存在说,是一对矛盾的宾词。用到上帝,便不再是矛盾的命题,而为相反的命题。矛盾命题,排斥第三种宾词,相反的命题,必然包含第三种宾词——相反的宾词,两个都可错,而不能两个都对。对于物体说,动与静是矛盾的宾词,对于上帝说,动与静是相反的宾词。对于物体说,或动或静,二者必居其一,对于上帝说,有第三种可能,因为上帝不在空间以内。因其为相反的命题,故只为假的二难推论。康德称此相反的对当,为"矛盾"的对当;不像矛盾的命题,是互相否定的。我们如果能从这个观点看"二律背反",则前面所称逻辑的谜,登时有了解答。"正""反"的对立,是在一个错的假定下成为矛盾,它们不应该排斥第三种宾词,而要包含第三种宾词。譬如他们关于宇宙的整体的争论,假定宇宙的整体是给与的。其实宇宙的整体,根本不是给与的。在"正"与"反"之间,都只假定一种情形——宇宙的整体为给与的:或有尽,或无尽,而不知宇宙的整体,根本不是给与的量。说量不倚于我们的直观而给与,说空间不倚于我们的直观而自存,都是朴素的唯实论者一类人的不可能的假定,"先验观物学"已将此类谬见根本推翻了。明白这个假定的错误,便能明白为什么给与的宇宙量(方的圆)等等能矛盾的去判断,好像此相反的判断,是二者都对,其实是二者都可错。其余的三种"二律背反"亦然。如果宇宙的部分,是给与的量,则为有限制的(单一的部分)或为无限制的(组合的)。如果关于一个现象的因的系列是给与的,则或有系列的第一分子(自由的因果律),或无系列的第一分子(自然的因果律)。如果关于存在的条件给与了,则此条件的系列或为有限制的(无条件的,必然的存在),或为无限制的(无必然的存在)。这四种"二律背反",都作同样的不可能的假定:假定宇宙的整体被给与,它(宇宙的整体)不倚于我们,当作物如存在,将物如当作现象,以宇宙的整体的理念为可认识的对象。假若承认此不可能的假定,则理性的宇宙论之诸内在之矛盾命题,均可成立,"正""反"都能各执一词,自圆其说:"二律背反"均建立在此不可能的而为"先验的幻象"所引诱来的假定上。如果能指出此幻象,则"正""反"之矛盾判断,均无效准:因为它们不是矛盾命题,而为相反命题,逻辑的说,其"正""反"命题均可错。——此逻辑的谜于是解答了。

宇宙的整体,在任何情形下,不是已经给与的,因为它不是直观的对象,不是现象,而是物如(理念),它不是不倚于我们已是个自在自存的整体。它之为整体,是我们努力要完成的而又永远不能完成的结果:我们以宇宙为整体,为现象之连续,为事物合乎规律性的秩序。我们只由经验朝这个方向努力:想完成经验,达到此整体,不停息的推广此课题,体系化此课题,解答此课题。我们的知识,不建立在宇宙的整体的理念上,而以此理念为不停止努力求达到的而事实又永远达不到的目的。换句话说:宇宙的整体这个课题,强迫我们的知识进步,它不是知识进步的条件,而是知识进步的准绳,是形式方面与内容方面不断推广的"格言"。故宇宙论的理念对于我们的知识说,不是"建立的原则",而为"训导原则"。"二律背反"的错误,即在以此理念为建立原则;"二律背反"之困难得以解决,在以此理念为训导原则。理性的基本原则,不外乎是一种"格言",对所与之现象的条件的系列的倒退程序,供给一个规范,它不允许我们在任何的一个绝对的无条件的上面停滞。故我们称此宇宙的整体的理念,为理性的训导的原则。"二律背反"里的各命题,均想为已经证明了的命题,想为悟性判断,想为矛盾的判断,则不免受法官的呵斥。他们的判断,都不是真正的悟性判断,都不是真正的结论,不是真正的、能够否定他的对立的学说的命题。在四种对立的场合,都在一个不可能的假定之下,才为矛盾命题;此不可能的假定"扬弃"了,则为相反的命题。宇宙论的理念,都只是经验科学进步的准绳或规范,在任何情形下它都不能是经验科学的对象。所以理性宇宙论,从合法性说,是不可能的。

丙、"神道"玄学(理性的神学)及其批评

传统的说法,以上帝为一切可能的宾词(像:真、善、美、完全、全能等等)的总念,为一切实在的总念。动物的外延大于人,人的外延大于张三李四,张三李四的外延大于唯一的上帝。像上帝这样的特殊的个体,其内包应无所不包,故曰:为一切可能的宾词的总念,为一切实在的总念。康德称此个体的理念为纯理性的"理想"。此"理想"若只为理念或理性的概念,则有正当的理由;若以之为实在的对象,以之为一种"科学"之对象:像理性的神学的证明上帝的存在,则成为"先验的幻象"。批评或检讨他们的证明,是康德的工作。假装他能够证明他们的"证明"是错误的,则理性的神学塌台,它们的不可能性也被证明了。

他们证明上帝存在的理论大概是这样的:——

上帝一定要当作最实在的物看,此最实在的物是必然存在的。"最实在的物"和"必然的存在"两个概念之联合,是一切关乎上帝存在的证明所要达到的目的。此两概念,不外乎在两种情形下联合:或者从"最实在的物"证明它"必然的存在",或者由"必然的存在",证明它是"最实在的物"。第一种证明是不被采用的。在第二种情形,我们先得证明一个必然物的存在。我们所知的存在,只是有条件的存在,我们假定能由有条件的或偶然的存在,推出一个必然的存在。其推论的手续:或以"最实在的物"之理性概念为出发点,或以"有条件的存在"之经验概念为出发点。前一种证明法,是先天的或先验的,后一种证明法,是后天的或经验的;两种证明,都想达到同一个目的:最实在物的存在。经验的证明又有两个不同出发点:或者由和经验一致的宇宙存在(宇宙的存在)出发,或者由合乎一定计划的宇宙存在(宇宙秩序)出发。前一种证明,是宇宙论的证明,后一种证明,是自然神学的证明。故理性的神学有三种证明上帝存在说:一、先验的(或本体论的)证明法,二、宇宙论的证明法,三、自然神学的证明法。经验的证明法之行不通,是很易看得出的。在经验的途中,我们所遇到的都是有条件的存在,从经验的理由,只能推出有条件的存在,永远不能得到绝对的,必然的存在。假若我们推论一个绝对的,必然的存在,我们即抛开经验,而去采用纯理性的推论。怎样由必然物之概念达到此概念之存在呢? 不外乎两种情形:或者此必然物属于现象的系列,它为系列中的分子,则它和别的分子一样,是被决定的,即是说,它不是绝对的必然的;或者它是绝对的,必然的,则它不属于现象的系列,不是经验概念,而是一个理念。关于此理念的存在,只能本体论的证明。从这一点看,一切证明上帝存在的基本理由,是本体论的。我们不能有别的证明。经验的证明法,不但在结论上,即在证明的过程中,已与本体论的证明合一。所以我们只要将本体论的证明推翻,整个的理性神学便站不住。

本体论的证明(上帝的存在)及其困难

本体论的证明法,是从上帝的概念,去证明上帝的存在。他们要紧的论据是这样的:在最实在的或最完全的物的概念中,除别的性质外必包含存在的性质。如果此概念不包含存在的性质,则此概念不是最完全的,即是说,不是最完全的物的概念;故或此物存在,或对此物也不能有概念。

　　如果存在是概念诸标帜(性质)之一,则此证明是对的。此证明站得住否,就看存在是不是概念的逻辑的标帜。如果存在是概念一种逻辑的标帜,则分析概念,即应有此标帜,苟如此,则本体论的证明,是一个分析的判断,是一个直接的悟性的推论。如果存在是一个逻辑的标帜,则存在之于概念,也如概念之其他标帜之于概念一样:抽掉它,则概念的内容比较贫乏,添进它,则概念的内容比较丰富。然而事实上并不如此。譬如三角形的概念,并不因为只是我所表象(思维)的三角形,或存在的三角形而有所改变:使三角形之所以为三角形之标帜,对表象(思维)里的三角形与对存在的三角形,都了无分别。上帝的概念亦然。它是纯理性的概念或理念。上帝存在与否,是不影响上帝的概念的。故存在不是概念的内容,它(存在)不是概念的逻辑的标帜。因为存在的命题,根本不是分析的判断,故理性神学里的本体论的证明,是毫无合理的根据的。存在的命题,都是综合命题。一个概念所指的对象之存在与否,不影响它的内容,然却影响它对于我们知识的关系。概念是思维的对象,概念所指的对象之存在或不存在,是知识的对象,经验的对象。譬如一百元的概念,与我有没有一百元无关;而一百元的存在或不存在,却影响我的财产。由物的概念,推不出其物的存在,正如同由想像百万黄金,与你实际的财富无关一样。康德曰:"有名的笛卡尔的本体论的证明上帝的存在,由其概念,证明其存在,实为劳而无功,好像商人想改善他的现状,在他的财富的总额上多加上几个零,其实是无补于事的。"

宇宙论的证明(上帝的存在)及其困难

宇宙论的证明,是由偶然的存在的概念,有条件的存在的概念去证明上帝的存在。这个证明大概分两个步骤:第一步,由偶然的存在,证明必然的存在;第二步由必然的存在,证明最实在的,最高的存在。这个证明法是不可能的;因为它是从有条件的推论无条件的,从经验的概念,推证理性的概念。偶然的存在或有条件的存在,是经验里的事,而必然的或绝对的存在,永远不是经验里的事,不是知识的对象,而是一个理念。此理念的给与,不是在经验里给与,而是在理性里的给与。故宇宙论的证明,第一步即陷于以幻象为客观的存在的错误,此其一。宇宙论的证明,坚持此绝对的,必然的存在,不然则会有"有条件的"无尽的系列,此无尽的系列,在他们是不可能的。——这也是说不通的主张。谁说此无尽的系列不可能?你怎样的证明它不可能?难道此无尽的系列与经验的条件矛盾么?相反的,经验正符合此无尽系列的观念;至少从经验的立场说,自然的条件的系列,是永远不能完成的。说自然条件的系列永远不会完成,却不是独断的说此系列是客观的无尽的。肯定此条件系列客观的无尽,是不可能的;否定此条件系列客观的无尽,也是不可能的。如果先武断的假定条件系列的客观的无尽,为着武断的去否定条件系列的客观的无尽,则不免犯了两种错误:其武断的肯定的错误,是"二律背反"中"反"方面所犯的错误,其武断的否定的错误,是"二律背反"中"正"方面所犯的错误。——此其二。假定说,条件的系列可以完成,也不应该由一个存在(上帝)去完成,不应该由一个在系列以外的存在去完成。宇宙论的证明,没有权利随意的去完成自然系列,它随意所作之完成,在任何情形下都是不可能的——此其三。还有它不能由必然的存在,推证实在的存在。必然的存在,既不能在经验中存在,又有什么方法证明它的存在呢?他们的证明法是:必然的存在,是其他一切的存在所依赖者;它包含一切存在的条件,也包含一切的实在,故亦包含存在。即是说,他们从最实在的存在的概念,推证存在,其证明是本体论的;他们犯了这个错误而不自知,打的是宇宙论的证明的招牌,用的是本体论证明的武器——此其四。故所谓宇宙论的证明者,要用批评的尺度去衡量。不外乎是一堆矛盾的推论而已。

自然神学的证明(上帝的存在)及其困难

宇宙论的证明上帝存在的不可能,使我们看出经验的证明法是不可能的。自然神学的证明法,是由自然界事物之秩序之合乎目的,去推证上帝的存在,其证明的步骤,是宇宙论的。经验的证明,和宇宙论的证明,都劳而无功,自然神学的证明,也逃不开这个命运。然此证明,究竟比宇宙论的证明略胜一筹,它的优越处,是以对自然作崇高的观察为出发点。自然的美,自然的和谐,自然的秩序,都是打动人心的经验。是我们所心领神会,徘徊不忍舍去的经验。然此类经验,是美学的,宗教的经验,而不是科学的经验。美学的,宗教的经验,能满足我们的感情,而不能满足我们的理智,诉之感情的证明,大概是有问题的。我们试看它证明程序。它由合目的,有秩序的经验出发:自然界事物互相一致,互相有计划的关连。秩序不是由自然的机械的因所可说明的,不是由物自己所可说明的。秩序对于物说,是偶然的。秩序假定与宇宙不同的存在,有安排的力量的存在,它创造这个秩序。此具有安排的本领的存在,不能是盲目的力量,而是智慧,悟性,意志——精神,因为自然间的秩序是一贯的,故安排宇宙的精神也只有一个,它是最高的宇宙的因,或曰上帝。假定说此种证明无法非难,至多也只立了一个安排宇宙的精神;它只是宇宙的建筑师。却不**必**是宇宙的创造者。然而,这正是它所应该证明的。他们的上帝,是给形式的原则,却不是创造的原则。即令说,这个给形式的原则,对于事物的说明是必要的,然也没有理由说它是唯一的,具有智慧的。难道自然本身不可以具盲目的力量去创造此秩序？他们回答说:自然不能如此,正如房屋、舟车、钟表之不能自成,而有待于匠人之制造。自然是一件艺术品,它暗示着有个制成它的艺术家。他们这样的用类比的方法推论。由自然的秩序,推证其制造者的智慧。然类比的推论,至多只能证明一件事大概如此,不能证明一件事必然如此。他们说:我们也许能由果推因,推论与果成比例的因。只有上帝能为与自然内有目的的果成比例的因。这也是一种臆说。谁能测量此处因与果之比例？谁能肯定彼安排宇宙的因之权力,之智慧多么大,正好符合当前的果？如果正确的说那个因是一切实在的总和,说它是绝对的权力,绝对的智慧,则又无法说自然间的果,能和它成比例。故自然神学对宇宙创造者的存在的证明,实一无是处。他们说:我们也许能就自然间秩序的偶然的事实,去推证最后的,必然的因。然此秩序的存在,只是假定,决无法证明的,秩序的存在。不是科学的经验,只是美学的或宗教的经验,所以不能逻辑的证明。即假定说,自然间的事物,到处都是合乎目的底互相衔接着,然谁能保证其和谐不来自自然本身,自然本身即如此和谐？我们既不能证明合乎目的底自然秩序的事实,也不能证明此事实的偶然性。此二者均为自然神学之出发点,均是既未证明,也不能证明的假设。即使听此假设有效,也不外乎是由偶然的存在,推证必然的存在,即是说,不外乎是出自本体论的,宇宙论的证明上帝的存在。从人的情感立场说,自然神学的证明,是有最大的力量的;从科学的立场说,自然神学的证明,是最软弱的。因为它并有本体论的证明及宇宙论的证明的弱点,此外并有自身的弱点。

康德先驳倒本体论的证明,再将宇宙论的证明还原到本体论的证明,更将自然神学的证明还原到前两个证明。关于上帝存在可能的证明一一推翻,也就证明了理性的神学之不可能。

理性之误用,可使人妄谈本体,妄立绝对,以之为知识之对象,其所产生之种种玄学,已略如上述。康德之以物如为理念,实为他在哲学上的丰功伟绩,是哲学上的"哥白尼式的革命"。块然之物,浑沌之心,均非所许。康德哲学的佳妙处,即在空灵二字,能空灵始能不外蔽于物,内隔于心;若外边来了一个绝对的,所与的物,内里立一个绝对的,所与的心。则或逐物务外,或自猎其影,均徒劳无益。从柏拉图到休谟,没有一个哲学家,能逃出这个内外停滞的魔网。以绝对为理念,是康德之谨慎处,平实处。理念者,是关于事物之知识的主观的统一,不是事物之客观的统一。柏拉图的理念,即是事物的客观的统一,理念为事物之概念,为事物的原型,故我们之于理念,不外摹拟,分享,仰慕;康德之理念,是我们经验知识的准绳,规范,目的,我们不能用它为建立原则,去获得知识,而用它为训导原则去规范知识。康德在《纯理性批导》的序文里有一句名言:"我要取消知识,为信仰留地位。"这句话常被引用,也常被误解。他所要取消的知识,是指关于上帝的存在,心灵的不灭,意志的自由等等的假学问,假知识说的;廓清了这类假知识,真正的道德学,美学,目的论才能产生。本体云云,虽不为悟性的概念所可知,而却能在道德的经验里体验得到,在美感的(或合乎目的底)

经验里静观得到。康德在知识里不立本体,譬如他不以心灵为本体,只要一个空灵的"知识的形式的条件"——逻辑的主体;在《纯理性批导》里,亦不正面的讲"理智的直观"或"直观的悟性",以作天人之辨,致尝为后人(如黑格尔)所诟病,《实践理性批导》及《判断力批导》之作,未始不谋补这个体系上的"不足"。康德之理念,即对知识说,虽只有"消极的致用",然却有"积极的意义",先验矛盾篇的"附录"及"方法论篇"即发挥此"积极的意义"。此义极为重要,明乎此始能完全明瞭康德哲学体系及由康德到黑格尔之线索。(作者留外国时,曾有专篇论之,暇当译述其梗概。)本篇立论,均就康德知识论——他的知识论,也就是他的"未来的玄学"——的立场,破斥玄学,无形中假定读者对于他的知识论的了解,这也是述学次序颠倒的地方,希望有机会能补起这个漏洞。本文儿全为康德自云,作者了无新义,并不是"一种解释",借此略答复时人所厚诬康德的"我"。康德哲学生,并非哲学史上的陈言,他所批评的玄学,也非已经死去的玄学。士生今日,固然有权利广立新论,以博众誉,却也不妨从好学深思的"古人"得到许多教诲。我常想,康德哲学,是哲学的不可动摇的"常识",你得先走进他的哲学里去,再谋超过他,才可能是"新"哲学;如果未睹康德的门墙,即折转方向,标奇立异,则必然的要重走康德以前的哲学的旧路。理性派武断的玄学的假定是:我们概念的系统,或逻辑的命题,"符合"事物的"真际"。像沃尔夫使用的"理性的思想"对一切的真际(上帝,宇宙,心灵及一般事物的真际)一一加以证明。他要证明一切的真理,都是纯逻辑的系统,而以矛盾律为逻辑系统之顶峰。譬如用矛盾律去证明充足理由律。(其证明的错误,是逻辑的条件与实在的原因混淆,是众所周知的。)沃尔夫哲学的传人包姆嘉敦的整整齐齐一千节的"玄学"也足令我们钦佩,拜倒。康德称他精明而无远见;他是玄学里"独眼巨人"(见希腊神话),他所缺少的是一只批评的智慧眼。在另一方面,我们徒知欣赏休谟之思想敏锐,而不肯更进一步欣赏康德哲学之平实,彻底,周密,犹之乎徒知赏识普鲁塔哥拉斯的雄辩,而不知领略柏拉图之博大精深。"新旧""古今"之辩,是时人所乐为的,而于此则必欲滞泥于康德(或柏拉图)以前各派之"陈言",吾于是知好恶之心,亦可颠倒历史事实。

二 康德论知识

上篇 总问题及时空

I 绪论

我在《康德对玄学之批评》之篇首有这样一段话：

康德所启发之新玄学，建立在他的知识论上，其基础已由《纯理性批导》之先验分析篇之"纯我""纯思"奠定之。此"纯我""纯思"，其入，则湛然清明，其出，则处理万机；用它的空间，时间和范畴的工具，使经验或自然获得理论上的（或"形上的"）根据，"经验的对象才可能"。然"纯我""纯思"可以处理经验的对象，却不能处理非经验的对象（"先验的对象"）云云。

前篇叙述"先验的对象"何以是玄学的对象；本文发挥"经验的对象"何以是知识的对象。

中国哲学家处理"物""我""内""外"的问题，常主张"天地与我并生，万物与我为一"，"物我两忘——两化"。他们的方法是直觉的，一下便登峰造极，入大化之境。讲知识便不能如此玄远有致，要分析，一步一步的，由浅近入精微，由具体入空灵——更返乎平实之境,经验的成熟低地。理性主义者像莱布尼兹者流,遵守一个玄学原则(灵子),以明天、人、物之一贯,其得在"大",其失在"妄";休谟一派人的哲学,其妙处在"细",在"空",然恋筌而失鱼,玩言而忘意,故支离而无主宰。康德摘逻辑与科学之精华,以之锤炼知识,会证知识,而不为逻辑科学所蔽,故其学平实通达,了无滞碍。如果他肯像莱布尼兹以各科学为"颂神曲"或像马勒布朗士"在神中见万物",则他的哲学系统容易得多,方便得多。但他只肯分析的,谨慎的由"经验成熟的低地"渐渐讲到高处,适可而止。无法肯定的说的,不能肯定的说的,便不说。其想说而不能肯定的说的部分,他名之曰"物如"。物如在理论上只为知识的限制,理念,理想,只是消极的。他的哲学不依傍形式逻辑。形式逻辑里诸规律(像矛盾律),虽为思维的必要条件,究竟于知识不是创造的。它们像培根挖苦神学的话,是不能生育的尼姑。康德所提出的先验逻辑主要的意思,是要将逻辑用到对象,用到经验,用到自然界,使逻辑有内容。这并不是将逻辑心理学化;先验逻辑和培根,穆勒以来心理学的逻辑无关。然在另一方面,他也不假定不说理的"经验"或"事实"。日常生活中的"事实"也好,科学的"事实"也好,在他都只是"问题","课题","问号"。当前所与的事实,由知识的主体去看,总是空间,时间内有广延的量,有密度的量,是无数因的果等等。当前所与的事实,是现象,是经验的对象。知识论的责任,是将事实放在空间,时间的形式,范畴的形式里去了解,将它变成可以说明的事实——具体的描写说明事实,是经验科学的事——故康德不容许"先有物""绝对料"一类的假定,而是实事求是,就理论事。此理是人心中所共有之理,所共守之理,不是悬挂在外面之理。此理有客观性,即是说,有普遍的效准与必然性,经验之所以

二 康德论知识

为共同之经验,知识之所以为共同之知识,端赖此在心之理。用康德的术语说,此理是"先天综合"的作用,是"先验主体"所运用之空间,时间,范畴等等。理不在外,心外无理,所谓外物之理,即吾心之所赋与者。康德在《范畴之先验演绎》篇,便是要证明这桩大道理——思想上哥白尼式的革命。其结论是:"可能经验的条件,同时是可能经验的对象条件。"可能经验的对象,即指自然。其条件,即普遍的自然律。可能经验的条件,即指吾心所运用的范畴,即是思想律。悟性先天的认识普遍的自然律;惟如此我们始能认识自然,始能有自然的规律。故曰:思想律同时是普遍的自然律。除开思想律不能说自然律;除开吾心之理,不能言外物之理。康德之名言:"悟性不从自然中求它先天的规律,而在自然前颁布它的先天的规律。"惟如此我们才能明瞭自然,——虽不能说创造自然——明瞭这个用数字及几何图形所做成的自然(伽利略),及明瞭科学书里所印的经验(柯亨)。科学书中所言之理,即吾心之理的一大例证。科学所言之理,苟非具先天性(即普遍有效性与**必然性**),则只有一时一地一人之科学,而无共同之科学。此一大例证,是求知的人**必**不可忽略的。若并此铁一般的证据不管,只顾说:"一事有一事之理,""一物有一物之理,"假定满坑满谷,死口无对证之理,于事何补?于人何补?于理又何补?所谓悟性或"先验的主体",不外是自同一之我。有自同一之我,方有对象之认识。有自同一之我,方有自同一之物;有自同一之物,方有认识之对象。拿自同一之我,去"逼出"自同一之对象。空间,时间,范畴,均是"逼"的方法,形式。也正借着"逼"的作为,认识,推理等等,才"悟"到自同一的我。其始:我与物都是朦混的。其终:我清明物也清明。有我之清明,才识出物的清明,由物之清明,才察出我之清明。——是谓之"大彻大悟",也许近乎"物我同一""物我两忘——两化"之境了,此是后话。

康德心中有个哲学上的基本假定,假定后康德家所诟病的天人的分别。他是文艺复兴以后的哲学家,对于文艺复兴期的两大发现:人的发现,自然的发现,是一向心向往之的。故其哲学是研究人之智(纯理性),人之性(实践理性),人之情(静观的判断力),有浓厚的人本主义的色彩,颇有"蔽于人而不知天"的意味。这是他接近经验派的地方。而对于理性派所谓上帝,多少持敬而远之的态度,至少在《纯理性批导》里如此。他有了这个根本的态度,所以由"经验的成熟低地"出发,一步一步的递进,分析。在分析的先后程序上,作以下的重重叠叠的"二元"的假定。

一、现象与本体对立的假定

康德的哲学是严格的现象论。只是现象界是可能经验的对象。惟康德所称现象界,和前派人比较,已将范围扩大。前人所称现象界,大抵只及于"次性",而将"第一性"推于本体界。康德将次性及第一性统一化,综合化,统称之为现象界。其理见先验观物学及先验逻辑篇,兹不具论。而以经验之极限,或现象之整体——宇宙,心灵,上帝——为本体界。本体界对于我们人的知识,是理念,或理想,它在知识的"彼岸"。本体不可知,只能在"实践理性"里体验得到,在艺术生活里静观得到。知识只能在现象的范围内活动,而不能越到知识的彼岸去活动;越出范围,即是玄学——这是他的现象与本体对立的假定。

二、感性与悟性对立的假定

我们现在回到现象界来。现象之成为知识的对象,也有它的层次和深浅。譬如对一个红的颜色（现象），我们的"能知"，便要分别的去处理，分别所见的颜色与所知的颜色。所见，是颜色的现象，深浅等等。所知，是颜色的概念，共相等等。见是综合，其综合的形式，主要的是空间，时间；思更是综合，其主要的形式是量，本质，因果等等。我们说现象有层次，有深浅，是就我们的能知说。康德肯定"能知"有见与思两面，此即是比前人超脱处。他既不像经验派人的褊狭，以感官的印象为现象；他也不像理性派人的空洞，抹煞现象，以现象为紊乱的观念，而只承认概念所符合的实在是"真际"。红的颜色，既不只是红色的印象，也不只是红色的观念。它是由空间，时间，范畴重重叠叠厘定的一种特殊的现象——红的颜色。我们的"能知"既有见与思的分别，对于它（能知）的致用说，总是有所隔。见是直接的，思是间接的；我见红色，我知红色之性，红色是不可间接推知的，红色之性是不可直接见到的。康德一方面认为非见与思并用不能有知识，（"直观无概念则盲，思维无内容则空"，）然为分析见与思两种"能力"起见，他又将思与见严格对立起来，分割起来。在"先验观物学"里只讨论见的形式（空间，时间），在先验逻辑里，只讨论思的形式（范畴），好像他们真是割据的局面，各自有一个天下的样子——这是感性与悟性的假对立。在此假对立的后面却隐藏着一个真的假定——天人的分别。就我们人的"能知"说，见与思固然要分别，然上帝却可能具"直觉的知"或"理智的见"，逻辑的说，这是可思议的，是不矛盾的。要真有这样见、思不分的"能知"，当然能知事物的本体，能认识事物的"本然样子"，一切皆在慧思慧见之中；惟此非我们的"能知"罢了。

三、悟性与理性对立的假定

感性里的物,是所与的;悟性里的物,是课题,问题;理性里的物,是永久的课题,是理念,是物如。感性,悟性,理性,都是"能知",而有深浅厚薄的层次上的分别。感性、悟性,理性里的物,是同一个物,也有深浅厚薄的层次上的分别。物之在感性中的,是现象,是"未决定的对象";物之在悟性中的,也是现象,然却是"可能经验的对象";物之在理性中的,是物的整体,故为现象,也是现象的整体。整体不是知识所可尽的对象,它是一个理念,一个理想,是物如。物如虽为悟性之所不能尽,却为理性所要求。我们的知识,虽能于"可能经验的对象"得到理智上的满足,而我们理性的逻辑推论,却不能以此作不尽的工作为满足;苟没有理性的线索,也许是盲奔乱撞,劳而无功呢?不免有逻辑向那里去,科学向那里去的问题。还是,康德在知识近饱和点时,请出"实践理性"来,替道德或自由立法。"先验矛盾"篇所显示的理性,是"理论的理性",由"理论的理性"渡到"实践的理性",实际上是同一种理性的转变,递升,而表现出的却是:——

四、理论的理性(自然)与实践的理性(自由) 对立的假定

有人以为这个分别是多余的。承认这个分别是多余的人也有一个假定,假定善恶无绝对的标准:以利害为善恶的标准,以福利之指数来量善恶之大小,不去分别"工具的善",和"内在的善"。意思是用"自然律"来代替"道德律",康德在"先验矛盾"篇之"第三矛盾"里提出这个问题解决的方案,以"理论的理性"为通达"实践的理性"的桥梁,复将"理论的理性"放在"实践的理性"之下,使

自然律与自由律不但各不相害,并且相得益彰。《道德学的形上之基础》及《实践理性批导》,便是分别推演和回答这个问题的。悟性对"可能经验的对象"的认识,是依照因果律倒退的手续,无穷尽的追溯上去,它碰不到所谓"最后的因",或说这个系列在经验里永远不会完成,不会穷尽的。我们已说过,这个不尽的系列也许能给我们"理智的满足",却不能满足我们理性的要求;这个要求,由"实践理性的优越"的理论完全满足了。假若我们的行为完全受自然的因果律所支配,"则计算一个人的行为,像计算日蚀月蚀一样的准确",如此,则自由无救。意志自由之变成"小市民的道德",是五四运动以后的事。在西洋则古已有之,而也都是昙花一现的时代病。爱智的人应该爱惜这个传统的理性思想,把它(意志自由)当作哲学的中心问题去处理。康德即以意志的自由为他哲学的中心问题,以"理论的理性"与"实践的理性"比较,后者优越;因为道德是人类的故乡,真理之实在性所表现于自由者,实较表现于自然者,明显,亲切,多多也。

　　康德之自然与自由对立之假定,在第三"批导"里,在美的境界与目的境界,重新遇到一个新统一,新综合。美的现象是不关心的,无拘束的。合乎规律性,而不需要规律,合乎目的性,而摆脱目的。而生物界,特别是人类现象之能被了解;实不外将自然摆在自由概念之下观赏,换句话说,是"实践理性的优越"的证实。康德这个晚年的倾向,不但温和了理性与悟性的对立,温和了理论的理性与实践的理性的对立,同时也温和了他的哲学的基本的假定——天人之际,天人的对立。人之理性能力,似乎只能求普遍,归类,立形式,再将殊相纳入形式之内,为其内容。然第三"批导"所提出的合乎自由规律的美的境界,目的境界,已不容形式与内容之割裂,而能"知"此形式与内容不割裂之物,当然不是有所蔽,有所隔的见与有所蔽,有所隔的思之"推理"所可得来的;势必其"能知"之直观为理智的,"能知"之悟性为直观的,"能知"如此,亦可谓"天人合一","我心即天心"。本文既讨论知识,故只论现象,不谈本体,只谈现象内感性与悟性之形式及其运用,效准等问题,而不涉及悟性及理性之对立及理论的理性与实践的理性之对立等等。

II 问题 先天综合判断如何可能？
（或从纯理性来的知识如何可能？）

这是康德哲学的总题目。这个问题极重要,它的成立与否,能否解答,关乎整个的"未来的玄学"或知识论的存亡。康德自言,这个问题,在他以前不但无人解答,并且无人想到过,在另一方面,从他提出这个问题起,一直到现在,这个问题的意义还不断的被人误解,非难。这种误解,非难,只有两种可能的解释:或者他所提出的问题有问题,或者误解和非难的人,脑子里没有真正哲学的问题。读竟本文的人,自能了解这个误解和非难的由来的。在康德以前的哲学——以后的"新"哲学亦然——均有着眼在知识之来源,长成一类问题,其答案或曰,知识的来源是"先天的观念"（广义的实在论）,或曰,知识的来源是知觉,印象（广义的经验论）。康德改变方向,由"批导""纯理性"入手,看看纯理性的判断,是不是具普遍的有效性,必然性及客观性。"纯理性"既不倚于经验,而又对经验有效率;即在现象之中,发现"先天综合"（思维）之全体大用,妙哉,妙哉,此义固难为"概念分析家"所可方拟,所可了然于心的。

知识论之目的在求真;实在的物（如桌子）我们很难说它真或

不真,只在一个命题和判断里始有真伪之别。判断有两大类别,一种是真而无当于事实的("分析判断"),一种是真而有当于事实的("综合判断"),前种之真,是形式逻辑的真,后种之真,是数学,自然科学以及玄学之真。在后一种真里,科学与玄学又显然有别,难以相提并论,数学及自然科学是已经站稳了(实在的)学问,它们当然是"可能的",要去问科学是否可能,不是表示我们无知,便是侮辱科学,一种学问是实在的,当然是可能的。然而,我们虽不能问科学是否可能,却不妨问科学如何可能?科学家可不问,也可不必问此问题,这是他们所当然假定的,他们可不管科学的假定,而可以继续研究科学,解决科学问题,因为科学是假定,并不是科学所研究的对象。知识的分析者,便要以全副精力来答复这个"如何"。这个"如何"的问题之能否回答,无关乎个别的科学的进步,却关系知识论的存亡的。下文之说空间,时间,范畴及其普遍的效准,都是在描写"如何"的。玄学之为"真"与科学之为"真"却大不相同,我们不能指出一本玄学书像指出欧基里得的几何说,这是可靠的玄学,你学好了。玄学根本即未站住脚(不实在),所以可以问它是否可能;最多只能问玄学之为"人类的天性"如何可能?

先天综合命题之为可能的,实际上是已然的。数学及自然科学里的命题,都是先天综合命题(说见下文)。数学及自然科学之两类学问,实际上已经存在,或说科学或知识是事实;问题是我们如何说明,保证"合法化"这件事实?这是问题的枢纽。

"如何"实包含两个问题:一、先天的综合,如何可能?何以恃而可能?在一个综合的而又必然的判断里,两个概念(观念),如何联合?二、从这样的判断里,能获得知识么?怎样获得知识?此类观念之联合,怎样能符合实际?这个判断客观的有效么?为什么客观的有效？康德在他书中，不明显的将这两个问题分论，在事实上他是以第二个问题为中心的（"范畴的先验演绎"）。

为明瞭他的总问题——先天综合判断如何可能——起见，我们先说明：——

一、"分析判断"与"综合判断"的区别

凡是真知识，必藉先天的判断去表示。（"先天的"一词，不具时间的意义，它是指着普遍有效性及必然性说。）先天的判断，按其内容说，有个分别：一种是说明的，对于知识的内容无所增益，一种是推广的，增加了知识的内容。前一种可称之为分析的判断，后一种可称之为综合的判断。分析的判断，在宾词里所说的，已经包含在主词的概念里。譬如说："一切的物体都是广延的"，广延的这个宾词，只是说明物体的概念，而并没有推广物体的概念。分析判断的最基本的形式是"同一律"（甲是甲），所以我们能援用"矛盾律"来考验分析判断的真伪，像上面的例子，我们要否定其宾词"广延的"，也就否定了其主词"物体"，物体与广延的虽不同一，物体却必然是包含广延的，分析物体的概念，必然的得到广延的性质。这个问题之真，是不需经验，不假他求的。故曰：分析的判断，是先天的判断。

综合的判断的宾词，推广了主词，譬如说"物体是重的"，物体这个主词，并不必然的包含"重的"这个宾词。物体是不是重的，只有经验可以告诉我们，要否定了"重的"这个宾词，并不就否定了物体这个主词。在这个判断里，我们借重这个宾词（"重的"），推广了我们对于主词（物体）的知识。

有人非难康德这个分法说：有的判断，在你是综合的判断，在

我却是分析判断,或以前是综合判断,以后变成了分析判断。譬如,对于一个脚夫,"物体是重的"便是分析判断;他看见这担行李,便联想到它的重量,行李和重量这两个观念,是不可分离的,有行李的观念,也就"必然的"想到"重"的观念。不重的行李,在他是不可思议的,是矛盾的。这个非难,显然的不重肯要。脚夫之作如此想法,是根据观念的联想来的;他的"必然的"作如此想法者,是心理学的"必然",而非逻辑的"必然"。知识所注意的不在一个脚夫,一个教授或一个小孩子的如何想法,其想法如何不同等等,而在其想法是否逻辑的,必然的想法,而不去问那个思想者。同理,综合的判断可变成分析判断,也是误解。一个概念之内含多少,逻辑的说,是"自古已然",并不因我们对于它知道的多少而能增减它的内容的。他们以为我们对于一个主词的概念有了新经验,新"知识",主词的概念的内容因之增加,等到新增加的成了"当然的",于是就必然的属于主词,综合的判断,遂成了分析的判断。这个错误的想法,是逻辑的或知识论的与心理学的界线的混淆,将知识的起源问题与知识的效准问题颠倒,此盖不可不辨,这两类判断的区别有了,再看有没有康德所谓的:——

二、先天综合判断

分析判断不靠经验,故为先天的判断。综合的判断,靠经验的,新的经验可以纠正它,推翻它,故为后天的判断。("后天的"即是不具普遍有效性及必然性的意思。)说分析的判断是后天的,是无意义的语句;因为分析的判断,其宾词即包含在主词之中,宾词的概念,不超过主词的概念,"不需要经验作证人",故也决不为后天的。综合判断如何呢?按照它的依乎经验的性质来说,似乎只能为后天的。说先天的综合判断,似乎和说后天的分析判断一样的无意义。休谟承认数学的判断,是分析的判断,故数学的知识,为先天的知识,而综合的判断,总是后天的。理性派的人,将知识扩充到关于心灵,宇宙,上帝之绝对的知识,换句话说,他们以玄学的判断,为分析的判断。康德建立了先天综合判断的可能性,他从分析已有的知识(科学)发现了这桩颠扑不破的道理。

三、数学的判断,是先天综合判断

在康德以前的人的想法,数学的判断,都是分析的判断,数学的正确的与必然的推论,都是按照矛盾律进行,数学上的原则,都是由矛盾律去认识的。而不知此实大谬不然。首先要声明的是,真正的数学判断,都是先天的判断,而不是经验的判断,因为数学的判断,一定是包含必然性;此必然性不是由经验增加或减少的。大家也许想"七加五等于十二"是个分析的命题,此判断是由七与五之和的观念,藉矛盾律推证出来的。然苟细察之,则知七与五之和之概念所包含的,不外乎两数之联合成为一数,此联合两数而成之数为何,则未思及之。十二之概念,并未来自七与五联合之思维。我尽管对此可能的和数的概念如:六加六,八加四,十加二等等作种种分析,亦不能获得十二。我必于概念之外求援于直观,由直观内所给的五个单位,像五个手指,或五个点,一一添进七之概念。我们在"七加五等于十二"一判断,实在是推广了概念,对七加五的概念,实添进了新的成分,添进在七加五的概念中未曾想到的成分。等号左面的七加五是一个问号,一个问题;等号右面的十二是一答案,是一个新的单位。而加号等号等等都是综合,是思维的手术,是思维的综合,不只分析一端也。

纯几何的判断，也不是分析判断。"直线是两点间最短的距离"，是一个综合判断，因为曲直是质，长短是量，直线的概念，并不包含量，只包含质。最短之概念，不能由直线之概念所可得到，而是借重直观所新获得之性质。在"直线是两点间最短的距离"命题中，我们实将点、直线、量三概念，在一定的关系中排列。数学上的点是没有面积的，而任何画出的或表象中的点都有面积。故数学的点的存在，之为一数学的概念，是先天的。线之成立，由于点之运动，假若运动的方向不变，即为直线。即是说方向包含直线的概念。故直线是一个先天的概念，在方向中，直线的直，是质，我们还没有将它的长度，当作量去思维；故此命题是综合的。只有借重纯直观的必然性，先天的综合才可能。

总之，数学的判断，不是分析的判断，不建立在矛盾律上，徒恃逻辑的分析其概念，是不够的。同为数学的概念，包含纯直观，其概念之必然性，不是逻辑的分析的必然性，而为"构造"的，直观的必然性，譬如三角形的概念其意义不在其既非直角三角形，也非钝三角形，也非等边三角形等等，这样一个"普遍"的三角形的概念，而即在一特殊的构造的三角形之中，表示数学的概念之实在性，或数学的真理。数学的公理，是先天综合判断：宾词必然的与主词连系，而非任意的结合，不是形式逻辑的，分析的必然性，而是一个直观的，构造的必然性，只有这种必然性，才对先天的综合，具积极的意义。

数学的判断，是先天综合判断。数学判断之为先天综合判断如何可能？在下面讨论空间（时间）的性质时，才能回答，在讨论"纯悟性的基本原则"时，才能充分的回答。

四、自然科学（物理学）里基本的假定，都是先天综合判断

自然科学（物理学）里有两个基本假定：一、本质常住（物质不灭）；二、因果律。没有这两个假定，自然科学之为科学，在理论上及实际上均不可能。假如说：物质从"无"里来，复归"无"里去，则一切现象皆不稳定，皆属偶然。我们还能谈什么科学理论？说什么现象的规律（如阿基米得原则，运动律等等）？又何劳我们去观察？去实验？实验如果因人、因时、因地不同，决不会产生共同的，有普遍性，必然性的科学的。假定说，一个现象和它直接在前的现象间，无必然的连系，我们有什么理由来决定这个现象？了解这个现象？假如我们不能按照因果律的连系，倒退的追溯上去，我们那里会有客观的现象？没有可决定的，可了解的现象，没有客观的现象，则科学所研究何事？有何价值？如此，则实际的"自然的齐一"，对于我们是个谜，是一件"侥幸的偶然"的事实。我既不能将自然界的"秩序"归功于上帝的意志，也不能说自然本身具有目的，因为这类假设，是"一切自然科学的送终"。所以有科学思想有科学研究，即有本质常住（物质不灭）和因果律这两个假定。它们是自然科学的两大柱石（至于这两个假设怎样的有"客观的效准"，怎样的证实，是"范畴的先验演绎"篇及"纯悟性的基本原则"篇才有说明）。

本质常住（物质不灭）是经验的结果么？这类判断，不能来自经验。任何的实验，都不能严格的表示本质是常住的，或物质是不灭的。谁能保证我们量长度，量重量的工具绝对的不变？我们基本的尺度，是量长度的尺度。然些微的温度，即可影响我们的尺。譬如普通说一米达的长度，等于子午圈的四千万分之一，然而这计算即不精确，一米达即短于子午圈的四千万分之一小数点零八五

八米厘米达。(通常大家采取1779年巴黎所藏白金的米达,以为标准尺,因为它比较不受气候的影响。)我们在日常生活里说说几尺几斤,即可应用,在科学里总采取精致的方法,然愈求愈精致,其结果好像愈不"正确"。在日常生活里,说某物一斤重,在科学里则取精确的工具,对"一斤"上下多次称的结果的数字的"中数",去表示某物之重量。然愈求正确的中数,所得的中数,愈像不正确或难以正确。(故科学之对象,永远的是一个问号,一个问题。)关于重量的测量,计算,秤即不准确,而称亦复不准确,第一,谁保证在称时,没有一部分极微细的"物质"走失?第二,我们永远不能称所有的物质;而在每次称时,假定物质是不变的。所以拉瓦锡(在1789年)之以手中的称,去"证明"物质不灭,是一件失败的企图。

因果律能经验的证明么?更不可能。我们试看确定事物间因果的联系,多么困难!我们决不能从事物之先后发生,去确定它们间因果的关系,或求出因果的原则的。

本质常住(物质不灭)和因果律两个命题,都不是观察现象的结果。故曰,先天的。本质(或物质)的概念,并不蕴含常住(或"不灭")的宾词,"事变"不蕴含"有因的"宾词;换句话说,本质不常住,或物质消灭,"事变"无因,纯逻辑的说,是不矛盾的。所以这两个命题,不是分析命题,而为综合命题。我们结论是:自然科学里两大基本命题(以及其他的自然律,如运动律,阿基米得原则等等)均是先天综合命题。

五、玄学命题是先天综合命题

玄学上命题,像心灵不灭,意志自由,上帝存在,宇宙的起源等等,第一、主词心灵,意志,上帝,宇宙,均不蕴含不灭的,自由的,存在的,有始的诸宾词,故其为命题,是综合的。第二、心灵,意志,上帝,宇宙等主词,都是"纯理性概念"。诸宾词对其"纯理性概念"之肯定,都是出乎理性的要求。这类命题,我们既不能由经验去证实,也不能由经验去推翻;故为先天的。玄学与科学,虽同为先天综合命题,而科学是实际的存在,玄学尚未实际存在,故康德未肯将二者相提并论。对科学的说明,建立,"合法化",是知识论积极的工作;根据知识论去批评玄学,是知识论消极的工作。

III 空间,时间,及其"体","用"

一切的知识,都是先天综合判断,这是康德由分析已有的知识(科学)所得的结论。现在进一步问"先天综合判断如何可能?"之"如何",在什么条件之下可能?——空间,时间,即是回答如何可能的条件或形式。康德之论空间,时间,在《纯理性批导》和在《未来玄学导言》采取不同的方法:在前书用"综合的方法",由分析空间时间的性质入手,分析的结果,知其为纯直观,故纯数学之为先天综合判断可能。在后书用"分析的方法",以数学为正确可靠的科学,其可能之"形式"或"条件":空间,时间,必为"纯直观"。他如何,一、"形上的"推演出空间,时间之为"纯直观"及二、"先验的证明"纯直观的客观的效准呢?一、"形上的讨论"空间时间,是论空间时间之"体",二、"先验的讨论"空间时间,是论空间时间的"用"。

A、先明空间时间之"体"——"形上的"讨论空间时间

一、空间时间非经验的观念,而为先天的观念。二、空间时间不是概念,而为直观。在第一第二两条论证里,都包含积极消极两

方面,第一条论证里的甲项是消极的,说空间,时间不是经验的观念,乙项是积极的,说空间时间是先天的观念。

一、空间时间非经验的观念,而为先天的观念

甲、我们之有空间时间的观念,是没有问题的。问题是空间时间的观念从那里来的?具什么性质?持朴素见解的人以为空间时间的观念,是从抽象得来的,是由经验引申出的概念。譬如我们知觉外界之物,或为并列的,或为同时的,外在之物,均在某个地方;同时外在之物,在不同的地方。我们说某物与某物同时存在,是说它们在不同的空间部分而在相同时间的部分存在;说它们先后存在,是说它们可能的在相同的空间的部分,而在不同的时间部分存在。说它们在同或不同的地方,是说它们在空间里;说它们同时或不同时,是说它们在时间里,我们由对物之先后,并列等知觉,知道物如何的在空间,时间之内——也正由此方法引申出空间,时间。这是一种朴素的见解,好像是由甲去说明甲,其实并没有说明什么,待说明的,已不知不觉的假定了。知觉里事物之先后并列等等,都是特殊的空间的时间的关系,此类特殊的关系,是要假定空间时间的。我们不能由此类特殊的空间时间关系,抽出其共同的标帜,以为即可有空间时间,抽共同标帜的办法,是经验的概念的形成的办法:由胭脂的红,朝霞的红,花之红等等,可抽出红的概念;空间,时间,不是这类经验的或抽象的概念。这是消极的说。我们也可积极的说,空间,时间,是现象所在的特殊的空间,时间关系之必然的假定,我们不能离开空间,时间,而知道现象。

乙、徒说我们不能离开空间时间而知道现象,还不能证明空间时间对现象有逻辑的优越性,因为空间,时间之于现象,也许是一个对称的关系,也许现象之为空间,时间之条件,正如空间,时间之

为现象的条件呢？所以要有第二步积极的论证：空间，时间是先天的观念。他的理由是：设想空间时间内没有经验的对象，我们还剩下空间，时间；要设想从经验的对象里，将空间，时间抽去，则经验的对象，亦化为乌有。譬如一种颜色和一棵树，假若将它们的空间的，时间的成分抽掉，则所谓颜色和树，即无由成立。这可证明空间，时间不是逻辑的依赖现象，而空间，时间却为现象的可能性的条件，故曰：它们逻辑的比现象优越。康德曰"时间的观念，不起于感觉，而感觉以之为基础。""空间的观念，不从外知觉引申出来的。"然而，离开一切经验的对象而谈空间，时间，不也一样的困难么？所谓纯空间，纯时间，是我们永远知觉不到的。而所知觉到的，永远是空间时间内的事物。我们之能获得空间时间的观念，是想像的将空间时间内事物抽去后所剩下的——这"所剩下的"，不可能是实体么？以空间，时间为实体说之困难，留到"先验的讨论空间，时间"时再说明。

二、空间，时间，不是概念，而是直观

我们说空间时间是先天的观念，还没有说明它们与概念的分别。我们观念有两种：一种是表象唯一的，直接的，当前的对象，一种是表象许多对象所共有的标帜。前一种观念叫直观，后一种观念，叫做概念。直观是直接的，概念是由抽象得来的。直观是单数的，唯一的。而概念却为普遍的观念。概念是由经验事物的直观里抽出来的，概念之于直观，犹部分之于全体。概念愈抽象，愈普遍，则其内容愈贫乏；概念愈分化，愈接近个别的观念，则其内容愈丰富。而直观是一个个体的观念。譬如，我思维"三角形"（概念），我直——观这三角形（直觉）。一个概念，因其共同之标帜，能有无穷多的例子在它"之下"，不能有无穷多的例子在它"之内"；

而空间的直观,却能有无穷多的"空间"在它"之内"。类概念"人"并不是个别的人,而个别的人,却都属于类概念"人",在它"之下"。空间,时间的关系,恰恰相反。个别的"空间","时间",是唯一的空间,时间的部分,即在唯一的空间,时间"之内",而不在"其下"。世间无几类的空间,时间,而一切的空间部分,时间部分,都包含在唯一的空间,时间之内。所以空间时间是单独的观念,不是逻辑的概念,而为先天的直观或纯直观。

空间时间不为概念,还可以从另一方面去说明。假定说空间时间是概念,则空间时间可从个别的"空间","时间"抽象得来,像类概念"人",从个别的人抽象得来。苟如此,空间时间必包含各个个别的"空间""时间"所共有者,排斥各个个别的"空间""时间"所特有者,即是说,个别的空间时间,包含"种差"。前面已经说过,个别的"空间""时间",是唯一的空间时间的部分。它们不包含"种差"。如果"空间""时间"是概念,则空间的,时间的分别,必可逻辑的分辨。然而逻辑对空间时间,却无法分辨。上下,左右,先后,同时等等,逻辑的无法界说,无法"了解"。它们间的分别,不是本质上的分别,而是地位与方向的分别。

三、空间时间是唯一的,无尽量的

说空间时间是唯一的,理由很简单。所谓不同的"空间","时间",都是唯一的空间时间的部分。这并不是说空间时间,是所有的不同的"空间","时间"之堆集,好像知此各个的"空间""时间"的堆集,即知空间时间。正是相反,个别的"空间""时间",必得当作即在此包含一切的空间时间之中去看,去想。个别的"空间""时间"之所以被知,正因为它们是囊括一切的空间时间的限制;要知道个别的"空间""时间",必得假定此唯一的空间时间。空间时间为无尽量的,其理亦然。它们是无尽量的,一切可能的"空间","时间",均是它们的部分;它们是"整"。因为再没有比"整"更大的"整",故其为整,是无尽量的。(这无尽量的性质,正好排斥绝对实在的性质,因为一个绝对实在体,总是有尽量的。)严格的说,空间时间没有部分,只有限制。譬如一条直线,可以无限制的延长,在直线上可任取甲乙两点,形成甲乙线,是我们方便的限制。甲乙线不是那可无限延长的直线的"部分",而是此直线的限制。譬如天文学上若干亿光年可以达到天体,这中间的距离,不是空间的部分,而是空间的限制。后一例可以表示空间,时间之为无尽量的;凡是直接间接可以计算推算得出的宇宙,都在空间时间以内。空间时间这个无尽量的特质,是科学的推算的可能性的根据。

B、空间,时间的"用"——先验的讨论空间时间

假若纯直观是空间时间之"体",纯直观在数学(特别是几何)及力学上所具的意义,便是空间时间的"用"。说空间时间为纯直观,是就它们的主观性,理想性立说,不以它们为所与的,直观的对象,而以之为我们直观的"形式"。康德关于这方面的证明,是用间接证明法,证明它的反面不可能:如果空间时间,不只为纯直观,不只为我们直观的"形式",则要引起许多许多的困难,特别是数学上的困难——无法说明数学的事实。我们试看牛顿和莱布尼兹关于空间时间的见解:空间时间不只是直观,不倚于我们的表象,而属于物之本质的;牛顿说,空间时间是实在的物,是两个悠久的,无尽的自存体;莱布尼兹说空间时间是实在的物(物如)间之决定或关系,牛顿以空间时间为自存于物之性质,莱布尼兹以空间时间为附存于物的关系。依牛顿的说法,空间时间为自存体,空间于一切可

能的体，像一个无尽量的巨桶，或像一个无穷大的宇宙空壳子，将实物一一盛放进去，时间为继续不停的流，虽然没有存在的物，它也在那儿流——此种见解，显然是虚构的。依莱布尼兹的说法，空间时间为附存的，为实在物的性质或关系，则空间为实在物的附存在，时间为实在物的继续——此说也显然不可通。牛顿的空间时间，是绝对实在体，自存体。一方面说，一切实在物，可能物，于此"体"无所逃；另一方面说，即无实在物，可能物，此"体"亦独自存，屹然不动。一体之独立自存，屹然不动，宜乎为可能经验的对象。然一"体"既如此绝对，如此"自存"，又决不能为可能经验的对象。就另一方面说，既然一切的实在物，可能物均无所逃于此"体"之笼罩，则"理智物"（像上帝）亦必受此体之笼罩。则或者从"合法"的立场，斩绝玄学的可思维性；或者从"不合法"的立场，产生了虚妄的玄学（"自然玄学"）。莱布尼兹因不以空间时间为绝对实在体，而为附存于实在体中的关系。苟如此则无实在物，无法表象空间时间；空间时间是由实在物抽象得来的！然而我们已说过，空间时间里没有存在的物，是可想像的，存在物没有空间时间，却无法想像。我们能从空间时间观念里抽去物，却永不能抽去空间时间的：故空间时间的观念，决不能由实在的物里抽象得来；苟由抽象得来，则空间时间为抽象的概念，经验的概念，苟如此则数学的量，不是"构造"，而为"抽象"，数学的命题，只是经验的，相对的有效，而不是普遍的，必然的有效——纯数学这件事实，无法说明。

康德的论证大概这样的：假若纯数学的命题是存在了，则空间时间一定是纯直观；假使空间时间不是纯直观，则纯数学固然是存在的事实，然却是一件不能说明的事实。只有康德的空间时间论，能说明纯数学的事实。几何的判断都是先天综合的判断：几何的判断,须是综合的,故倚乎直观;须是先天的,故倚乎纯直观。空间的"形上的讨论"的结论:空间是纯直观;这里的论证是,除非空间是纯直观,我们不能说,任何两点间,只能有一条直线,也不能说空间只有三度等等。而只能说,直到现在,我所经验的是如此如此。几何的证明,完全靠对于空间的圆形的直观。譬如三角形的概念,我们决无法用分析的手续去得到的,除非我们在直观里构造一个三角形。不然我们不能超过其概念之定义一步;我们只从三角形的概念里,决分析不出其内角之和等于两直角。这并不是说几何的证明靠经验的直观。一个三角形的经验直观,决不能表示出欧几里得几何的正确性。也许我们没有办法,在纸上或黑板上画三角形来帮忙我们的想像力,然几何的对象,并不是这里或那里所画的三角形,我们所想的三角形或几何里所说的三角形,其主要的性质,是靠构造的原则的。我们在几何里所想的三角形,是我们先天的在纯直观里构造与概念一致的三角形。几何的知识,靠"概念的构造",即是说,先天的表现直观,去符合概念。为达到这个目的,我们可借用经验的直观,像黑板上所画的三角形。我们所重视的为构造之意义;至于此所绘的三角形的线之曲直,长短,图形的大小等等,我们都不去管。我们还是可借此经验的,个体的图形去表示三角形之概念,而无损于此概念之普遍性。几何所讲的是共相,是表现在个体里的共相,此"具体的共相",正靠"概念的构造"去表示。——此概念的构造,与仅仅概念的分析,是迥乎不同的。

  关于时间之为纯直观,康德亦作类似的论证:除非时间是先天的直观,我们不能了解变动,运动(地位的变动)等等。了解变动,即可以了解:同一主词,能有互相矛盾的宾词,对于分析的思想说,这是不可能的。只有加进时间的关系,同一主词,才能有互相矛盾的宾词,甲是甲,在不同的时间,甲可以是非甲,所以时间为解释变动与运动的必然的与普遍的条件。时间之能如此,除非它是纯直观;分析的思维,不能供给这样条件的。譬如力学里所给速度的界说:物体在齐一运动里一秒钟所经的距离。何谓齐一运动?相等的时间内所经相等的距离。除非时间为纯直观,我们不能有相等时间及相等距离的。除非时间为纯直观,时间的公理也不能说:"时间只有一度,不同的时间,不能同时,只能是继续的;"因为,从我们的主观说,我们只有知觉,而时间永不为知觉的对象;就知觉里的经验的"时间"说,只能有先后,决不会同时的。故惟有以时间为先天直观,我们才能解释普遍的运动学说:力学。力学的判断,都是先天综合判断。

总之,"先验的讨论",证明空间时间必为纯直观,是说知空间时间之"全",亦必知"空间""时间"之部分。我们知空间,即能在空间里构造几何图形,先天的符合其概念,正因此我们能证明几何命题。我们知时间,即能界说速度,等加速度,浮力,压力等等,"形上的"及"先验的"讨论,都是要在立一原则:空间时间是纯直观,意思是:空间时间得用纯直观去知。此纯直观,是我们关于空间时间的先天知识条件。纯直观的内容,是形式的,空间的,时间的关系——现象必得在此关系之内,方为可能经验的对象。用康德的术语:空间时间是"现象的形式"。因为空间是纯直观,故纯几何是可能的;因为空间是直观的形式,故纯几何必应用到现象界。此义甚为重要。莱布尼兹从来未怀疑过数学的必然性与普遍性,惟怀疑数学的规律之能应用到现象界,感性界(自然界),因为照他的学说,整个的感性界,不外乎是实在物(物如)紊乱的表象,所以他将空间与自然分离,分别:理想的,数学的线与自然里实际的线,分别数学的空间与"真的"空间。这是由他的空间时间论所必然产生的恶果。承认数学的必然性与普遍有效性是不难的,问题是:数学除必然性与普遍性外,是不是还具客观性,或客观的效准?这是问题的焦点,是康德心目中最扼要的问题。数学,在康德,是必具客观的效准的,因为外物均在空间之内,此空间亦并不是和我们的意识生疏之物,它是一切外现象的形式的条件。一切外现象之可能性,均依乎此形式。关乎此形式的科学是数学。数学给物之为现象颁布关系的规律。如果空间不为现象之形式或条件,则几何的命题,不外乎是"诗的想像的产品",关乎空间的认识或关乎时间内形象的认识,都不外乎是"精神的游戏"而已。有人说,即令纯数学是一种对不实在的形象的"游戏",然此纯理想的规律性的认识,已有极高的价值,表示精神崇高的力量。然康德的目光,并不专注射于纯数学,而更重视牛顿的宇宙力学,重视数学对于认识自然的意义,对于自然研究之功绩,像无穷小之方法之自然研究之工具。"思想里的空间使物理的空间可能",这是何等识度!宇宙空间,自然物的空间,即是数学的空间。"思想里的空间",不是一种无力的想像,而是一切事物的实在的形式,是一切经验的实在的形式。此自然的"主观的基础",虽然"主观的",然是基础。空间的"理想性"不是任意,不是幻想,而是规律性,实在性,颁给自然以规律性,实在性。我所表象的数学的三角形,是感性直观到的绘在黑板上的三角形的"原型",惟赖此,才成为三角形。实际上只有一个三角形:纯几何里理想的三角形,它蕴含实际的,一切可能绘出的三角形的"义理"。理想的三角形,给实际的三角形颁布法则(参康德《未来玄学导言》第一编"论纯数学"注一)。

二　康德论知识

C、"空间时间即在吾心之观念"

"空间,时间即在吾心之观念",这不是危险的"唯心论"么?叔本华自诩为康德哲学的传人,他称赞《纯理性批导》中之"先验观物学"(即空间时间论)及伦理学是康德的哲学王冠上两颗钻石。叔本华的名著《宇宙为我的意志与观念》,即自以为得之于"空间时间即在吾心之观念"一语之义蕴,此语真像他所宣扬的那样"主观的"么?故不可不置辩。"我们决不认识半点物如,而只能认识物如的现象;""现象只是观念,一切物体,连空间在内,都不外是即在吾心之观念。"这不是主观的唯心论么?此语需要详细解释,才能免于误会(参《未来玄学导言》第一编注二)。

一、物体只是观念,不能以词害意,因为物体是物如的现象。现象这个概念,有两方面:甲、说物体只是观念,因为物体只是现象,即是说,物体既不整个的表现物如,也不部分的表现物如。乙、说物体只是观念,因为它是现象,指示有一个现象所依归的物如,而物体只是此物如的现象。

二、物体,空间,只是"观念"么?当然,凡我所说的,所思的每个字,每个概念,都是我的观念,我的思想。然摆在我面前的桌子,真只是观念么?那岂不是观念也成了占空间的,物质的,四条腿的物?笛卡尔不已明白的指出:观念是非空间的,非物质的?或者,物固是观念,而观念也即是物?如此岂不是唯心论又陷于唯物论?哲学岂非徘徊于唯心,唯物之间,复了无着处?即连新康德派学者像朗格都信了叔本华的"宇宙是我的观念",而去替他传道。依朗格的说法,一切外物的认识,都不离乎我们生理的构造。实验时所用的工具:显微镜,尺,叉,甚至于我的神经,我所见的颜色等等,都不外是"我的观念"。如此的"知识论",岂非牺牲科学,将思维的力量,连根拔去？使宇宙成为一大幻梦？康德之"观念",决不能作如是解释。我们首先要分别的:甲、观念之为精神的动作,之为心灵生活中之心理学的成分。乙、观念的内容,照准一个对象之内容。此内容有独立自足的意味,不倚乎它的被思维或不被思维。甲、每个思想之为心理学的成分,其生灭有无,是属于我个人的。三角形之观念,一米达之观念,在这个心理学意义之下,只是个人的,主观的。乙、然观念如不只是胰子泡式的东西,如有其意义,则必有一个内容,必有所"蕴含",有所"指"。此所"蕴含"所"指"的"什么",却超乎心理的,个人的存在,而有其普遍的客观性。甲、我们承认巴克莱的说法:我们不能表象一个普遍的三角形;我们还可以进一步的主张,我们不能表象一个特殊的三角形,像直角的三角形,因为谁能保证,在我心中模糊呈现的直角的三角形,其直角正等于九十度？我们所表象一米达长的线,或在我表象里的一米达长的线,不一定是一米达长,因为我们表象的形象,只是我们的思想所"指"的内容之不正确的摹拟而已。乙、不过,三角形,角度,线等等,是数学的三角形,角度,线,是空间之为纯直观里的三角形,角度,线,它们都是有规律的正确性,由科学根据纯直观所建立的有规律的正确性。所以我们必得严格的分别:甲、观念之心理学的性质,与乙、观念之"先验的",知识论的性质。空间之为观念,是先验的,知识论的性质,而不必有心理学的,广延的性质。

三、此观念何在？——在"吾心"！当然不在我的身体里,不在我的脑子里;在"吾心"。外界不在我脑子里,而在外面,即是说在空间里。空间,无尽量的空间,不能又在我脑子里。我们的身体,也是物体,也"在""吾心"。很显明的,这个"在",不是空间的在,而是知识论的在。问空间在那里,为无意义的问题。我们不能地方的决定空间,因为空间为决定一切地方的决定的基础。空间在吾心,其"在"只能是"在纯意识里"的"在"。即是说,空间倚于"纯意识",倚于"认识的能力"。故曰:无尽的空间,时间,即"在""吾心";虽然,实在的我,仅仅是空间,时间里的九牛一毛,沧海一粟。

四、最后,空间所"在""吾心"之"心",之"纯意识"究竟作何解呢?康德说:假若拿掉思维的主体,则整个的物质宇宙,即化为乌有。岂康德说个人是宇宙的建立者,毁灭者?当然,我的"宇宙",只随我个人生灭存毁的。这是指我个人的心灵经验(心理学的)说,与康德此处所说无关。他这里所指的宇宙,是知识论的宇宙。此宇宙是不跟着个人的意识生灭的。我们以此各个人为此宇宙里的分子。知识的主体,不是指各个人的意识说的。康德分别:甲,"经验的意识"与乙,"先验的意识":我们具经验的意识时,我们为感性界一分子,属于感性界。经验的意识,是心理学研究的对象。先验的意识,包含我们一切的客观知识的必然的,先天的要素。知识论便去分析此类要素,确定此类要素的意义和价值。空间观念之为我的观念生活的刹那的部分,是属于经验意识的;空间,就它对数学的意义,对经验的意义,对宇宙的意义方面说,它是先验的意识的原则。故康德能说:"整个的宇宙,包含无尽的空间及整个的天体,都在先验的意识之内。"天体之在先验的意识之内,是指其普遍的规律性说。至于天体的量,地位,颜色等等,是天体的经验的决定;先验的意识,不得过问的。先验的意识问题,是康德的知识论里最难而最重要的问题,等到述"范畴的先验演绎"时,才能有详尽的解释。

D、空间时间的"先验的理想性"及"经验的实在性"

先验观物学的结论是:空间时间为纯直观。由此纯直观,去安排感性的,所与的印象,将印象形成现象。这里所谓"安排""形成",都容易使人相信是机械的,心理学的说法,好像在时间上先有直观的形式(空间,时间)然后有直观的内容(感官的印象)。康德明白的声明,这机械式的诠释形式与内容的关系,不是他的学说;一个经验的直观不是先后的机械的现象与空间的拼凑,或知觉与空的空间的拼凑。知觉的空间形式,并不先于知觉一秒钟存于意识里,而是在同一个经验直观里,空间与感觉不分离的结合,为同一个经验直观的形式与内容。"空间'先'乎一切物,物填满或限制空间,物给符合空间的形式一个经验的直观。空间,虽有绝对之名,然却不外乎是现象的可能性。"然他又说:"假若没有广延物被知觉到,我们不能表象空间,"这是空间观念心理学的成立说的由来,也并不违背空间在知识论的意义上之为先天的形式。"吾人所先天认识于物者,实吾人自纳于物中者也"。惟如此,故能予取予求,了无窒碍。亦惟如此才能明白,为什么像空间这样先天的观念,能当作明白的"概念",从经验里分离抽象得出来。空间时间,是我们先天的放进经验中的;经验之所以能为经验,亦徒赖此空间时间。空间时间显示其二种性质,"先验的理想性"("体")"经验的实在性"("用")。

如果所谓外物不是感性的对象,现象,而为物如,而空间时间对此物如,不能有任何的应用。空间时间在这种见解之下,无任何知识上的价值,而为虚构的;如果以空间时间"自身"为物如,而称之"客观的"与"实在的",则康德之空间时间,为"主观的"与"理想的"。说空间时间是主观的与思想的,决不是说空间时间是我们虚构的,捏造的,而是说它们对一切感性物,感性世界,无例外的有效。它们必对一切现象有效,简单的原因,因为一切现象,由它们形成的。现象或感性的对象为我们的经验唯一的对象,故空间时间对于经验的对象,无例外的有效;在这种意义下,空间时间,有客观的与实在的效准,用康德的术语说,有"经验的实在性"。假若将物看作不倚于直观而独立的物如,则空间时间无任何知识上的价值,假若一切物均倚于直观,——因为物由于直观才能"成立"——则空间,时间有绝对的知识上的价值。以空间时间为物如,或为物如间的关系时,则不独无效,而且不伦不类。那即是将空间时间用到本体界,像上帝,宇宙,心灵等等,将知识妄为扩充,沦为一种假学问:玄学。空间,时间如只用到感性界,则为最真实的"概念"。因为空间时间只是纯直观,为我们感性的基本形式,故必为一切现象,一切经验对象的基本条件。故空间时间离开直观,即是离开自己的本性,不能有效准。正因此,以空间时间为物如,或应用到物如者,均是虚构。说空间时间是理想的,因为它们是我们直观的形式,而不是物之"元素"或"性质",说空间时间是实在的,或真实无妄的,因为它们为我们直观的必然形式,为一切现象或经验对象的基本条件。此实在性不是绝对的,而为经验的,因为它们只在经验里有效准。空间时间有理想性,其理想性为先验的,不只是主观的,因为它们是从先验的立场,讨论认识的机能所发现的。"先验的理想性"与"经验的实在性",是指空间时间价值的两面:先验的理想性,是指空间时间的"体"说。经验的实在性,是指空间时间的"用"说。因为空间时间是纯直观,故对物如无办法,而却必然的对现象界有效,也只在现象界有效。简单的说,因为空间时间有先验的理想性,故不能有绝对的实在性,而只能有经验的实在性。此为先验观物学的要义。了解时间空间的先验理想性的意义,即得康德空间时间说中三昧,由此可以推出空间时间之绝对实在性之不能成立与经验实在性之肯定及建立。

这种空间时间的看法,是康德的知识论的哥白尼的转向之第一步,康德名其哲学为"先验的唯心论",以自别于他种武断的唯心论。别种的唯心论,均没有看出时间空间之理想性与实在性的真义。譬如莱布尼兹便没有看出空间时间的真正的理想性,不以空间时间为先天的观念,而以之为物或物之性质间之关系,将观念看成物;这是"作梦的唯心论"。巴克莱没有看出空间时间的真正的实在性,不以空间时间为一切现象的条件,不以之为印象的秩序或印象间的合乎规律的衔接,而仅以之为观念或印象,于是我们感性的认识,便丧失了基础;这是"神秘的唯心论"。误解空间时间与误解现象是平行的。以空间时间为现象的基本条件之外,还要为物如的基本条件,则是以现象为物如,以现象为物如的不清楚的观念,以感性为不清楚的思维,此为莱布尼兹一派玄学的根本错误。不曰空间时间为现象的基本条件,而曰:空间时间只为现象,只为观念,则现象不能有必然的建立与秩序,而流为幻象;这是巴克莱一派人的根本错误。这两种错误,均原于不知道清楚的分别:现象与物如,认识与对象,感性与悟性。故康德特别从建立现象入手:现象既不是物如,也不能流为幻象。巴克莱以空间为感官的印象,与色,味,触等印象相提并论。然色,味,触觉属于我们感官的性质,不属于现象之客观的规定,更说不上是现象的条件。一切现象的"主观的"条件是空间,它是现象的基本的条件,别的观念,无法和它比拟的。没有人能先天的表象颜色,声音等等,却能先天的表象空间的"方式";只有由于空间的决定,物在我们,才是经验的对象。

空间,时间之为感性的形式,不靠物的性质所形成的,再反映到感觉上来。而是靠人类感性的机能,强迫感觉在此形式之内如此表现。因为一切先天的知识,都不是由外经验引申出来的,而为能知之"心"的供献:感性借空间时间之形式,于现象界作初步的"心之供献","几何的切实的基础,'形式的'感性,或直观能力的形式,同时为感官内所与的一切外现象之必然的基础;因为从主观方面说,一切现象之可能性的条件是感性。故感性的规律,同时是入于感官的自然的规律"。

中　　篇

甲、改造的范畴

康德的范畴论,是他的知识论(先验逻辑)的骨干。他以逻辑锤炼知识,以科学"会证"知识:从理(逻辑)从事(科学),从"内"从"外",凭藉范畴的"体""用",来发挥上篇所提到的那个湛然清明的"心"或毕同的"我"。他一肩负起两种基本的人类的智慧,不是泥于本体的希腊人所可企及,更不是偏颇的唯理派人或经验派人所可望其项背的。

在本文上篇已说明了康德知识论的问题及解答问题的线索,并且提出他对纯理性第一步的"批导":空间时间"体""用"的分析,那一部分的问题,最难得完满的解决。就理性本身说,似乎和感性不相容,至少很难妥贴的安排。空间时间虽不是所与的,而为所与的感官德它（data）的形式，然究竟不是自发的，主动的，不能与悟性形式（范畴）相提并论，我们有什么方法能使非理性的感觉森动起来。理性化起来呢？感觉的形式：空间时间，怎样能与悟性的形式：范畴合拍呢？康德在他的先验观物学里隔离的谈空间时间问题，好像由空间时间独立可撑持一个世界似的。由于这个隔离，引起许多非难和困难，其实康德的隔离出空间时间来讨论，是暂时的。在先验观物学：空间时间为形式，感官德它为内容；在先验逻辑，范畴为形式，空间时间及其所厘定的感官德它，整个的为范畴的内容。就空间时间之为"先验的内容"说，得受范畴的厘定，才能有交代；就空间时间之为纯形式说，要与范畴合作，才能达到先验观物学篇所谓完成知识的条件的任务的。

　　纯我的功能：纯悟性，既是范畴的来源，又是范畴的运用者，"同一个功能，它在一个判断里给不同的观念以统一，它也在一个直观里给不同的观念的综合以统一。此'同一个功能'，普遍的说叫做纯悟性的概念（范畴）。同一个悟性，经过同样的作为，它借重分析的统一，在概念里，使一个判断的逻辑形式成立，它也在一般的直观里，借重杂多的综合的统一，在它的现象里，使一个先验的内容成立。（故此类观念，叫做纯悟性概念，能先天的涉及对象——这不是形式逻辑所能办到的。）"纯我立范畴，亦即替观念立综合，替现象立法则，替经验意识立楷模，替经验意识所下的"知觉判断"立客观的，必然的连系，使之成为"经验判断"，而一一复归于纯我的功能——这是范畴的演绎篇所要说明的。（此为本篇所要详论的。）先验观物篇的空间时间与先验逻辑篇的范畴既已隔离，分立，为着具体的知识，又不能不合，所谓合，即范畴实际的运用于现象——纯我的另一功能：想像力，将范畴装进时间的内容带到现象上去，先天的范畴，才可能具体的运用到一般的现象（感性界或自然）上去——自然科学所分别的观察，实验，描写的现象。范畴的先验演绎篇只道出空间时间不与范畴合，知识不能成立，而纯悟性的原则篇，说明合了如何有知识。（此为下篇所要详论的。）所以先验分析篇分：一、纯悟性概念（范畴）之分析，二、纯悟性原则之分析两大节目：同一个悟性，既立范畴，又能运用所立的范畴，都是为着一个目的：说明存在的是逻辑的。这是自希腊以来哲学上主要的题目，下文另有详解，存在的是逻辑地存在的，而逻辑的判断之枢纽和重心在判断的主体，逻辑的主体——纯我。唯如此才能说：经验可能性的条件（空间，时间，范畴）同时是经验对象的可能性的条件，或说：逻辑的同时是关于存在地逻辑的。其能"同时"，因为其共同的最高的条件——纯我——是毕同的。不然先验观物篇所言，不能在范畴里森动起来，范畴既不能有"演绎"，也不能有"致用"。

康德的范畴这个名称，是从亚里士多德假借来的，而二氏的范畴的涵义，却有很重要的区别。亚里士多德从文法的观点引申出十个最普遍的概念，他称之为"宾词"（范畴），后来又加上五个次普遍的概念，他称之为"附宾词"（附范畴）。康德自云他与亚里士多德不同处，是亚氏没有穷究他所谓范畴的来源，故其范畴不成系统，只是堆集或杂凑成的。他以为亚氏最大的错误，在不分感性的基本的形式与悟性的基本的形式，所以将"本质""性质""量""关系"与空间时间的决定像"何时""何地""位置""先""同时"相提并论。而康德之发现感性基本形式与逻辑基本形式的分别，是"穷年累月思索的结果"。他从先验的立场，找出范畴的来源及其作用：范畴是"纯悟性的基本概念"，范畴的作用只能在判断（思维）

的逻辑功能里表现。没有这种见解,便不能分别感性的基本形式与逻辑的基本形式,也不能分别原始的概念与引申出的概念。所以康德称亚里士多德的范畴是"可怜的名单,而没有说明它致用的规则。"我们可以说,亚里士多德的范畴和康德的范畴的分别是:前者是关乎存在的陈说的基本方式,后者是来自精神的规律性,前者是存在范畴,后者是思维范畴,在这个范畴分别的后面,隐寓着希腊哲学和德国哲学的基本的分别。此外希腊与近代对玄学,科学,逻辑的不同的态度,均足促成康德在他哲学上作"哥白尼的转向",直接影响他的范畴"体用"之说,我们要费些笔墨,说明问题的"矛盾的发展"过程,此与了解下面的正文,是大有裨益的。

先说希腊哲学:希腊哲学一开始即以"无用"之态度,穷究宇宙之"原则"(Arche)。对立的学派像米里都与埃利亚学派,前者以宇宙之"理"为"变",为"多",否认常住,以现象中之不变本质为不可能;后者以"变"与"多"为幻,唯"一"存在,不动,不可分,此非就事实说,而事实必服从思想律或逻辑。假若(变动的)事实被证明为自相矛盾的,则事实必被否定:由空的空间(非存在)的不可能,证明运动的不可能。原子论派击碎了巴门尼德的唯一的不变的"一"为无数量的原子,此原子除动的性质(其地位关系的改变)外,一一有巴门尼德的"在"的性质:存在的,不变的,永恒的等等。原子间关系的改变,在"非——在"内或空的空间内改变。只有原子的关系改变是真的,其余都是现象,现象只由空间内实际的运动去解释。米里都学派与埃利亚学派的对立,在原子论于是得着"和谐"。"自然哲学"式微,哲人运动应运而生,其哲学的标语"人为一切的尺度"。"人"指认识的主体,特别指感觉说。感觉各人不同,即同一个人的感觉,又各因时因地不同。感觉不但为一切物的尺度,并且为"在"与"不在"的尺度,"在"与"不在",也成为感觉里的现象。感觉之外无物,只有感觉为唯一的实在,它不只是实在的标准,而是实在本身。外界是我的感觉,外界不实在;只有我的感觉实在,柏拉图的理念论或"相"论(陈康教授译名)是针对哲人的感觉论说的,他的论证是:说感觉,便要假定"在",离开"在",感觉根本不能成立。感觉不是普遍的,空洞的,它应该是"如是在";它有一定的性质。哲人的出发点,以每个感觉都互不相同。其互不相同,已假定了每个感觉的自同一,不然不能说这个感觉,那个感觉。感觉之互异,已假定了"同""异"。说每个感觉,已假定了"一",说不同的感觉,已假定了"多",说所有的感觉,已假定了"全"。"一""多""全""同""异""在""如是在"等等,柏拉图称之为"理念"或"相",此类"相",是现象界的"原型",现象"分享"此类原型,才能是可言说的,可思维的——逻辑的。不过此逻辑的"相",仍然是本体论底存在的。或说此"逻辑的"是本体论底存在的。亚里士多德沿着柏拉图的方向,找语言,思想(认识)和存在的共同的基本原则("第一原则")。他和柏拉图一样,承认有若干的逻辑的成分,对于认识和存在说是共同的,他们都不分:物的认识与物之概念(要素);"相"既为本体论底本质,又为有效的概念,——于是复归入"宇宙哲学"窠臼。西洋哲学,在这条狭道上停滞了将近二千年,到文艺复兴时伽利略,牛顿,科学(物理学)才从形上学的铁掌里解放出来,找到了它自己的方法,直接影响康德的"纯我哲学"。

有中古一千年哲学为神学的婢女的黑暗时期,才显得出文艺复兴的伟大。文艺复兴的大贡献,在人的发现,与自然的发展,此二发现复密切的连系着。分开说,所谓人的发现,是指人的自意识说,自然的发现,是说对自然的欣赏,始有艺术,对自然的研究,始有科学。此期人对人与自然之"合一"的看法,实是一个"由外向里"的运动,由分析精神的性质,去说明自然的性质,回到希腊"无用"的自然概念。此期的哲学家像布鲁诺之赞颂宇宙之无尽,之和谐,之美,之有情,其方法是"形上人类学的","小宇宙"(人)是"大宇宙"的一面镜子,"人惟能自知,才能知天",不但人,即一山一石,一草一木,野马尘埃,均足反映出"宇宙全体"——"一枝一法界,一叶一如来"。正因为这个对自然诗意的看法,引起科学上方法的自觉——伽利略的自然科学(力学)。在他的自然科学(力学)的方法里,培根的经验主义与数学的理论汇合。培根以归纳法为唯一的探究自然的方法,只由归纳法入手,才能获得普遍知识,恃此普遍知识去解释自然间个别的现象。所谓解释现象,不外替个别现象求因,培根摈斥了亚里士多德的"物质因""动力因""目的因"而保留了"形式因"——事物之所以如此如彼,其原因均事物之"形式"之"性质"(按其所谓"形式"复与经院派所谓现象的不变的本质,了无分别)他用此"形式""性质"去说明自然。他更进一步主张,了解自然,本身并不是目的,其目的在致用。人类知识的目的,在以人对自然的知识,去"征服自然",使自然服从人心,故"知识即权力"。当日各种科学上之发明,应用:指南针,火药,印刷机,显微镜,望远镜等等之发明,使不可见者可见,不可能者可能,科学成了人类智慧的指针,培根的话,益能深入当时人肺腑,然以徒重应用,功利,失之肤浅,失了西洋"无用"的知识概念和"无用"的自然概念的原意,其何以致此?因培根的经验主义未能与数学理论配合故。而由事实出发去了解有数学秩序的宇宙,正是科学的"文艺复兴"的精神。像刻卜勒即运用归纳法发现了行星运动的规律,正好证实了宇宙间数学的秩序。在自然科学里,归纳法真正的任务,是在找出：可以用测量（读去声）决定现象间不变的数学关系，而能够作此种研究对象的是运动。刻卜勒所寻求的神圣的算学，几何，在事物运动之规律中找到了。伽利略更用清楚的方法意识，创造关于运动的数学理论：力学，他用分析方法，去找可以作数学之决定的，单一的运动过程；他用综合方法，指示出数学的理论与经验所表现的完全一致。从这个观点，科学的实验，才获得重大的意义：它不只是向自然提出问题，而要有计划的分离出运动的单一的形式——为着叫它服从测量（去声）。于是培根所依稀仿佛预说自然的研究，才获得正确的意义，自然科学方法，给哲学以双重影响：一、经验主义被数学理论所纠正了；二、布鲁诺式无尽的，和谐的，美的自然，由经验主义者培根的攻击，不期然的达到正确的数学理论。这两种文艺复兴的思潮，在伽利略的科学思想里汇合。

康德怎样受伽利略的影响，怎样了解哲学和科学或理性与自然的关系，从他自己的话可体会得出："当伽利略试把他自己选择的某种重量的那些圆球自斜的平面下滚时，或当托里拆利使空气乘载他事先所决定的与一定容量的水相等的重量时，或当晚近斯托尔由于某种原料的抽出或加入，使金属变成石灰，或使石灰变成金属时，他们实给一切自然科学家以新的光明。因为他们可以认识，如何理性只能理解依它自己的规律所产生的东西，如何理性可以根据判断的原理依照规定的规律进行研究，并且如何自然必须答复理性所提出的问题；而不是理性好像被自然用绳子牵着鼻子走。因为，只是偶然的观察——不依预先规定的计划而得的观察，决不能组成一必然的规律，而此种必然的规律却又为理性所追求所必需的。理性一方面必须本其原则，唯自与此原则一致的现象，方可认识自然规律，一方面又必须本其依此原则而规划出的实验以研究自然,如此庶几理性可受自然的教诲,但并非如学生之事事唯教师之命是从,而乃居于法官地位,强迫证人回答他所提出的问题。"(贺麟教授译文,致知篇页六六)康德接受伽利略的科学思想,才能自别于希腊的"宇宙哲学",运用改造了的范畴,创立"纯我哲学",柏拉图,亚里士多德虽一致承认认识与存在有一个最高的共同原则,然其为原则仍是本体地存在的,如前所述,而人的智慧如自然科学(物理学)与形上学复同以本体地存在为目的,物理学与形上学虽有高下之分,而所研究的对象,和认识此相同的对象时所用思维方法是相同的。物理学和形上学对此相同的对象各显身手,文艺复兴期的科学思维,像培根的对承继亚里士多德思想的经院派人的无情攻击——否定自然中神秘的"力"的观念,伽利略更确定了自然科学的方法和对象:自然科学的方法是归纳法和综合法,自然科学的对象是合乎数学律的现象。亚里士多德注重物理学所同于形上学的,伽利略将自然科学从形上学的铁掌里解放出来,康德才能将柏拉图,亚里士多德的形上逻辑,改造为先验逻辑:认识与对象最高的原则是同一的,此同一原则不是本体地存在的,而为"纯我",纯我所驭用的理性的形式,是范畴。自然科学固然异乎形上学,与形上学"殊途";它不能与形上逻辑"同归",却不能不与先验逻辑"同归",因为自然科学所遵守的原则,不外乎范畴之为理性的形式,苟不能证明这桩大道理,则认识与对象的条件同一便落空;要证明认识与对象的条件是同一,则不但要证明范畴是"纯我"所运用的"理性的形式",还要证明此"理性的形式"于自然科学一般的对象是有客观的效准,这样空灵的说明范畴的"体用"是前无古人的。照说由希腊和文艺复兴可以直达康德,然而哲学思想的发展,仍然走迂回的路。本质与因果范畴,还得经过唯理派人的"建立"与经验派的"破坏",才走到康庄大道,没有这两派人"正""反"的工作,则其"合"好像是突如其来的。

理性派三个代表人物,所钻研的主要的是"本质"问题。笛卡尔虽以自我意识为出发点,"我思",虽有数学推论,"能近取譬",推波助澜,其目的乃为证明"我在","物在","神在",或说为说明"我"之性(本质),"物"之性(本质),"神"之性(本质)——一皆"思想物";凝滞于物,故仍为一种"宇宙哲学"。斯宾诺莎所不满于笛卡尔者是心物两种本质之对立,故立绝对唯一的本质(上帝),心物为其属性。上帝即宇宙必然之理,宇宙间事物的连系,不是因果连系,而为逻辑的相倚:理由——结论。整个自然的秩序是"自古已然"的,这样的宇宙系统所包含的认识系统,也是"自古已然"的。故知识无"成立"问题,人不能创造知识,惟减少错误,去蔽而已。故求知做人,一以"依乎天理,因其固然"为归。斯宾诺莎哲学,千言万语,不外描写赞颂此绝对唯一的本质(上帝),莱布尼兹犹以为未足。绝对唯一的本质,不能同具互相矛盾的心(无广延的本质)物(有广延的本质)之性。故由改造物之性入手;其推论结果:物质是无广延性的本质单位(灵子)所构成,是非物质的——精神的。一切皆灵子,心物非种类上之分别,而为程度上之分别。此世界于是一片光灵:莱布尼兹假借数学上连续原则,比拟无限的,毕同的,各个本质的单位的连续无间,组成这个"最好的可能的宇宙,"——理性派人,如是一一回到经院哲学的概念系统里去。

另一个哲学方向,是反玄学的方向,由人的"经验",去破斥玄学,摧毁唯理派人所立的本质(及因果)——经验主义。洛克开宗明义即反对笛卡尔所谓"公理的原则","先天的观念",洛克并不是反对真理,而是反对不学而能,不虑而知的真理——知识始于经验,成于经验,经验不外乎简单的观念与复杂的观念所组成的。知识仅为我们心中的观念联系么?则岂不是完全是主观的,任意的,不实在的?夫心不能知物,只能知物之观念,除非我们的物之观念与物之实在性是一致的或符合的,不然我们不能说知识是实在的。心既只知其观念,它(心)何以知观念与物自身之一致或符合?其一致或符合的标准都是什么?洛克没有也不能有答案。但他从未怀疑过实在的世界;(注意,此是常识里世界——当然不是本体,不是"思想物"。)他以为(假定)我们的观念与我们观念所指的实在物是(!)一致,我们的观念是(!)符合观念所指之物,于是我们不但有可靠的知识,并且有实在的知识。

洛克赶走了一个思维的本质,却替哲学添了一个块然的本质,小秘密去,大秘密来,使后起的巴克莱牧师不能一日安枕。具体的本质能存在么?这不啻替唯物论张目!巴克莱要从知识论的立场,破这个迷惑。(唯物论在玄学上的死敌是莱布尼兹,在知识论上的死敌是巴克莱)巴克莱的论证大概是这样的:维护物质的本质(或具体的本质)大致有以下的理由:物质的本质是直接被知觉到的,它是绝对不变的东西;物质的本质是被推知到的绝对不变的东西;物质的本质是观念的原因;物质的本质是:虽不可知而又不可须臾离的东西。巴克莱从知觉的立场,一一揭穿他们的假理由。物质的本质是不能直接被知觉到的:譬如我对一个苹果,我只能直接知觉到它的红色,香味,光润等等,所谓苹果,不外乎是色,香,味等观念的集合体,此外无所谓苹果的本质,至少我无法直接知觉到苹果的本质。说:本质纵不能直接的被知觉到,却可间接的推知到:由有色,香,味的相对的存在(我们的感觉)推论出不具色,香,味的绝对的存在(本质);感觉与本质相应,相似。我们感觉之具条理,有规则,正因为此绝对的,不具色香味的本质。这个理由显然不充分;一个感觉,不能与全然不能知觉到的本质相似。一个不能见的东西,不能与颜色相似,不能听的东西,不能与声音相似;至少我无法确定它们相似或不相似。说物质的本质是观念的原因,其理由是:观念不能是观念的原因(因为观念不能自发),意志不能是观念的原因(因为不能从心所欲),我们之有各种刺激和感觉,一定有一个非观念的,非感觉的东西在那里刺激,发生作用,这个不知名的刺激的因,感觉的因,是物质的本质,这也是矛盾的说法;因为照物质的本质的定义说,它是被动的,静止的,不能思想的,而观念是属于思想的,属于心的,是活动的。观念如果有因,则其因一定是精神的,或属于精神的。一个物质的因决不能产生精神的果,以物质为精神的因是矛盾的。说物体的本质虽不可知而又不可离,也无任何凭据,它既不能被知觉,又不可名言,则它不能有任何机能,其实即是乌有。说它能予存在积极的概念,好像没有它很难说物体是存在的(只凭藉感觉不够)。其实这个积极的概念,分析起来,只是抽象的概念,仍是虚无,如果观念需要一个被动的,有广延性的物质的本质做托子,此托子仍需要托它的托子,以至无穷,——巴克莱的结论:物质的本质是不存在的,积极的说:存在即被知觉。凡存在的,不外乎是被知觉到的,是观念的,属于心的。这并不是说:我之所见的,所觉的,所思的,所了解的实在物——皆是幻象;实在的物,自有它的实在性,不过其实在性即在被知觉到里,此外无所谓物质的本质。当然烫手之火,与火之观念不同;痛与痛之观念不同,然其不能离心则一也,世固未有火之本质,痛之本质之说也。然则除观念之外,还有别种可知的实在么?曰:有之,我们自知,我们知精神。我们对精神虽不能有观念或形象,然却能有概念。换句话说,精神的本质("我"),是要承认的。说"我"是精神的本质,是说"我"是不可分的,活泼的本质,"我"能知觉观念,思维观念。上帝也是精神的本质,我们感官的经验之有秩序,有条理,有的重新出现;有的改变了,有的整个的消逝,必有一个因,此因不能又是观念,——上帝是这个观念的因,它在我的感觉里决定观念的秩序,它使我们以这个感觉为跟着出现的感觉的记号,观念的连系,并不蕴含因果的关系,而只启示某事为某事之记号,我所见之火,不是烫手之因,而是警告我不要挨烫的记号。我所闻嘈杂的声音,不是外面吵架的果,而是外面吵架的记号。此已供给我们生活里的远虑,足以指导我们的行动,此于我们生活大有裨益。我们之知种瓜得瓜,种豆得豆者,不是由于我们的观念间有必然的连系,而是由于观察一成不变的自然律——自然律乃上帝意志的创造,我们被启示,去在自然里寻求因果的衔接。巴克莱推翻了物质的本质,保留了精神的本质(我,上帝);休谟更进一步:精神的本质也要受知识考验,之后,和物质的本质一齐被扬弃了。

休谟将每个知识可能的对象,都还原到印象或观念;印象与观念,是知识唯一的内容。不管是想到大宇宙或小宇宙,抑是想到金山银岛,海市蜃楼,都离不开我们的印象或观念。巴克莱反对物质的本质的论证,休谟完全同意;巴克莱保留了精神的本质,借以建立他的关于实在的理论,休谟却不能苟同。"我"或精神的观念,由什么印象得来的呢?巴克莱也承认没有"我"的印象,所以"我"也不能是观念;我们只有关于"我"的概念,此概念却不能有一定的形象。苟如此则所谓精神的本质,与物质的本质一样无根据。你们以为"我"有同一性,单一性,有存在,是本质云云,其实"我"总不离特殊的感觉:或凉或热,或爱或憎,或痛苦或快乐等等,除非我凭借某种感觉或某数种感觉,我不能把握到一个"自我",譬如酣睡,或无梦之夜,便觉察不出一个"我自己",所谓"我",实在说,也就不存在。我死了,不再能想,能觉,能爱能憎,没有了能坐卧的躯壳,也就不能说"我自己"。所谓"心"者,不外乎是一堆知觉,此一堆知觉的继续出现,为不可思议的快,是一个急流,是一个绵延不绝的动,"心"好象是一个舞台,其知觉千变万化,"心"既不能在同一个时间内有单一性,也不能在不同的时间内有同一性。所谓心的单一性或同一性者,是人类的偏见或想象力之虚拟而已。同理,我们无法从理论上证明上帝之为精神的本质,之为观念的因,依巴克莱的意思,上帝为观念的因,按照这个第一因所开始的因果律是必然的,我们凭借这个必然的因果律,才能将仅仅存在于吾心的观念变成宇宙底普遍的理性的记号之系统。因的实在性,建立在上帝的精神的自由活动上面,此活动,虽不能由想象力去描写,却能为理性所了解的。休谟于此逞其生花之笔,分析因之观念。因之观念,还原到什么印象呢？在回答这个问题之先,先说说因果律的用处——事实的认识(常识的及科学的)依据因果律——及我们如何认识因果关系。

我们关于事实的认识,不靠逻辑,靠经验,或确切些说,不靠矛盾律,靠因果的关系。说明天太阳不从东边出来,说孔子没有生存过,逻辑的说,是可能的(虽然这类命题不真)。"否定一件事实,并不包含矛盾。"我们一切关乎事实的思想,都象是建立在因果的关系上,都从当前所与的知觉出发,譬如我桌上摆的这封信,我便去推想:写这封信的朋友,送信的邮差,拿信上楼的仆人等等。此类推论,都假定当前的事实与过去的事实有所连系,此连系指示我们因果的关系,我们按着当前的事实,向后推论,假若因果的联系中发现了漏洞,则当前的事实便成了一个谜。同理,没有因果的联系,一切经验知识,科学知识,均不能成立。我们怎样认识因果的关系呢?休谟的回答:关于因果的认识,决不是纯理性的活动,不能由先天思想得来,只能由观察与经验得来。抛出去的石头会落地,甲球碰乙球乙球动,等等,决不能由先天的悟性去发现,而只能由观察去发现。理性派人以逻辑的理由与结论的关系与因果关系并说,是极大的错误。象斯宾诺莎用他所谓数学方法,去了解宇宙,将实在的自然现象,说成逻辑的联属,就犯了这个错误。因果的关系,不是逻辑的关系,而是实际的关系。因是一个自然过程,果是另一个自然过程。乙球动与甲球动完全是两件事。每个动是一件个别的事,两个动的关联,只能经验的表现。"尽管亚当姆斯有多么大的聪明才智,具一切的纯理性,他也不能从水的流动与透明推论出水会淹死他。"(水淹不淹死他,靠经验才知道。)即便是普遍的因果律,也是经验事实,而不是逻辑的识度。以上所言,还是经验派人共同的问题,休谟真正的问题是:经验的推论的基础是什么?问经验知识的基础,问因果律的性质,意义及其效准,问因之观念,成于何种印象,分析,回答这些问题,是休谟独特的贡献。我们一切的经验推论,都由一个假定出发,假定将来的与现在是齐一的,假定自然的过程的不改变,同因有同果:明天的大米饭还会果腹,明天抛出去的石头还会落地,假定因果律的客观效准。然而,我们有什么权利作这个假定呢?当然,理性派人用逻辑的武器不是办法,因为,因与果是两件事,说自然的过程改变了,同因不生同果,并无逻辑的矛盾。经验派人笼统的提出经验,然此经验,又曾说明了什么?我们再用台球例子,叫甲球碰乙球,我们经验到的,知觉到的简单的事实:甲球碰乙球,乙球动,至于此现象之一定如此，因果间必然的联系，则知觉永不能告诉我们，知觉只能告诉我们有这样的"果"，有这样的"后事"，先甲（前事），后乙（后事），然不能告诉我此联系表示：因甲，故乙。因甲，故乙，正是因的观念所要表示的。这个观念，还原到什么印象呢？在物的性质里，不会有因的印象，而物与物中间的关系，为毗连与继续的关系，由毗连与继续的关系所得的印象，并不能尽因的意义，"在先"的不一定就是因；因的观念，所要表示的是"必然联系"的观念。我所见一种对象名曰火，另一种感觉名曰热，从过去各例，得着它们间的"常常结合"，我们以之为因果。我们由一个感觉对象（火）推出另一个感觉对象（热），于是由这两个印象的常常结合，推出因果的观念。原来"必然联系"的观念靠推论得来的，而不是推论靠必然的联系；而拿"必然联系"，先天的来保证"常常结合"，保证我们经验的推论，正是哲学家所许我们的。必然联系的"必然"，也大有语病，一件事物存在的开始，何以必然的有因？一切不同的观念，都可以互相分别，因的观念，和果的观念当然也能互相分别，我们很能容易想象任何一物，在一个时候是不存在的，在另一个时候是存在的，而用不着添加因的观念或积极的原则进去。分别因的观念与开始存在的观念，对于我们想象力说，其可能是非常明显的；即实际的分别这两种对象，也不包含任何矛盾；从观念的立场说，保留一个因的观念或不保留一个因的观念，于逻辑，于事实，都不能增减效准与价值的。只就观念说，并不蕴含因；没有一种观念，能保证因的必然性。同理，某特殊的因，亦不必"必然的"有某特殊的果，知觉的次数，尽管加多，既无补于事，也无补于理。第一万次的石头落地，在事实上，在逻辑上，与第一次的石头落地没有什么不同。所以没有一种联系，没有一种必然性或自然规律性能够被证明是客观的。

然则经验推论的基础完全丧失了么？所谓因果联系,岂如此了无凭据？曰：不然,第一万次的石头落地,虽与第一次石头落地,客观的说,没有什么不同,而知觉的主观,却不能不有所改变,我们于同样毗连的与继续的知觉的屡屡重复,此相类的重复的知觉在心中产生一种"成见"或"倾向",强迫我们相信必然的观念,在事实上,经验过一万次,第一万零一次,不一定出现;它不出现是可能的,不包含任何矛盾;而在心理上,习惯上,此印象在我们的想象力里引起了一种信心——相信它出现。我们在物里不能发现**必然联系**,而发现的只是我们关于物的毗连,继续一类印象。必然联系,不存于物,只存于心,存于心的想象,换句话说,因果联系,没有客观的**必然性**,只有主观的**必然性**。客观的说,我们只有：先甲,后乙,不能有：因甲,故乙,而先甲,后乙,不能产生自然律,故我们虽事实上只有先甲,后乙,在心理上却期待或相信：因甲,故乙,如此而已。因甲故乙所表示的**必然性**,只存于心,不存于物,从物的分析里,寻不出任何"**必然**"的踪迹,然对物与物间关系之相类的观察,使我心中生一新印象,此新印象,迫我们相信,期待"**必然**"的观念,此为我们想象力奇怪的倾向,与理性或逻辑无涉。我们虽不知道物与物间客观的联系,却有一个主观的**必然**的联系,实在的客观的物的联系成了理想的,主观的观念联想的联系。这是他对因果问题的解答,理性不能先天的认识：因甲,故乙;故因的观念的先天性亦无法确定,由理性所要求的因的观念,原只具主观的**必然性**,却欺骗的成了对于物界有客观的**必然性**;凡在特殊情形已证明者(如石落地),亦适用于最普遍的因果律,故我们不能说：变必有因。——休谟于是摧毁了一切的玄学,也动摇了整个的自然科学的基础,伽利略以来科学的方法与成就,轻轻的从他的眼边滑过,整个的"存在的"便摇摇欲坠,与"逻辑的"完全脱节,另一方面,他愈重视主观的印象,外界(自然)对他愈是一个"势",一个盲目的力量,此虽非他所愿,而亦无可如何——虽然此已足启发康德对此两大范畴——本质,因果——之改造了。

按上篇判断的分类:理性派人持一切的知识判断,玄学判断("我在""心灵是一本质""上帝存在"等等)都是先天分析判断;因为形式逻辑的判断和数学判断都是先天分析判断。数学和逻辑既供给知识的方法,公理原则,也供给知识(!)的标准像不矛盾,于是扶摇直上,直窥本体。休谟既要彻底的摧毁玄学,遂持后天综合判断,凡理性派所恃为武器者,弃之如遗,数学与逻辑既同为先天分析判断,既与玄学命题同一性质,则又何惜乎舍弃数学!(此与培根之存经验,不用数学理论同一命运)"先天综合判断"一问题,遂未成为他的思考之对象,此问题如何可能? 在什么条件之下可能,更无论矣。理性派人持先天分析判断,其"本质"无法与感性联系,故只有放弃感性("紊乱的观念"),知识遂亦无由成立。休谟既持后天综合判断,全凭感性,放弃本质,怕沾染了玄学,然感性的独角戏只能以"怀疑论"终场,依"正""反"两方的各执一词,固然不会有知识,"正""反"二说之总加,也不会即产知识,理性派人所持之本质,已由经验论者一一扬弃了,不能复入康德知识论之领域,如果立客观的知识,如果客观的知识是"殊共交溶",则所谓共相如本质,因果一类范畴,必重新改造,另具意义,才能解决问题。康德所提出的问题是崭新的,对于这新问题所提出的答案也是崭新的;因为他的问题大,牵涉得广,其文化背景深厚复杂,初读其书者往往眩惑,不辨方向,从哪里来? 向哪里去? 故不惜缕述问题"矛盾发展"的本末,他在哲学上"哥白尼的转向"于是才可了解。

康德的问题不是问物的性质,不问"存在的"是什么,而问物之可经验性,存在之可经验的条件或原则。"直到现在,大家都假定我们的知识必须依照对象;然一切由概念先天的决定对象的企图,以为由此可推广我们的知识,在此假定下,均成泡影。我们假定对象必依照我们的知识,则知识与知识对象的可能性易于先天的合一,在对象对我们为所与之'先',知识已有所确定。如果直观必依照对象之性质,则我无法看出我们对它(直观)能先天的有所知;如果对象(当作感观物)依照我们直观的能力,则我很容易看出这种可能性。因为,直观如欲为知识,则不能停滞于直观,我必以之(直观)为观念,使之与一对象相关。而对象必为被观念所决定的,于是我或以此作决定的概念依照对象,则我复入迷惑,不能道出对此决定能先天的有所知,或者我假定对象或经验——只在经验里,对象(为所与的对象)被认识——依照概念,则我易得一个答案,因为经验即是悟性所要求的认识方式,悟性的法则,在对象未对我为所与之先已在吾心,我必先天的假定此法则,此法则在概念里先天的被表示,一切经验的对象必然的依照此先天概念,亦必然的与此先天概念一致。我们所假定改变了的思想方式是:我们于物所能先天底认识的,是我们自纳于物中的。"康德阐发自家的"纯我哲学"(以别于"宇宙哲学")及提示范畴(概念)新义,没有比这里更警辟,更扼要的。知识如依照对象,其对象为柏拉图的"相"也好,斯宾诺莎的本质也好,莱布尼兹的单子也好,如由概念先天决定之,以为可推广知识,建立玄学,其结果心与愿违,均成泡影;另一方面巴克莱,休谟之徒,只知摧毁"本体",而于知识所依照之(先天)纯概念(范畴),则了无建树。对象或经验必依照概念。此种识度,不是休谟及其徒所可梦见的。他的纯我哲学,很容易得到"心理主义","主观唯心论"的错误的解释。——《纯理性批导》问世一个半世纪以来不断有此误解,——误解他的人,一方面因为他们以为逻辑只是形式逻辑,有了这个成见,先验逻辑,无法了解,也无法接受,便硬说康德的说法,只是心理学的说法;另一方面,乃"常识主义"作祟,以为"小我"不必有所凭借即可穷天下之理,故宁使逻辑与经验不衔接,亦不愿闻康德之改造逻辑,使与经验衔接;康德所谓逻辑的主体,知识的主体,(纯我)遂仍沦为小我。他们以为康德的问题是:认识的主体如何达到经验?其达到的过程如何?感官的印象,如何在悟性里形成概念与判断?其过程如何?康德承认"这种探寻知识的能力最初的努力,为着由个别的知觉提升到普遍的概念是很有用的,我们得感谢有名的洛克,他开了这个先河,"但这不是他的问题。"我不象台胜斯以概念的演化为务,不象蓝伯蒂以概念的分析为务,我所问的是概念的客观效准。""凡一切知识我称它作先验的,不是穷究对象,而是穷究我们认识对象的先天的可能的方式。"这是他对先验哲学(纯我哲学)所下的定义。纯我哲学不是去穷究物,穷究物的性质,而是穷究认识,穷究认识物的方式,问先天综合判断如何可能?休谟接着洛克、巴克莱对知识作心理学的分析,他分析的结果,知识达不到它所要求的普遍性,必然性,客观性。这正是他的贡献。从心理学的知识论立场说,他们的分析是尽善尽美的,接着休谟说的人永远不会超过休谟,然休谟没想到康德"批导的"知识论(先验哲学)的办法,故只能贡献一种心理学的知识论;怀疑论是心理学的知识论必然的结果。康德将存在的世界都回到"纯我":纯我为经验的可能性及对象的最高原则。没有我,无法了解经验的对象,无法了解物之认识和物之存在。因为我是作知识判断的,对于我说,此判断是有效准的。只在我的意识内,判断的主宾词联系才有意义,对于我说,此联系才有主宾词的价值;没有我,没有我的意识,对象的认识是不可能的。然认识的意识不只是接受印象的照片,照片不自知摹拟了物。只获有观念还不是知识,惟在意识里才能衡量观念的价值,才能合乎真理底衡量一个对象,意识将观念和对象比较,意识到它们间的一致。意识如何达到对象,它如何成为关乎对象的意识?心理学不能回答。对象之于意识,不只是心理学的内容,意识要想认识对象,则必与一个对象相关,依照这个对象。我们的前提是:观念与对象一致,是真理。从一方面说,意识要想认识对象,得依照对象,对象之对于意识,要保持它的"独立的加号"(客观性);从另一方面说,意识要真能认识对象,得渗透这个对象;对于一个为意识绝对不可企及的对象(物如),认识的念头也不会发生,(因为认识它是根本不可能的,)遑言认识?对象既必为认识的对象,而一方面对象之于意识,既不能是绝对的超越的,又不能是绝对的内在的;另一方面,对象既要对于意识保存独立的加号,又要内在于意识,这岂非自相矛盾?康德作经验意识与先验意识的分别,来解除这个"矛盾"。对于经验意识说,对象保存它的独立的加号,对于先验意识说,对象是内在的。至于经验意识如何认识对象?如何作客观的有效的判断(先天综合判断)?经验意识与先验意识如何分别?如何联系?先验意识如何"立"对象的独立的加号?——这正是"范畴的先验演绎"篇所要回答的问题。

经验意识是你我当下的,尚未作真伪之辨的直接意识,这是容易理会的。先验的意识是什么?我们须借意识的逻辑作用(判断)方可体会得出。假若认识要依照对象,与对象一致,则对象之概念,必知识论的可反过来合乎知识之概念去决定。在每个认识里有个判断的主词与宾词的联系,因为认识即是判断,只有观念,还无真伪之别,惟判断才有真伪之别。就对象说,如果它是认识的对象,判断的对象,则必表现观念的一个客观的联系,在对象里,判断的主词观念与宾词观念必客观的联系着。然联系是意识的综合作用,只能在意识里有联系,被联系;也只能在客观的意识里有客观的联系。此客观的意识,是先验意识。这个先验意识,是借逻辑的功能(判断)"悟"出来的,有了先验意识去发挥范畴的作用,才能"逼"出对象的客观性,"立"对象的"独立的加号"。对象的独立的加号即判断的分子(观念)的客观的联系,而执行这个联系,是经验意识的作为(经验判断);经验意识执行这个联系的客观标准,是先验意识所"立"的标准,——或曰:经验意识,依照先验意识。如果认识是可能的,是合乎真理的认识,则经验判断所依照的(逻辑判断)与经验意识所依照的(对象),必得遵守共同的原则:先验的意识。或作判断的意识。没有判断的意识,一个判断是不可思议的。没有判断的意识,不但主宾词的综合实际上不能成立,逻辑的也不会有效准。故具有独立的加号的对象,必在也只能在一个判断的意识条件下安顿,我们也说先验意识"立"对象的独立的加号。客观性的思想和联系的思想,综合的思想同样的与普遍意识(先验意识)的思想不能分离。经验意识与对象都要以一个共同先验意识为基础。没有先验意识,经验意识不能与对象关连,没有先验意识,对象也不能对经验意识为客观的。先验意识替认识的主体与对象设计了一座桥梁,使主体能渗透对象;先验意识是客观的,其为意识,却仍是主观的。柏拉图已看出对象之为能认识的对象,一定是逻辑的元素所组成的,此对象必是概念,必是"相"。康德承认他这个方向是对的,不过说法不充分。对象不只是概念——概念是要被判断的——对象要是判断自身,是一个客观的判断:先天综合判断。判断之所以为判断,之所以能为先天的,综合的,需要一个理想的意识(先验意识),在这个理想的意识里,判断的主宾词合乎真理的联系着。所以对象的经验实在性和先验理想性都以毕同之"我"(先验意识)为形式条件。经验意识与先验意识不象意识与对象之隔绝,当经验意识下真的判断时,有知识时,做成经验时,它当下即是先验意识。如果经验意识不能当下即是先验意识,则经验意识,不会是认识的意识,不会是建立科学的意识,苟如此,则无法了解经验的可能性,只有由最高的条件同一,经验的条件和经验对象的条件的同一,由经验判断所依归的和对象所依归的先验的"我"底同一,我们才能了解经验的我是依照对象,才能了解经验的我之能达到真理。当经验的我照准对象时,经验的我是努力使先验的我在它(经验的我)之内实现。先验的我(纯我)是经验的最高条件,也是经验之最高的法则——此法则所表现的"形式"是范畴。一切的认识,都努力遵守这个法则和法则所表现的形式:范畴。惟如此,认识才是客观的,被认识的,才获得客观性;遵守法则和遵守法则的形式(范畴),也正是对象的特殊的标帜。凡当作真的被认识的,不是一个对象的"相"(象柏拉图及其徒所相信的),而是一个客观的判断,由先验意识所下的,在经验意识中所执行的判断——先天综合判断。先验意识所表现的形式是先天的原始的联系的形式,如果任何经验判断可能,则此类形式必对经验意识有效,亦必为经验意识所认知。柏拉图已看出:一切对象均具逻辑的性质;如果没有逻辑的基础,关乎存在的判断是不可能的。然柏拉图所认为逻辑的基础是概念,是"相",而没有对判断的活动,予以思考。惟有判断的活动能使逻辑分子(主宾词概念)发生综合作用,能于对象致用。他没有看出:在一切经验知识概念之先,已有此判断的活动,已有综合,恃判断的活动或综合,经验中非概念的"材料"(感觉),才能入于经验的判断。我们之能经验的去判断,其判断可能性的条件是:先验意识运用一定的"形式"去联系非逻辑的与意识生疏的感官所与的"材料"为经验的对象;对象的客观性(独立的加号)于是才成立。才能由感观的印象形成一个宇宙:自然。经验意识之能当下即是先验意识,在乎它能当下即能依乎原始的先天的联系形式:时空范畴内表现,实现。每个对象,它之入于我们的经验,之为我们所判断,它之为一对象,必为先天的理想的联系所系缚,使材料成为经验的对象,就是说,杂多的材料必入于空间内一个方所,时间内一个方向,是物的一个性质,它的存在有一个因,能发生作用等等。这些决定不是在经验里方才颁给材料的;而是这些决定使我对材料有可能的经验。这些决定不使孤立的材料可能,而只使在空间时间内存在之物可能。凡为知识所判断的存在是逻辑的。不是一切皆为逻辑的,象柏拉图的"相";感官所与的,在初,虽入空间时间,也还是意识生疏的,即在先验意识按照一定的形式(范畴)所把握,才获得逻辑的意义,杂多的材料(感觉)才能入经验的判断,为主宾词概念。一切存在的认识,因此才是经验。一切经验和一切经验对象共同的以先验意识为基础,先验意识不但借原始的先天的形式(范畴)使经验可能,它也借此形式为自然秩序的立法者;自然有合规律性,经验的,后天的知识才可能。证明这桩大道理,康德名之曰:范畴的先验演绎。

先验的悟性(纯我)是自然的形式的理由,自然的合乎悟性的秩序,我们称之为规律性。先验逻辑,"先"乎自然律的一切知识,"先"乎对规律性的认知,"先"乎一切感性杂多的联系——此联系是先天的法则：时空，范畴所授与的。康德之陈述先天法则，有一定的步骤，一定的层次。对于知识的对象说，这些先天法则，固然是一次成立，一次致用，然在陈述时不能不有先后次序，使人对先天法则，有先后发生之感，康德为弥补这个心理上的不易摆脱的幻相，遂用逐步交代，层层递进的办法，其结果徒加深心理主义的色彩，即想努力"超过康德"的人，也有爱莫能助之感；他严格的分别感性形式：空间时间和悟性的形式：范畴，在悟性的领域与经验的，感性的存在物的领域中间，插进纯直观的领域，此领域亦为感性知觉所共有的领域，意识借此获得感性杂多的材料。感性的形式：时空，对杂多的材料，作初步的综合；意识运用"经验的理智的形式"：范畴，对感性的杂多的材料，作再度的提炼，从表面上看去，两种理性（感性，悟性）和两套形式（时空，范畴）是对立的，先后发生的，康德心中也实在有此："两种"，"两套"，"对立"，"成立"一类的思想，他也意识到此类思想有困难，为着克服这个困难，替它们找联系，于是想出第三种能力：先验的想象力，去联系感性和悟性；由想象力所产生的图式，去时间化范畴或曰具体表示范畴在现象内的致用。范畴的先验演绎说：现象离开范畴，则我们不会有可能经验的对象，范畴不运用到现象，范畴便落空；悟性的基本原则道出范畴如何借图式化作用，具体的，普遍的运用到现象上去：我们不但有可能的知识，并且有实在的知识。

先天的法则，最后在悟性的基本原则里出现。基本原则使先天法则对经验有效准，基本原则使先天法则具普遍判断的形式，基本原则使范畴及图式适用于经验科学，它们不但是思想的规律，同时是自然的规律，它们引申了先验逻辑的思维为自然认识的思维；它们使悟性之纯形式的联系为先天的，综合的，经验的判断：其为判断,虽不来自经验,而以可经验的(自然)为对象。这样的判断的事实,证明存在(自然)的先验逻辑性。先验逻辑虽不自经验中找认识的基础,而却能够替经验和现象立普遍有效的基本律,立最普遍的自然律,此足证明一切经验及一切经验对象之依赖性,依赖纯悟性的法则(范畴)和纯直观的法则(时空);因为,不但自然的思想是依从先验意识的形式,即自然本身也依从先验意识的形式(范畴及时空),范畴的先验演绎借经验意识与先验意识的关系很普遍的表示此逻辑性,基本原则予范畴的演绎以证实,将每个范畴,转变成一个知识判断,此知识判断,是思维的基本律,同时是自然的基本律,经验(或知识)成于判断,经验之判断,是关乎适合经验之所与的判断,是关乎对象的判断,对象的总念,我们称之为感性界或自然,自然科学对此类对象下普遍的判断,认识规律;自然里的变化,服从此类规律。此普遍的判断,不从经验得来,而建立个别的判断;此类规律是最后的么?我们有什么权利主张它们有普遍的效准?有什么权利主张由个别的判断提升到普遍的判断?有什么理由立规律当作自然里变动的根据?康德不问:事实上所立的规律是否是真的?是否是最后的?这是自然科学自己的事,我们不能越俎代庖;而是问:为什么应该立规律?实际上我们是立规律,有自然科学的事实可以证明。此事实不是自然事实,而是逻辑事实:科学是对自然作真的有普遍效准的判断——此事实需要合法化,需要演绎。"法律问题"——不是"事实问题"——是康德知识论的中心问题。基本原则根据范畴的先验演绎对此问题作回答。基本原则是最普遍的"自然律",而经验能够逼近的自然律是特殊的,"实在的"规律,自然里实在的变动,当然都服从特殊的,"实在的"规律,然此特殊的,"实在的"规律要依附,归总在最普遍的"自然律":基本原则之下,后者是前者的根据,理由。基本原则的思想,是范畴的先验演绎的发挥或证实:范畴的演绎,不外乎表示纯悟性(纯我)为规律性的创作人。基本原则的证明,加强了悟性的权利:悟性在自然科学里找经验律,立经验律,借重每个范畴,表示悟性替一个统一的经验,一个统一的自然立法的本领,基本原则即范畴之"用",没有范畴之用,一切经验的对象是不可能的,当基本原则运用范畴时,即基本原则对经验对象作判断,不是对个别的对象及其性质作判断,而是对一般的对象,对"实在":本质(现象的常住),变化(现象的继续)等等作判断,对一般的,可能的存在作判断。基本原则是可能的经验之判断或曰先天综合判断。

由范畴的演绎渡到基本原则,康德加了一种新的先验能力:判断力。悟性供给联系感性材料的纯形式:范畴;悟性之能具体的将范畴运用到感性材料上去,不得不借判断力的帮助。如果只有经验的直观材料,则范畴不能当作充满直观的去表象(不能图式化);我们固然能抽象的将范畴和材料分开,然却不能将符合范畴的纯材料(图式)和经验的材料在知识的判断里分开,创造的想象力在这里插手。我们用想象力不但能表象范畴,同时能表象"实在"——只要此"实在"是服从范畴,与纯直观材料联合为一个对象。此"实在"不是指特殊的说,而是指普遍的"实在"说:譬如以本质的常住为一般的经验底时间决定的基础,以因果的必然联系为在一个变动系列里的"实在的"联系等等。基本原则陈说出,这一类的对象,都是立于悟性的先天法则(范畴)之下的:现象的存在,是按照本质的常住,现象的变化,是按照因果的联系等等。基本原则合乎逻辑判断的去联系范畴与想象力所图式化的材料。判断力可以说是在想象力里活动的悟性:它所做的工作,是悟性方面的工作,想象力所做的工作是直观方面的工作。想象力与判断力的二重性,重新表示出直观与悟性的二重性。(想象力与判断力是撮合直观与悟性的,)我们对范畴只能思维,对图式能思维地直观,在基本原则里,悟性判断那思维地被直观到的,正如同悟性在经验里判断那经验地被直观到的。假若经验地被直观到的不是思维地被直观到的,或说,假若经验地不能依附在图式之下,则悟性永不能对经验地被直观到的有所判断。先验的判断力告诉我们,悟性怎样判断地运用范畴于材料上,范畴怎样才是客观的,逻辑怎样与直观合作,才成功一个对象。基本原则是合先验观物学及先验逻辑所分开的:感性与逻辑,直观与悟性。基本原则是知识判断;基本原则所合的感性材料,是可图式化的材料,是可入于范畴的材料。故基本原则,是先天综合判断,纯理性批导的总问题是:先天综合判断如何可能?基本原则不但理论上回答了这个"如何",而且事实上举出证据,充分发挥范畴致用之术,以范畴为自然科学的理论基础——理论哲学(知识论),于是始臻极境。

　　康德改造范畴的思想线索及范畴的"体""用"纲领有了,我们可开始分别叙述范畴的先验演绎和悟性的基本原则两大节目,从主观(理性的能力)从客观(范畴和判断的效准)陈说,都无伤于康德的原意。大致说,《纯理性批导》的第一版内的说法,比较"主观的",第二版及《未来玄学导言》的说法,"客观的"成分较多,而两种说法,并不互相觚触,而实相得益彰。解释康德的人,大致也可分主观的和客观的两派,而两派的各执一词,都有所偏颇,然都能发挥康德哲学一方面的义理。我们想依照康德的原意,用不偏不倚的态度来叙述他的范畴"体""用"的学说。

乙、范畴的"体""用"

在本篇的前半段(甲)叙述了,"康德改造范畴之思想线索",及范畴体用的问题纲领。该段的结语:"解释康德的人,大致也可分主观的和客观的两派,而两派的各执一词,都有所偏颇,然都能发挥康德哲学一方面的义理"。在《纯理性批导》第一版的序文里,康德自云范畴的演绎费他的精力最多,他希望能不白费心血。"纯悟性概念(范畴)的演绎有两方面:一方面注重纯悟性的对象,明悟性概念(范畴)的客观效准;这是我主要的目的。另一方面穷究纯悟性本身,问它的可能性,问它的认识的力量,纯悟性所凭依的力量,也可以说是就主观方面观察纯悟性。就我讨论的目的说,也非常重要,然究竟不是我主要的目的。因为我主要的问题是:悟性与理性,不凭借一切的经验,能认识什么?能认识多少?而不是问:思维的能力本身,如何可能?"康德之注重范畴的客观的演绎是事实,而他并没有抹煞范畴的主观的演绎,也是事实。下面先就主观的演绎叙述,再引出客观演绎的理论,如此方可摆脱两派诠释康德的人的偏颇,也可表示,不偏不倚的解释,不但可能,而且必要。两派人的各执一词,都只能发挥康德哲学的片面的义理;兼容并包两派的是处,正好得到康德哲学的全义理。希望我们的由主观的说到客观的办法,能给读者以"渐入佳境"的感觉。

我们的直观的理性规律(空间,时间),组织感觉,使现象成立,也就是说,直观的理性所安排,连接的感官对象,即是现象。现象的认识是经验。有关于经验的认识么?经验如何可能?在什么条件下可能?这是先验逻辑的大题目。凡在空间时间内一切事物的总称或一切可能经验的对象,叫做自然。自然或感性界,经验的认识或自然科学,虽异名而实为一事。故问题亦为:有关于自然的科学么?自然科学如何可能?康德知识论在求先验的知识,求有普遍性与必然的效准的知识,求先天的或由纯理性所建立的知识。因为纯自然科学是事实,故只问纯自然科学如何可能?纯自然科学这件事实,如何说明?先验观物学说明了我们的理性(直观的理性)在什么条件之下使感觉成为现象;先验逻辑要说明在什么条件下,我们的理性能使现象成为经验?没有经验,不能有可经验的对象(或可能经验的对象);没有感性,不能有感性物;没有视觉,不能有可见的东西(花的红,不属于花自身,而恃视觉对"花"的功能)。可经验之物,不离乎经验,故曰:经验的条件,同时是经验对象的条件。我们称可经验的对象为自然或感性界。自然是可表象的,可认识的对象,它决不是物如,像(布鲁诺神秘的自然或斯宾诺莎的与上帝合一的自然)。所以问经验的条件,和问自然的条件,是一个问题。先验观物学所要证明的:主观的感性规律(空间时间),即是感性界客观的自然规律。我们凭借理性的直观,才能有一个共同的感性界(现象或自然);没有纯悟性及其范畴,即没有经验,故《未来玄学导言》除问:"纯自然科学如何可能?"外,还问:"自然本身如何可能?"

孤另的概念或对象,没有真伪的问题,惟判断才有真伪之别,有效准的判断,我们称之为知识或真理,没有效准的判断,我们称之为假知识或错误。经验既欲为知识,必是有效准的判断。每个判断,都是一个概念的"说明"或决定,都是由一个宾词去说明一个主词;判断是间接的表象(观念),而直观是直接的表现(观念);直观的对象是单独物,判断的对象是概念——由多数单独物表现这个概念,直观是物的表象(观念),判断是表象(观念)的表象(观念)。在直观里,一个现象被表象着,在判断里,一个表象被思维着。判断之可能,需要两种成分:概念和建立概念的能力悟性。此建立概念的悟性与直观的能力:感性有别。概念与各个事物的关系,是间接的,直观与单独事物的关系是直接的。概念是"逻辑的",直观是"直觉的"。由概念认识,叫做思维。悟性是思维的能力,以与直观的感性分别。感性只能产生直观,悟性只能产生概念,故在每个连接现象的经验判断里,感性与悟性,直观与概念要实行合作,因为"思维无内容是空的,直观无概念是盲的"。在判断里,悟性表现它的功能,先验逻辑的任务,在穷究悟性的功能,传统逻辑,只讲判断与推论的形式,不问内容及其在认识上的价值,而先验逻辑,则按着人类的悟性,去探索经验(知识)判断的条件,研究关于物的认识的可能性的问题:或者由纯悟性去建立关于物的认识的可能性,或者推翻关于物的认识的可能性。先验逻辑证明了关于物底现象的认识的可能性,同时证明了关于物自身(物如)的不可能:建立经验(知识),是先验分析篇的工作,推翻超感性的玄学,是先验矛盾篇的工作。先验分析篇——特别是范畴演绎篇——所讨论的是经验判断的可能性问题。每个经验判断,是连接知觉了的事实;故经验判断,是连接的或综合的判断。知觉是所与的,然它们间的连接或衔接,并未给与,此连接或衔接是我们加到知觉上的;因为是我们加的,所以是主观的。如果两个现象间的衔接,仅仅是我们知觉的状态,则此衔接是偶然的,特殊的,不是必然的,普遍的:它只对于某个人,某个特殊情形有效,不是对于每个人,每个情形有效。此类判断如:"这间屋子暖","这块糖甜"等等。此类判断,不是知识判断,或经验判断,而是知觉判断,因为此判断所包含的衔接,完全是主观。如果现象之衔接不倚于某人某时某地之感觉情状,而是判断与对象为一致,则其衔接,不只是主观的,而为客观的,此类判断,是不变的,对人人时时地地有效;此类判断,叫做经验判断。经验判断,是客观的知觉判断。此为一切经验认识的特质。现在问题是:在什么条件下,能使知觉判断成为客观的?使知觉成为经验?康德用例子回答这种判断的分别:我们每次看到太阳照石头,石热。每次太阳照石的印象,跟着石热的印象。这两种现象,只在我们的知觉里衔接,此种衔接,只是主观的,要想此衔接的现象,不倚于我偶然的知觉,则石热的现象,不止于跟着太阳晒的现象,而太阳的晒,是石热的条件或原因。因的概念,是纯悟性加到知觉判断上的,使知觉判断,成为经验判断。"经验是悟性概念(因)加于知觉后所产生的"。(以上参考《未来玄学导言》第十八至廿二章)因的概念,并不表象感官的对象,它不是由直观的对象可抽绎得出的概念,它不是由直观或知觉里得来的像普通的类概念:它不是表象的概念,而为衔接的概念。它不能由任何知觉所能产生出来,所以不是经验的观念,而为纯观念。然又决不是纯直观,因为它不能感性的表象出,而只能思维得到,此又为空间时间与范畴,或直观与概念的基本的分别。它是纯悟性概念或范畴以与其他引申的或经验的概念分别,它是连接的或综合的概念,经验判断,只在此纯概念的条件下可能,此纯概念只在纯悟性的条件下可能。康德在"范畴的形上的演绎"篇里,按着纯逻辑的十二种判断,去发现十二种纯概念范畴,"范畴的先验演绎"篇是此类纯概念的"演绎"或"证明"。按此类纯概念的来源说,是完全主观的,而经验判断(知识)是客观的,问题是:纯主观的概念,怎样能为客观的知识的条件?纯概念有什么权力如此主张?我们要

"证明"纯概念(范畴)有此权力,合法化它这个权力;这是所谓"范畴的主观的演绎"。范畴的"图式"篇与"基本原则"篇的问题,在这里也不妨一提。即便"先验演绎篇"能够证明了纯概念有那么大的威力:虽范畴本身是主观的,却是客观的知识的条件;仍然有困难,康德特设"图式"来解除这个困难。扼要的说是这样的:纯概念(范畴)既能连接现象,判断现象,则我们一定要能够将现象"归总"(Subsumption)在纯概念的下面。然现象的性质是"感性的",而纯概念却为"理智的",现象只能被直观,概念只能被思维,想将现象摆在概念下面,无法可能,除非将纯概念变成直观的或感性化不可。怎样感性化纯概念呢?康德发现创造的想像力来供给沟通范畴与现象的媒介:它能做范畴所不能做的,它能使范畴形象的表现,使范畴与现象同类化;它不是素描范畴,而是象征的表现范畴,它替范畴设计一个轮廓或单纯符号:"图式";范畴的图式是时间。时间:就其为直观的"形式"说,它和范畴靠近(范畴是思维的形式),就其为"直观底"形式说,它是感性的,所以它堪为范畴的图式,为范畴与现象间的"第三者",整个的"知识的基本原则",不外乎是时间化了的范畴或范畴借图式作用,对整个现象界的应用,于是范畴才能够是一切可能经验的"基本原则"或纯自然科学的"基本原则"。范畴是经验的条件,也是一切可能经验对象的条件。康德论知识的步骤:(一)发现范畴,(二)范畴的"演绎",(三)在想像力里去找出范畴的图式,(四)从范畴里推演出纯自然科学的基本原则。(以范畴论为出发点,以基本原则为终点。)他的知识论可归纳成为一个问题:范畴怎样能成为经验的原则? 其答案是:假若范畴能有客观的或感性的应用,假若范畴能够连接现象,也能够表象现象时,则范畴即是经验的基本原则。(《纯理性批导》中最艰巨而又最有积极意义两篇是:"概念的分析"与"基本原则的分析"。)——我们再回到"范畴的形上演绎问题":范畴的发现。

要发现范畴,第一步要弄清范畴"纯概念"与经验的概念的分别。范畴是判断的概念,经验的概念,是表述现象的概念;范畴的"用",不是去表象物,而是连接表象,范畴是表象的"函数"。物在直观里为"给与的",而物与物间的衔接,决不在直观里给与。表象的概念,能自直观里抽绎得出,而衔接的或判断的概念,决不能由直观里抽绎得出。此其一。观念的衔接,必具判断的形式,将判断的内容,从形式里抽出,则所剩的为"纯判断"或"纯判断的形式"。一切判断,均不离乎思维,故也称"思维形式"。故判断的概念(范畴)的数目,与判断形式,思维形式的数目一致。——普通逻辑里的判断学说,正好供给发现范畴一个可靠的线索。

有几种判断的形式,便有几种范畴,判断的形式都有了,范畴也都有了。判断的形式,不外乎两个概念(主词和宾词)的衔接:一个概念(主词甲)被另一个概念(宾词乙)去表象,去比较。要只问主词的广延(不问其经验内容),则为判断的量;要只问宾词如何表象主词的标帜或性质,则为判断的质;要只问主词与宾词间的关系,则其逻辑的形式,为判断的关系;要只问主词与宾词对于我们的认识,是怎样衔接的,便是判断的样式。纯判断形式,有量,质,关系,样式四类别,每类复分为三项:主词概念,从广延方面说或为普遍的概念(凡甲皆是乙),或为特殊的概念(有些甲是乙),或为单独的概念(甲是乙)。只就形式说,普遍的判断与单独的判断,没有分别,因为这两种判断,按主词的广延说,都整个的"归总"在宾词之下,然在知识的价值上,这两种判断,却大有分别。所以在传统逻辑,这两种判断,不作分别,在先验逻辑,必须分别。以宾词的概念,当作主词的标帜或性质,主词或有此性质或无此性质,于是有肯定与否定的形式。肯定的形式,还有进一步的分别:宾词的概念纯逻辑的说,可以有乙的宾词,可以有"非——乙"的宾词,"非——乙"是限制认识的内容,然是一种肯定;除"非——乙"外,可以有一切可能的宾词。在传统逻辑,所谓"无尽的判断",可属于肯定的判断,而在先验逻辑,此二者必须分别。故判断的质亦有三种,肯定的(甲是乙),否定的(甲非乙),无尽的(甲是非——乙)。主词与宾词,按判断的关系说,也有三种可能:定言的判断(甲是乙),设言的判断(如果甲,则乙),选言的判断(甲是乙或丙)。纯逻辑的说,甲或是乙或是丙,如果是乙,决不是丙,是丙,决不是乙,此两宾词,为互不相容。然就认识方面说,乙丙可以有一定的交互的关系。判断的样式也分三项:或然的(甲或是乙),实然的(甲是乙),必然的(甲必是乙)。判断的样式,并不增加判断的内容,只是表示主词与宾词连接的样式,是我们缀系字"是"的价值之思维,其连接(肯定或否定)或是可能的,或是实然的,或是必然的。——这是十二种判断的方式,一切可能的判断,尽止于此;同时一切可能的范畴也都决定了。由单独的,特殊的,普遍的判断形式,可以推演出:一,多,全三种量的范畴。由肯定的,否定的,无尽的三种质的判断形式,可以推演出:实在,否定,限制三种质的范畴。由定言的,设言的,选言的三种关系判断形式,可推演出:本质与附性(自存与附存),因与果(因果与从属),交互等三种关系范畴。从或然的,实然的,必然的三种样式的判断形式,推演出:可能(不可能),存在(不存在),必然(偶然)三种样式范畴。量质两类范畴,为"数学的"范畴,关系、样式两类范畴,为"力学的"范畴,数学的范畴论量,力学的范畴论存在与作用的方式。普通逻辑的概念的分法为二分法,先验逻辑的范畴为三分法。量、质、关系、样式四种范畴,每类均成于三个范畴,第一第二两范畴,大致均在第三范畴里综合:一、多在全里合一,实在、否定在极限里合一,本质、因果在交互里合一,可能、存在在必然里合一,每个范畴,符合一个判断的形式,只有交互范畴与选言判断的形式的符合,不大明显。在各范畴中以关系范畴为最重要,因为,由关系范畴,我们才能对现象的客观的衔接,能有所表象。特别是关系范畴里的因果范畴,康德在批导前期已致力于此,在《纯理性批导》里亦特别言之,以为其他范畴之例证。

范畴的先验演绎(按第一版申说)

我们从逻辑判断的线索,找出了范畴的系统,去作经验判断的条件。问题是:纯概念如何使经验判断可能?纯概念是"主观的",它如何使知觉判断客观化?纯概念(范畴)如此行事,其合法程度如何?先验演绎,便是要证明这个合法性。概念如果是由经验引申出来的,则其为概念,亦只是经验的有效;证明概念只是经验的有效,叫作(概念的)"经验的演绎"。纯概念不由经验产生,而从纯悟性产生,故纯概念的演绎,不是洛克、休谟式的"经验的演绎",而是先验的演绎。纯悟性概念的先验演绎,康德自己承认是最艰难的工作。

纯概念既不倚于一切经验,而要对一切经验有效准。从它们的"来源"说,是纯主观的,按效准说,它们又有经验的客观性,这怎样可能呢?如果物是物自身,不倚于主观的表象,而独立存在,则对范畴不能作先验演绎。然而,前面已经说过,我们所认识的,不是物自身,而是现象。空间,时间是不倚于一切现象的,(如前所云)而却对一切现象有效准。空间,时间之"先验的理想性",不但与其"经验的实在性"相容,并且包含其"经验的实在性"之理由。空间时间对一切现象有效准,因为它们做成现象;空间时间是纯理性直观,没有这个纯理性直观,便没有可被直观的现象。如果纯概念之于经验,犹之乎空间时间之于现象,则纯概念之有经验的客观性或经验的实在性,是被确定了。纯概念在一切经验有效准,因为纯概念做成经验,犹之乎空间时间做成现象,这是解决演绎问题的焦点。我们很容易看出,先验演绎,不会有别的路可走,或说,经验再不能有别的方法可以建立。

一切的认识,都要求概念与对象间的一致。求概念与对象间的一致,似乎有几种可能的办法,最方便的是莱布尼兹的"预定的和谐"。因为它是无法证明的假定,所以虽方便而不是正当的解决。此外可能的办法只有:或是对象使概念可能,或是概念使对象可能。依前一种说法,则概念为经验的,概念必然的降到和我们的感觉同等的地位,此路仍然不通。现在只剩下概念使对象可能一条路。纯概念不是经验的而为先天的。只有说明先天概念或纯概念与对象间的一致,或说明纯概念如何使对象可能,是唯一可通的路。如果纯概念能使对象可能,则纯概念的效准,是昭然若揭的;于是则纯概念之为"经验的可能性的先天的条件是被认识了"。这是范畴的"先验的演绎"篇所要达到的目的。

范畴的先验演绎的困难,虽已指示出来,却未获得解决,现在按第一版的说明经验对象的"成立",去寻求答案。所谓经验的对象,是指有普遍的及必然的衔接的现象。现象,是指被直观的感觉,指在空间时间里被安排的印象。现象:不管就它材料说,还就它形式说,都含杂多的意味;从材料方面说,它是感官的印象,故其形形色色,像我们的"心潮"起伏,"心影"杂陈;从形式方面说,它是"量",为由毕同的部分所组成的量。凡在空间里的,一切都是并列的,凡在时间里的,一切都是同时的,或先后的。所以每个空间量或时间量都有"多"的意味。所与的分子,不管它们是印象或是直观,不管它们是质还是量的分别,都得有普遍有效的或必然的衔接,才能成立一个对象。如果每个分子,是孤立的,彼此互不相类,则决不能成为认识或经验,也许不能成为一个现象,因为现象成于一组材料的与形式的分子。如果此材料的与形式的分子不是**必然的与普遍有效的**连接起来,则此现象,也决不能够是经验判断所待连接的现象。所以经验对象的成立问题,包含现象的成立问题。先验逻辑对现象成立问题,**必重新考虑,重新分析**,比先验观物学,要作更进一步的讨论。在先验观物学:空间时间为给形式的"机能",去安排印象,连接印象;在先验逻辑:空间时间本身,是所与的分子,需要一个客观的衔接。纯理性的直观(或数学的纯量)怎样能成为对象?怎样能成为我们所可把握的对象?这是我们的新问题。感性:不管是它的感觉,还是它的直观,都只是许多所与的分子,它们间的衔接,是**必需的**,然而,此必需的衔接,并未给与。只有从我们理智的活动,才能创造它们间的**必需有**的衔接。因为此衔接或综合使经验的对象可能,所以它又不是经验的,而是纯的或先验的综合,此综合所由成的条件,属于我们的纯理性的安排,故此条件,称为先验的条件,这就是前两篇("康德对玄学之批评"及"康德论知识"上篇)篇首都提到的"纯我"或"纯思",它是"一切知识所由成的激烈的机能"。

连接所与的万象的综合有三种,或说其为综合,有三重性质。综合不但连接所与的万象,并且在一个必然的,普遍有效的形式下连接所与的万象。譬如，感性所与的分子甲、乙、丙、丁等等之为必然的衔接：（一）我们要此甲、乙、丙、丁等等按着先后的次序，一一都把握过。（二）我们于把握观念系列的新分子时，不能忘掉旧分子，并且要能使旧分子一一重新呈现，即是说，我们于把握观念丁之前，要能重新创制观念甲、乙、丙。（三）具某种德它（data）当作甲把握者，具某种某种德它当作乙把握者，具某种某种德它当作丙把握者，亦必于重新呈现之观念甲、乙、丙中再认识其同样某种某种德它。故此三重综合，（一）成于所与的观念分子的把握或"理会"，（二）成于被把握或被"理会"之观念分子之再呈现或"再造"，（三）成于再造的观念里认识在先的观念。（一）"理会"在直观里实现（知觉）（二）"再造"在（重制的）想像力里实现，（三）认识在概念（判断）里实现，康德名此三重综合为（一）在"直观里'理会'的综合"，（二）"在想像力里'再造'的综合"，（三）"在概念里认识的综合"。如果我们在所与的观念的系列里逐步的把握其各个分子，而在表象后在的分子时，不能重新表现先在的分子，则虽有"理会"的综合，也全然无用，对象也无由成立，因为，无法把握对象之分子底连系。我们关于对象的认识，仍然一无进展。"如果我在思想里画条线，或在时间上由一中午想到另一个中午或想到一定的数目，很明显的，我一定要将此纷纭的表象，必然的一个个的先后把握。如果我将在先的观念（一条线的前部分，时间的在前的部分或已被表象了的单位）一一忘记，而不能重造，则我永远不能获得一个完整的观念，得不到上面所提到的思想，甚至于不获得最纯的，最基本的空间时间的观念。"所以说理会的综合与再造的综合，为不可分离。因为理会的综合是一切的认识底可能性之先验的理由（不只是经验的知识，也是先天的纯知识的可能性之先验的理

二　康德论知识

由)故想像力再造的综合属于"心"的先验的活动,正因为这个心的先验的活动,我们称此机能为想像力的先验的机能。然所与的分子,经过在直观里的理会和在想像力里的再造,仍未实在的连系就绪。我们对所与的分子一个个的把握,在表象当前所与分子时,也表象过去的一切所与分子,好像整个的观念的系列,都涌上心来,而并未保障:再造的观念和曾在直观里呈现的观念是同一个观念,并未保证,再度出现的和原来被"理会"的是同一个的观念。如果它们不同一,则所与的分子,在把握里和在统统把握里,好像获得了其全体性,而却失去了其真实性。所以,关于所与的观念分子实在的连系,不仅要"再造"过去的观念,并且要在"再造"里重新认识此两种观念确实的同一。我们要明确的知道,在时间点丙重新呈现的观念,即是在时间点乙曾经呈现的观念。我们之能做到这步者,不外乎比较这两个观念或说在一个判断里了别这两个观念。康德名此重新认识的活动为"概念里认识的综合"。现在的问题是:此类综合如何可能？如果我们的意识像它的"形态"一样,顷刻万变,则在不同的时间点的观念无法同一,也意识不到此类观念——在不同的时间内的观念——的同一,既不能有观念的认识,也不能有认识的综合。我们的知觉状态,时时刻刻不同在"意识之流"里,没有不变的自我;我们的意识,当其表象其知觉状态时,它和知觉状态一样的变化无常,无法认识两个观念的同一,也不能由后出的观念认识前在的观念。假若我在不同的时间点内是不同的我,则在不同的时间点内的观念,也无法同一。没有"在概念里的认识"所与的观念分子,不会有真正的衔接,要能够在概念里有认识,一个不变的意识——在一切知觉状态的变化中,屹然不变的意识是必需的。此"纯然的,原始的意识",康德名之曰:"先验摄觉"

以与"经验摄觉"（内知觉）分别。经验意识，像我们的感觉情状，是变化的，不同的；纯意识是不变的，是自同一的。没有意识的同一，便不会有观念的同一，即无法确定我们的空间的直观和时间的直观是不变的，无法确定，我们明天的空间时间直观，还和今天的一样，无法使时间直观客观化，无法把握"先验观物"篇所见到的空间和时间的性质，即是说：没有纯意识，空间、时间的"概念"（思想），也无由成立。康德自己解释"先验摄觉"说："它之配享这个称呼，于此可见：它自身是纯然的，客观的统一，即先天的概念（像空间、时间），只有靠它和直观底关系才可能。摄觉之毕同的统一，是一切的先天的概念所依归的，正如同空间、时间的杂多性之以感性底直观为依归。"没有意识的同一，则我们对于现象的观念之同一，为不可能，感性界之观念（思想），为不可能；没有意识的同一，不会有可看出物界或自然界之一贯的统一，没有一个"宇宙观念"，物界，自然界之统一，不能说：宇宙观念在我们一切知觉变化中是不变的。我们所表象的宇宙之为一个宇宙，我们之能在当前的感性界里认识（与过去）同一的感性界，换句话说，我们之能有一个共同的感性界，全仗着纯意识的自同一，全仗着"摄觉的先验的统一"。

经验意识的对象，是我们自家的变动不居的知觉状态，五光十色的，经验的我，恰如我的五光十色的观念。纯意识的对象，是"我们自身"，是"恒定的我"，它与纯意识是同一的。故纯意识是"原始的，必然的，自身同一的意识"，它是"原始的自意识"或"自意识的先验统一"。在这个观念里，一切不同的现象，真正的衔接起来：它们统统是我的观念，它们属于一个自同一的意识，在此意识的统一里，被把握，被了别。原始的自意识是一切观念的衔接，是一切观念综合的统一,是此综合的统一底意识。"我是我",是一个分析命题,"我是一切观念的统一",是一个综合命题:此为摄觉的必然的统一,康德以此为"一切的人类知识的最基本的原则"。(这是"范畴的先验演绎"篇的极峰,后来菲希特以此自意识或"我"为他的"知学"的出发点,做他的"知行合一"的哲学系统。)摄觉的必然的统一,或原始的自意识,是我们一切的观念底"链子",是观念统一的原则,是观念衔接的原则。没有摄觉必然的统一,则我们的直观是无思想的,我们的现象,是杂乱无章的,我们的观念,是无对象的盲目游戏,严格的说,还抵不上一个梦境。所以对于我们说,只有一个经验,正如同只有一个空间,一个时间。一个经验,一个空间,一个时间的事实,其理由正在我们思维的统一性,意识的统一性。康德名此先观的摄觉为"我们的一切知识底激烈的机能"。因为我们所了解的自然,不外乎是合乎规律性的,安排好了的感性界。很明显的,自然的观念,依乎我们理性的条件,自然的统一性,不离乎我们理性的统一,或说不离乎意识的统一或同一。"说自然依照摄觉的主观的理由,依照摄觉的规律性,初听去好像不伦不类,出乎寻常。然细思之,自然者,实不外乎是现象的总称,它并不是物自身,而为意识底一群观念,于是方不惊奇,它(自然)只在我们的一切知识底激烈的机能里,在先验摄觉里获着统一,唯恃此统一,它始为一切可能经验的对象,才能称为自然。此统一我们能先天的认识,故亦必然的认识。如果其为统一,是不倚于我们的思维而已给与,则我们中途可以放弃它。苟如是,则我不知道这样的一个普遍的自然的统一性底综合的命题何由获得?因为,苟如此只有从自然的对象抄袭得来,凡从自然的对象抄袭来的都是经验的,则其为统一,也只是偶然的统一,它远达不到自然所要求的必然的衔接"。在同样意义下,《未来玄学导言》称说:"悟性不从自然里引申出来它的先天规律,而是替自然颁布先天的规律"。经验意识,是变动的,纷歧的,正如"人心不同,各如其面";纯意识是同一的,不变的,故在人人毕同。〔按:此酷像伪尚书里"人心为危,道心惟微"的分别。〕纯意识所表象的,所连系的,对人人有效,即是说,它具普遍的与必然的或客观的效准。惟从纯意识着手,我们的现象及知觉方获得客观性,即是说现象及知觉方为经验的对象,经验的判断。纯意识不是接受的而是活动的,创造的,它之于材料,不是感觉的,承受的,而是衔接的,授与形式的,它之授与形式,不是直觉的,而是思维的,判断的。故纯意识所授与的形式是判断的形式或范畴;故范畴是纯悟性的功能或纯概念,它们建立经验的对象。范畴"创制"经验,于经验必具效准;也只于经验有效准,而不及物自身。

这是范畴的先验演绎篇的问题及其答案。"一个可能的经验一般的先天的条件,同时是经验底对象的可能性的条件。现在我主张:所论到的范畴,即是一个可能经验底思维的条件,正如同一个可能经验里的空间时间之为直观的条件。范畴是替现象思维一般对象的基本概念,故有先天的客观的效准:这正是我们要想知道的。"

创造的想象力与范畴

我们认识的对象是感性界(自然),感性界之所由成立,靠以下的三重条件:(一)所与的表象分子的杂多性,(二)此表象分子的综合,(三)此综合的统一性与必然性。在感觉与直观里,所给的只是万象,所以感性所能说明的只是"纲领",而不是真正的综合。符

二　康德论知识

合那三重条件的,是三种主观的能力或说三种知识的来源:(一)感官、(二)想象力、(三)摄觉。在任何经验里,如果表象的对象已经给与,则其所表象的对象底分子,(一)必须是经验的被把握到,(二)必须能被重造,(三)必须能被认识。(一)感官之于所与的对象,为经验的知觉,(二)想象力之于所与的对象,为经验的重造与衔接,(三)摄觉之于所与的对象为经验的意识。然而认识的对象,在经验里被给与之先,必已经成立,或其分子,必已经过创造。此创造的能力,且必为先验的。因为此种能力使经验的对象可能,它形成经验的对象;此能力是理智的,因为经过感性,只给与了万象的分子,而各个分子间的真正的综合与统一,并未给与。认识的对象,其为可认识的,可表象的,必在用意识之先,已不能不当作合乎同样的,普遍的有效底方式去表象它。对象的各个分子,已是那样的衔接起,我们的意识,只需发现这个统一的,共同的感性界(自然)。那即是说,现象在被意识到之先,已具同一性与客观性的性质。正是这个理智的与先验的想像力,非意识的创造此普遍的与必然的综合。此能力必与"把握"的能力有别,它先乎意识出现,叫做"想像力",非意识的创造此普遍的与必然的综合。此能力必与"把握"的能力有别,它先乎意识出现,叫做"想像力"。然想像力却不必然是创造的想像力。以往我们所叙说的,只是它(想像力)的被动的一面,只是"重见的想像力",现在我们"逼"出它的另一面,创造的一面:因为它是意识到的经验与知识的条件,所以是"创造的与理智的机能"。此深邃的创造的与理智的想像力,是康德的范畴论的最高峰,范畴特此才真正有交代,有归宿:"一般的综合为想像力的作用,是心灵底盲目的,虽然是必不可少的功能。苟无此想像力,我们不能有任何的知识,虽然我们轻易意识不到它。然将此综合移到概念上去,却为悟性的功能,由于悟性此项作用,才完成了知识真正的意义。"

想像力行"把握"之所不能:"把握"之于所与的各个分子,是"理会的"把握,而不是通盘的,贯串的把握。没有贯串起的作用,则对于所与的各个分子把握,不能完成。故没有想像力,则知觉已不可能。想像力从所与的各个分子(或印象)形成一个"相",它不但将所与的分子理会的把握,并且要通盘的,贯串的把握:它去理会,它去再造。既是要形成一个"相",则不能任意行事:由甲到丁或由丙到甲,而要按着一定的规则去再造各个表象分子。此再造的规则,叫做"联想"。如果印象的衔接,仅仅是按主观的规则,或说其根据只在经验意识里的知觉,在张某如此,在李某不如此,则决不能有一个具必然性与普遍性的"相"能够成立;如果现象之衔接,恰如其被知觉到那么多,则其"再现",诚然是合乎规则,而尚未合乎规律。凡按照经验意识来的,都是偶然的,主观的,所以表象再现的规则已是偶然的,主观的。客观的,必然的规则叫做规律。现象的合乎规律的根据,不在它之能在我们经验意识里主观的相遇,而在现象本身之客观的相属。现象的客观的相属,不倚于各个人知觉的状态,康德名之曰:"真正的相属或亲和力"。此亲和力是联想的想像力的规律。假若现象根本不可联想,或说,现象根本不相属,则我们的想像力也根本不能如此如彼的去联想现象;苟如此,则我们不能表象一个自同一的对象,不能表象一个共同的世界(自然)。此现象的客观相属何所依据呢?曰:纯意识,或摄觉底先验的统一。惟持此,一切的现象,方能有综合的统一。正因此,我们不说现象的亲和力是经验的,而说它是先验的。现象的相属性,为现象的"先验的亲和力",或"现象的通体关连",或曰:"现象在纯意识里衔接",此实表示同一意义。当然,我们所讲的仍是现象,不是物自身。现象需要一个主体,它才能现其所象;它需要一个意识,在此意识里,它能被统一,是被统一。康德所谓现象的"先验的亲和力",是现象的共同的性质,共同的条件,故为现象的"客观的相属"。无此"先验的亲和力",即无现象,亦无形成现象的统一底意识。这里好象是循环论证:纯意识为现象底先验的亲和力的条件,现象的先验的亲和力又为纯意识的条件。其实康德不是讲两件不同而相倚的事,而是讲同一件事的两面:纯意识为现象界必然的条件。没有纯意识,便没有现象界;没有现象界,便没有做现象界的条件底纯意识。想像力将所与的表象分子做成现象界:第一步把握与重造表象分子,第二步其重造按着经验意识的程序安排,或说联想其表象,第三步按着纯意识的条件或现象的先验底亲和力的条件去安排联想。经验意识使想像的重造合乎规则,或说建立联想。纯意识使联想合乎规律,它带悟性到想像力里工作。在把握,再造,联想的过程里,如果只为有规则的重现,则想像力之行使职权,还是知觉的,感性的;如果在联想里的观念,是合乎规律的衔接,则其为想像力,是理智的,创造的,因为它所遵守的规则,不来自经验,而为纯悟性的产品:它形成了经验的对象。想像力是"人类心灵一个基本的能力,一切先天的知识,都得以它为基础"。它的作用,既是重造的,也是创造的,既是感性的,也是理智的。它是感性与悟性间的桥梁,使二者必然的连系起来。没有它,我们固可有现象,然却不能有经验知识的对象,甚至于不能有经验。在意识中呈现的感性物,是感性的、组成表象分子的想像力的产品;在对象中所看出的统一与秩序,却是理智的想像力或由纯悟性所浸润的想像力的产品。共同的感性界,在意识里,像是已然的,其实是想像力的给与,想像力非意识的执行规律,执行悟性所颁给它的规律;连接现象,恰如纯意识所要求的方式去连接现象。故纯意识在想像力里,不但认识想像力所藉以连接现象的形式(范畴),它(纯意识),并且重认识了它的形式,在这个意义下,康德的"在概念里的认识"与柏拉图的"回忆说"极神似。

＊　　　＊　　　＊

我们再总说"范畴的先验演绎"的主观的解释。整个的演绎,是根据一个唯一的见解来的:经验的对象,不是外来的给与,像一般独断论者的看法,而出自我们理性的设计。理性在想像力里衔接起从所与的表象分子所形成的各基本能力,"创造"了经验的对象(或物)。所以认识(对象)是自认识。认识的对象,既不是物自身,也不是空洞的概念,而是现象。现象的材料,在我们"心"中给与,现象的形式,由于我们的"创造"。现象成于主观分子,而服从理性统一的条件:先验摄觉,及其理智的形式——范畴。康德曰:"如果我们所说的只是现象,则有些先天的概念之先乎关于对象的经验认识,不但是可能的,而且是必然的。先天的概念以对象为现象,对象只在我们'以内',因为感性的'变化',不能在我们'以外'寻找得着的。……故我们所可讨论的一切现象,一切对象,都在我们'以内',是自同一的我的决定,现象的一贯统一,是受同一个摄觉的支配,一切对象认识的形式,也在这个可能意识的统一里着根。正由此类形式,感性的杂多,方能当作属于同一个对象(物)去想。……纯悟性概念的先天的可能,之于经验有效,因为我们的知识,不外乎现象及其衔接与统一,现象的可能性,正在我们自己。……"

没有范畴(像因果概念),便没有明显的连系,便没有客观的经验,这是已经证明的,不可置辩的事实。"演绎"的问题,是要说明:纯概念与经验的对象间的一致如何可能？概念与对象间的一致,有三种可能:(一)其一致为预定的和谐,概念与对象"先天的"相合。(二)经验使概念可能。(三)概念使经验可能。照第一种解答:概念与经验的对象的一致,在预定的和谐,则范畴都像是先天的理性的安排,此理性的安排,正好与自然律巧合;对象的认识,不是创造,而是即在先天的理性妥贴安排好的。康德名此假设为"纯理性系统的预定说"。这种假设是要不得的,不只因为"预定的和谐"无法穷究,而还因为这种假定不能说明事实。它只说明了我们为什么要按照我们思想的性质,援用因果律去了解对象,而没有说明,为什么经验的对象本身,按着它自己的性质,要服从因果律;没有说明因果律同时是自然律。照第二种解答,像洛克等人所主张的:因果的概念,来自经验,范畴的来源,是经验的,范畴不是纯概念,不独立不倚于经验,不是经验的条件。苟如此,则经验或为一无法说明的事实,或从无法认识的分子里推演出来,其必然的结果是:一切认识的可能性与客观的经验都要被否定。现在只有第三条路可走:康德在"范畴的先验演绎"篇所昭示的路。纯悟性概念,是使经验可能的条件。它们既不是先天的观念,也不是经验的概念,而是衔接的判断的概念。它们不是经验的产品,而是经验的条件。因果律是经验不到的,它却能判断经验,形成经验。客观的经验,或说现象和它的必然衔接,成于理性的条件,发展于理性的条件,康德自称他的学说为"纯理性系统的再生"。

范畴的先验演绎(按第二版申说)

前段所述范畴的"体""用"问题,主要的是按第一版(1781)的讲法，重心在"体"而不在"用"，在"我"而不在"物"，在主观而不在客观。按康德的知识论之为"唯心论"说，这的确是他的学问的趋势的一面：他的"哥白尼的转向"，是要从必然性，普遍性里引申出客观性。就其另一动机，两年后作《未来玄学导言》，六年后改作《纯理性批导》的重要的一部分说，他将唯心论上迈，加上"形式的""批导的"形容词，以免与巴克莱的学说混淆，他实深深的感到多说"主观的能力"的危险；同时要充分说明先验逻辑所以超出形式逻辑之理，他不得不重申范畴的形上演绎篇所立的纲领：——"同一个功能，它在一个判断里给不同的观念以统一，它也在一个直观里给不同的观念的综合以统一，此'同一个功能'，普遍的说，叫作纯悟性概念（范畴）。同一个悟性，经过同样的作为，它借重分析的统一，在概念里使一个判断的逻辑形式成立，它也在一般的直观里，借重万象的综合的统一，在它（悟性）的观念里，使一个先验的内容成立，故此类观念，叫做纯悟性概念，能先天的涉及对象，这不是形式逻辑所能办到的。"

改版的"范畴的先验演绎"的说明，更着重物的形式，而不太重物的形成。就其为形式说，它还是形式逻辑的，就其具对象性（客观性）说，它不只是形式逻辑的："物"和"心"同具此"理想的形式"，此共同的形式是"我思"，它是一切的知识，一切的判断中毕同的公式。着重主观的人，以"我思"是我个人实在的思（像叔本华，弗芮斯等人之了解）着重形式逻辑的人，以为逻辑的形式，用不着"我思"；就"我思"之为心理的能力（实在的思）说，形式逻辑论者，确有其正当理由。形式逻辑不必涉及具体的宇宙，（它只在纯思维形式里活动，只要它本身一贯。）无奈人类的理性，总想冲出消极的圈子，而抱着形式逻辑去"格物"，其结果是太形式的与太经验的两槪世界,这是现代哲学中(特别是英美奥哲学及其在中国的传人)习见的现象。康德持平之论,是在"我思"里见形式逻辑的普遍性与必然性的部分,复在"我思"里见对象的客观性的部分,"我思"是心与物,思与在,共同的理想形式,它逐步的综合所与的万象,也综合所与的万象的形式:空间,时间;它所运用的所与的形式是逻辑的判断,(判断离不了个"我思",)判断之所以能综合万象,靠我思之"表":范畴,范畴之"里",仍是一个"我思",所以第二版的"范畴先验演绎",开门见山,直逼我思之全体大用,其所逐层剖析的,仍是上面所引的"同一悟性""同一功能"这个纲领。改版(1787)之所以胜于第一版(1781),在乎改版能关照起这个纲领,而第一版未能关照起这个纲领。第二版拿逻辑判断为主要的线索,连接起概念和直观,也连接起我和物,给经验一个通达的理论,给经验以逻辑的基础,而第一版只在主观的能力一方面描写,渲染,轻轻的撇开逻辑的兴趣,没有第二版的改作,"主观唯心论""心理主义"一类的误解,恐怕无法避免的。经验的理论,经验的逻辑的基础,是康德知识论的别名。形式逻辑既不肯,也不能为经验的基础,能为经验基础的,是他所创设的先验逻辑。从形式逻辑渡到先验逻辑的方法,倒不是逻辑本身"变质",而是逻辑判断运用之推广。在前一篇里,我们已经提出:经验的基本概念(范畴)与判断的逻辑功能间的一致问题,以判断的形式为发现纯悟性概念的线索,其十二数目,虽常为世人所诟病,然其所蕴涵的真理,必不可忽视,这是康德思想的骨子。放宽些说,康德整个的理论哲学,不脱逻辑的骨子,他识透逻辑的精髓,而复不泥于逻辑的空,无,这是他的识度。就知识的概念(范畴)与概念的纯逻辑的衔接(逻辑的判断)说,其间并无本质上的分别,其分别在应用:在纯逻辑命题,其用,为分析的;在经验判断或知识判断,其用,是综合的。在纯逻辑命题,与直观的形式无关,在经验判断或知识判断,与直观的形式却必然的相关,因为我们需要一个关于对象的知识。我们由思维的功能,联系概念;我们在一个对象的判断里衔接起直观。"逻辑的功能,假若不应用于概念,而运用于直观的对象者,叫作范畴"。直观的对象,倘被某个逻辑的功能所决定的去看,某个范畴于是成立。范畴是逻辑功能之运用于直观者。范畴与逻辑功能的分别,不在主观或来源方面的分别,其唯一的分别,是知识的分别,形式逻辑,"以被思维的"之规律性为对象,其职务在厘定概念的形式及其关系,为一切概念所同然的形式及关系,而不涉及其内容,除形式与关系外,其他皆可不问。形式逻辑,只问空的,对的与自己一致的思想,而不问其实际的意义或应用。然逻辑的关系,像理由与结论,对于事物有效么?同一,主体,理由诸逻辑概念的功能,只在纯思维内有必然性?还是于对象也有必然性?这正是先验逻辑所要解答的。先验逻辑,是纯概念之可能的致用于事物的。在纯逻辑的命题,其主词与宾词之联合是"未决定的",抛开其量的分别,我们可将主宾词换位。而在一个对象的判断里,也用同样的主宾词的功能,然其用却是决定的,主词要在直观里决定。而在逻辑的命题,除开量的分别,则主词与宾词是一样的。主词与宾词是同一的连系着。其联合形式的致用,是分析的。而物与其性质,却不是同一的联系着,虽其关系仍然是主宾词的关系。本质是附性的理由。在关于本质的客观判断里,其主宾词的逻辑功能之致用,是综合的。在时间里的常住,是这个判断里宾词的主词,其被衔接的观念之地位,不许思想自由的移动它。关于概念的思维,我们有极大的自由;关于事物的思维,即系于事物的直观,即是说,没有自由。知觉里的结论,也和判断里的结论不同。判断里的结论,是肯定被知觉到的对象的结论,知觉里的结论,只是一个知觉相(观念)。我们只有添进因果的概念,用这个思想法去注释知觉里的结论(知觉相),说它是因果的衔接着。一个"知觉判断",是对在意识里一件"事"的说出,其效力只限于说出者本人,在知识判断或经验判断,则要求对同样的知觉,有客观的效准,在知觉中的观念虽然不变,而观念间的关系却改变了。康德的例子:一、如果太阳照石,石热("知觉判断"),二、太阳晒热了石头("经验判断")。前一命题,表示知觉的纯事实,后一命题"实于知觉之外,添进因的悟性概念,它必然的衔接起太阳晒的概念和热的概念,这个综合判断是普遍的,必然的,因此也是客观的,一个知觉,于是转变成经验"。这两种判断的内容是一样的,而肯定的形式不同:一个多了,一个少了这样一个理由。在上例,是因的概念。因的概念,表示出知觉与其对象间的关系:一个被知觉到的相同的变动之不变的果,由于因之概念,能够当作知觉中的对象的果去认知。(须注意,康德所谓因之概念,既不包含发生作用之力,也不包含物与物间互相影响的秘密,它颇近似数学里函数的概念。)我们所可把握,所可了解的因果关系,是一个纯思想:事的继续是必然的,那即是说,按照理论与结论决定的。这个因的概念,在一个设言判断,理由判断里表示结论,也客观的决定了变动的系列里的时间的秩序。如果没有这个思想:时间里的"事",按着理由与结论的决定,合乎规律的安排着,则其为变动的现象,"还抵不了一个梦"。在知觉到的现象的继续之合规则性,因为理由的思想,其合规则性,才变为合规律性。此思想为经验的必然条件之一,只有在此类必然条件之下,其初视为主观意识里的规则,才能与客观的实在相关,成为客观的规律。这个思想,是使现象为经验的形式,也就是说,使现象为对象的知识。因之概念,使我们能了解知觉,它是经验的"了解的形式"。"不是由现象的客观的继续引申出因的概念,而是现象继续之认识,之为客观的继续,是从因的概念引申出来的。"康德由判断的统一概念引申出认识的基本概念,是他的特殊的见解,特殊的贡献。(他这个假定,在改版的"范畴的演绎"里才获得充分的保证与了解。)我们无法观察纯悟性,只有止于认识的形式,止于此悟性的功能。我们只有从判断的普遍的意义,去权衡认识的形式与效准。故判断的功能之运用于事物的概念或事物的直观均同。其被衔接的观念,不管是概念还是直观,其统一的理由,是同一的理由。思维用它的统一功能,在逻辑命题里"集合"概念,正如同它在对象的判断里,连接知觉;所以思维为经验的条件。不过,思维的功能,就其本身说,还不是认识。认识是思维,然错误也是思维,思维对于认识与错误有中立的意味,所以思维一方面为经验的条件,另一方面,也限于经验,超越经验,便产生"理性推论"的玄学,所以范畴只能有"经验的致用",而无"先验的致用"。就范畴的"经验的致用"说,它包含事物的普遍有效的衔接之基本条件,也就是说,是经验的基本条件。现象在经验里的衔接。正如同概念之在判断里的衔接。经验的对象,只有从范畴下手,方可了解,是没有问题的,(下篇"基本原则",是了解经验的对象的"设准")然我们有什么理由说经验的对象,先天的与经验的对象之条件一致? 或说,事物一定按照范畴? 经验的对象,一定适合我们的直观的形式,因为,经验的对象,只在此形式下现其所象,也就是说,只在此形式下,才是感性的所与。然由概念,经验的对象,还不是所与。我们又知道经验的对象,又必然的适合我们思维的所与(不然我们没有知识的对象)。何以故？此处隐藏着一个更深邃的问题，整个的"范畴的先验演绎"即解答此问题。我们前段已就第一版解释，容有未尽，此段另由客观入手，再为申说。

"范畴的先验演绎"，是《纯理性批导》的中心；它结束了直观形式的学说，而给"纯悟性的基本原则"奠立了稳固的基础。它指示出直观与思维功能中间的**必然**的衔接，从思维的意识统一，从自意识的统一，引申出经验的统一。它更证明对象与先天的概念间的一致——对象，进入于我们的经验的对象，先天的概念，建立我们关乎对象的经验；要证明它们间的一致，其证明最费力，迂回，故最难懂。"先验的"之任务，是以"先天的"知识之客观效准为对象的。"先验的"是"先天的"之"认识理由"，而"形上的"是关乎"先天的"事实的陈说。故在形上的讨论时空观念时，指出此类观念是先天的直观，(共有五个论证，说见前，)先验的讨论里，说出其重要理由：除非空间是纯直观，几何命题不能有普遍性与**必**然性。因为是纯直观，故纯几何可能；因为空间是直观的形式，故纯几何**必**运用于感性界。一切事物之为感性观念的对象，一定要必然的适合我们感性的规律去现其象。范畴的形上的演绎，是在此类概念的性质里，发现其与在判断里的统一概念之间的一致，故从判断的形式，引申出意识的概念(范畴)，同时限制它们只应用于经验的对象。要想借重统一的概念，作客观的判断——不只是形式的逻辑的判断——则直观必定要服从统一的概念之衔接与安排。问题是：我们怎样能由纯概念安排直观？我们怎样看得出此类纯概念必然的与对象有效？对象之由此类纯概念方可了解，是明显的道理，然此对象的可了解性之假定，是不是有效的，**必然**的假定？感性表象的形式之必然有效于对象，是可以了解的，因为感官对象只能如此这般的被表象的形式所收纳,才成其为对象;(虽然只是"未决的"对象)。概念则不然,它只表示出决定对象的形式,表示出意识的活动,不只是意识的可感性。假若我们的概念,都从物中抄袭得来,则概念固然与物事实上一致,而悟性只是适应物而已。然普遍的纯概念,包含对象的形式的纯概念,是悟性的创作品,而非来自物的性质,在感性的观念,在被对象所影响的观念里并没有概念。纯概念的事实是分析的,我们分析对象的观念,就可认识到纯概念。如果我们从对象的观念里,抽去一切的感性成分,则剩下"本质""因果""主体""理由"一类的概念,此类概念,决不会由观念中之感性的部分得来,它们是悟性所加于直观上的。譬如本质的概念,便决不是感性的所与。由感官所表示者,只是多多少少的,或常或暂的一些性质的组合,而性质组合的理由,则感官无从把握,它是被悟性所思维的,说本质对一切时间的存在,也只是被悟性所思维的。所以经验的对象与纯思维概念如何一致,是问题的枢纽。我们在事实上是假定二者间的一致,也意识到二者间一致的必然性。譬如经验科学里的一些基本命题像"物质不灭""因果律"等等,都是悟性对于事物的设准,我们以之为原则,用到经验上去,以之为了解经验的规范,而不是以之为自经验引申出来的规律。然此悟性对经验的要求,是有根据的吗？我们怎样证明此要求的合法性？

康德之证明先天概念的困难,因为他过分割裂直观与概念。他在"先验观物学"里,仅以直观为一种意识状态,好像无须必然的与思维活动相关。现象或纯感性式的观念之为对象,是"尚未决定的对象",现象的所与,似不需要自活动的意识。"先验逻辑学"的开端,指出"直观无概念是瞎的,思维无内容是空的"纲领,于是在第一版"演绎"里，不得不费词于直观与概念的关系，概念如何决定直观，方能产生对象之观念等等，皆须一一证明。他的证明法，是从先天概念去说明对象的认识之可能性。他并不注重纯知识的成立问题，而注重知识的效准及其范围。"演绎"之意，是对于一件事实的"合法化"，不是说明此事实心理学的成因，演变等等。康德在第一版的开始，诚然沿用"观念的形成""知性的主观来源"一类由心理学套来的名词，此均无关鸿旨，并且于第二版均省略之。先天的观念决不是经验的观念的因，只是经验的观念的形式。"演绎"所注重的，是知识中形式的成分与知识的对象间的关系，而不注重知识的能力，作用等等。第一版由心理学的解释帮忙，而第二版开门见山，由意识的概念出发，直趋万象衔接的统一，意识的统一。

认识的概念（范畴），从判断的形式得来的认识概念，需要一个"演绎"，那即是说，要证明它们于对象的致用之效准，何以证？曰：认识的概念，不但在特殊的经验判断里建立知觉的客观的连系，并且在普遍的经验里建立知觉与一个对象的关系。经验者，是凭藉知觉，对于一个对象的认识。而此认识，只在思维的统一的形式内可能。想将纷纭的印象，变成一个确定的直观——与一个对象相关的，确定的直观，必需要思维的统一功能。故范畴（思维的统一的功能之概念）为普遍的经验之要素，为经验的"理智的形式"。范畴的"演绎"，以陈说"范畴为一个可能的经验原则"为目的。要达到这个目的，须说明范畴与物的现象的形式（空间，时间）在必然关系中。范畴能使感性的直观形式（空间，时间）变为形式的直观（说见前），范畴也藉时空的直观必然的于对象有效——只要此对象在意识里呈现。因为一切经验的对象，均隶属时空（现象的形式），如果时空被范畴厘定为形式的直观，则一切的经验对象，也必然的隶属范畴,或说,经验的对象之在思维的形式(范畴)下为所与,正如同在感性的形式(时空)下为所与。经验的直观,是形式的直观的个别的状态,形式的直观不离乎范畴的厘定,故范畴也厘定经验的直观,以之为现象的对象的观念。故陈说范畴为普遍经验的原则,要表明范畴与直观的形式间必然的联系。直观与概念,其为认识的方式,虽是分开的,然它们之为观念,却属于同一个意识。意识的统一,联合起直观的形式与概念。按照直观里感觉的综合之意识的同一,形成了一个统一的观念,一个确定了的直观。直观服从意识综合的统一,此意识的统一,同时是范畴的根据。认识的概念,起于意识的形式,认识的概念,不外乎是与意识联合的种类或方式,故直观藉意识的综合的同一,隶属于范畴,"在演绎篇,悟性对感性的关系,藉感性对一切经验对象的关系,悟性概念的客观效准,方可了解"。"演绎篇是说明纯悟性概念(藉此也就说明一切先天的理论的知识),当作经验可能性的原则,经验的可能性,是时空内一般现象的决定,最后这个决定,是出自摄觉的原始综合的原则,为悟性的形式,与感性的原始形式时空相连系。"(第二版演绎的结论)范畴来自悟性的形式或思维的形式;悟性的形式,是意识的综合的统一,此意识的统一,同时是时空直观的必然条件。因为时空有对象的意义,故范畴——在范畴里意识的统一有其活动——藉时空有客观的效准。范畴与直观的形式,因为意识综合的统一原则,在必然的关系中,"先验的任务",因此能解决,纯知识概念的可能性及效准,也因此说明。时空之可能为先天的直观,因为时空来自感性把握的形式;范畴之可能为先天的概念,因为范畴来自思维的形式。时空为客观的有效准,因为纯直观是直观的形式所倚为基础者,故亦与对象有必然的关系;范畴之于意识对象,是必然的,因为意识综合的统一,藉此获得客观的效准,使对象的思想可能。凡不适合于意识的综合统一者,均不能当作对象给与。物之为我们的对象,一定是必然的在一个普遍的,可了解的形式下给与;不然我之于物,毫无所知。

第一版所论演绎的原则:意识的统一功能,虽从心理学思考入手,仍不忘怀经验可能性的概念,其用心仍是逻辑的,知识论的。大致说来:意识的统一方面,是指知识的"形式的理由""认识的理由";对象的概念或对象的思想,是指认识的"实在的理由","形上的理由"说,认识的主体与对象,永远在关系中,在必然的关系中,为认识的两个相关的分子,藉思维的统一功能(判断的与概念的)联系,"同一个功能,在一个判断里给不同的观念以统一者,也在一个直观里给不同的观念以统一",以形成一个认识的对象,也就是在知觉里判断的对象;一个判断里的对象,必不因依主观的心理方面(如知觉,重现,想象,联想等等)的形成,虽然在认识的程序上摆脱不了知觉,重现,想象,联想,等等心理方面的作为。从主观的认识说(经验的意识统一),对象有它"独立的",实在的意味,它对于经验意识说,它是一个"独立的加号",我们也称它为认识的"实在的理由"或"形上的理由";从判断之为统一的思维,概念之为思维的形式说——更重要的是,在判断和概念里,不外乎是先验原始的综合统一的活动——则对象不外乎是纯知识的对象,它只是同一的意识里知识的分子。明白这个基本的道理,第一版所言观念的三种主观来源(感觉,想象力,摄觉或概念的意识)仍然有其在认识程序上的价值。我们(一)由感觉获得观念之元素,(二)由想象力,观念可按联想再现,(三)由概念的意识,可比较再现的观念,并使之入概念的统一。我们要注意的是此三重综合,不是三种不同的能力的三种不同综合,而是唯一的意识原始综合——在时间空间内唯一的综合,使逐步显现的观念,为概念的,意识透的观念。此纯综合或形式的综合之运用于材料上者,不是时间的在先,是概念的在先。不是时间上的先有先天的观念,再构成经验的观念,而纯观念是经验观念的形式,纯观念与经验观念是在同一个意识的联合作为里;同时完成的。我们从思维的统一:悟性,获得对象的观念;悟性与对象的意识,是同时长成,同时布展的。在知觉中的综合的必然性如何显示:因为印象虽可同时给与,而只能先后的被意识到。故诸印象,不但要先后的被把握,还得同时在一个统一的意识动作里共同把握。此共同把握,只能在纯观念的形式(时,空)里可能。所以我们在把握万象的综合里同时获得时空的观念,获得观念的形式,由把握的综合,获得时空的形式的直观。(按形式的直观,即指几何里点线面所做成的图形及力学里运动,速度一类的图式,没有形式的直观,几何,力学根本没有对象,几何,力学之为学问,当然也就不可能。)复次:欲连接感官所把握之分子,必须能更新,或再造此分子,故把握假定再造(再现)。假若由观念的甲分子到乙分子时,辄从意识中失去忘记了甲分子,则永不能构成一个完整的,统一的观念,连构成最基本的观念像时空的观念,也不可能。重现是依乎联想的规则。经验的观念,假定现象是合乎规则的。"如果辰砂忽红忽黑,忽轻忽重,如果一个人作忽此忽彼之兽形,一日之中,忽焉花果满覆,忽焉冰天雪地,则我之经验想象力,不得机会表象红而重的辰砂,使入于思维之域。或同一物,忽锡予此名,忽锡予彼名,而无一现象所服从之一定规则,为之统治,则再现之经验综合,亦无由成立。"普遍的现象之有规则性,是先天的可认识的,(虽然现象中之特殊规律的事实,无法演绎。)现象不外是观念,即在我们认识中的观念,现象必然是服从我们表现的规律,而再现的规律,即是观念构成的规律;故现象必适合再现的规律,现象之依从再现的规律,必可先天的认识,因为每个观念(包含时空观念在内),只有在此观念下可能;现象必然的服从此规律,感性内的万象,方在时空的统一内联合起来。复次:再现要假定能意识出原来的观念与再现的观念间之同一。两个或两个以上的观念之同一的意识,叫作了解这些观念,叫作这些观念"在概念里认识"。除非有意识的自同一,并且意识到它的这些观念的同一,我们不能对这些观念的同一,有所认识。意识的统一,是概念的普遍的形式。概念的普遍的形式,不是指再现中退了色的观念的不确定的,普遍的形式,而是指观念分子衔接的规则的统一,此观念的分子,为感官的印象也好,为普遍的观念也好。此规则的统一,形成概念的要素。概念的性质,存于每个知识的统一形式里。诸性质如果能够在意识里按照一个规则或规律重现,则其为性质,是概念地联合起来的。譬如,化学元素的概念,是在化学公式里表示,自然律的概念(一定的运动过程的统一),是在数学的公式里表示,此公式包含一定知识的把握和再现之规则的统一。在再现里,其规则,第一要靠意识的同一。故意识的综合的统一,为一切概念的"形式的理由"。即最普遍的对象(或:一般的对象)的概念,按其形式说,也来自意识的统一。我们分别对象概念的"实在的理由"与"理想的形式"或"形式的理由",其分别,近乎时空论所作"经验的实在性"与"先验的理想性"的分别。正是这个"实在的理由",使知觉与一个对象不但相关,而且赋与知觉与知觉间之衔接以必然性与确定性。正是这个对象的概念,使其衔接为必然的衔接。因为,对象是"反对我们认识的'差不多'与任意,而使认识在一定的先天方式下被决定之谓"。在经验思维里所与的性质及过程的必然衔接,是此性质及过程之某一定的意识地联合的"实在的理由"。对象所形成的必然的统一,不外是连接纷纭观念的"形式的统一"。对象给其现象一定之继续以衔接的规则,及再现的规则,此规则,只有由统一的意识的理由可以认识,故意识综合的统一,为对象的概念的"理想的形式"或"形式的理由"。总起来看,由对象所与者为现象(感觉及感觉间之关系);对象在认识里所符合者,是其现象理由的思想,此思想,对于各种不同的现象,是同一个形式的意识联合的概念。主观的意识的统一,因不同的对象而异,故有经验的对象的概念。然思维的形式,却对一切的对象皆同然。一个普遍的对象(一般的对象)的纯概念,在一切对象的意识里是毕同的;因为对象自身并不现——象,也不被直观到,只被思维到。至于性质与其对象间一定的关系,则建立在现象上;因为,不能认识对象自身,只能在经验的意识里认识对象的现象,对象自身尽管毕同或毕异或毕同异,而我们对于它只能有一种形式的认识,它是"什么物等于一个问号"(Etwas = X),譬如物质原素的概念,即为此"什物"的概念,其在时间空间内之存在如运动,形态,颜色等等,均为其经验的性质或现象。此普遍的对象或(一般的对象),不管其现象如何纷歧,是普遍的意识(一般的意识)联合的"相关者",它们(普遍的对象和普遍的意识)一样是毕同的。对象是主观的相关者:"我"之思维形式里的观念的统一,是每一个客观概念的"图式"。对象使主观的意识统一有必然性,为意识联合的理由。此意识联合的功能,就其本身说,是不确定的,而对象给它一个坚稳的撑持点,于是可能的意识统一,经过对象的撑持,成了意识的实在的统一。从另一方面说,普遍的对象的思维形式,却来自意识的形式的统一或综合的同一,(即是下文要论到的"我思"),它是普遍性与必然性的全称,即普遍对象的思维形式,也无所逃于此综合的同一。对象是实现或充实这个形式的,对象的存在,要在现象的确定衔接里表现。现象的可能条件,必无所逃于综合的同一,凡事物变动等等,违背此意识统一的规律者,均不入于思维的形式,现象藉毕同的对象的逻辑地与"实在地"撑持,复先验的溶入于知识之领域,获得普遍的与必然的意义,它在一个直观的观念里获得统一,也在一个判断的观念里获得统一——它是认识底对象。笛卡尔在他的名言"我思故我在"里替存在找最高或最后的标准:他以明白,清楚的意识为唯一的工具,去推证存在:凡我所明白清楚认识的,是存在的(实在的),我的思维是真实无妄的,故由真实无妄的思维所认识的,也是真实无妄的。康德之建立实在,却深厚于笛卡尔,也着力于感性的现象的形式及思维的形式之客观的认识。先验的摄觉,是一个综合的同一。故自然律或经验律按其逻辑的形式说,是综合的同一律。经验与实在底综合的性质,是由意识的综合的同一引申出来。

范畴之为经验知识的原则,在"范畴为先天知识的可能性之暂时说明"一节里说得最明白。只有一个经验:许多不同的经验,只是唯一的,普遍的,体系地相衔接的经验的部分。经验是依照概念的现象底综合的统一。其所依照的概念,是纯概念,不是经验的概念。如所依照的为经验的概念则其综合的统一为偶然的,因为一切概念(包含经验概念在内),就其形式说,都在先天的纯概念之下。苟现象之可了解性没有先验的,必然的基础,则在我们的知识里,只能有一堆杂乱无章的,随生随灭的幻象,如此,则认识与对象间一切关系,均和概念一齐消蚀,则所剩者,只有无思维的直观或不被意识到的感觉。故必有思维为一个可能的经验的条件。"形上演绎"已指出：范畴为包含各种不同的思维功能的表示；它既是一个可能经验的条件，同时是在经验里可能的对象的条件。它是在任何经验里的条件，亦同时是任何经验里对象的必然条件，故在经验中有其客观的效准。思维藉范畴表示功能，在思维里，意识有其综合的同一地活动。整个的感性界，一切的感性的观念均必然与同一的意识相关着，所以，也必然的服从先天思维的概念。范畴既是综合的意识统一的功能，此先验摄觉的统一，为任何感性观念的条件，故一切感性观念或一切的经验，均隶属范畴：范畴为在概念里的现象认识之普遍的理由（这个基本的思想，康德曾重复的说明）。对于一切的观念，可隶属于我们知识的一切观念，我都先天的意识出我自身一贯的同一。此是主观内之观念的统一，是综合的。在一个意识里，给观念以必然的统一的意识，也给万象以综合统一的原则。此原则有两方面：包含综合，使综合的统一为必然的综合的统一。此综合，康德名之曰：先验想象力的纯综合，纯综合的形式为时间（说见下章）。有在时间里万象的综合，在空间内万象的衔接才可能。因为这个综合属于先验的意识，故其综合的统一，为必然的，此综合的统一，（不只是综合）是纯悟性，纯悟性是范畴或纯思维的功能的总称。——由"下"向"上"说：感官的印象，在直观的形式里联合之为意识到的联合，假定先验意识的统一；此联合服从悟性的规律：范畴。演绎篇的线索：由直观形式的统一与意识的统一之衔接，以产生经验的统一，康德由多方面来表示这个思想，反倒使人看不清楚。范畴的客观有效之演绎之能成功，端在将物的现象之形式（时间）与意识统一的功能，放在必然关系中。由思维的功能所产生的概念（范畴），在直观的形式里活动；而此概念

二　康德论知识

（范畴），也正因为对象的形式（时间），能必然的，客观的有效。实在（存在）之普遍性质和逻辑的性质，均来自思维之规律，因为此类规律，同时是观物的规律。意识之综合统一，是对象底可了解的现象的形式，正如同时间空间之为对象底感性的现象的形式。没有在时空内意识的同一，即没有对象的思想；想将现象提升为知识的对象，需要思维地去连接现象，在概念的统一里连接：将现象关联到本质的概念上去，感觉才能同时在（不只先后在），将现象的继续，放在因果衔接的概念上去，方了解先后发生的"事"等等，或说将现象放到产生对象的思想形式之普遍的意识（一般的意识）上去；此意识之可能性，正是演绎所要证明的。现象的经验之规律性，是能经验到的，然普遍的经验或现象的普遍规律性，是不能经验到的，它来自普遍意识的规律性。因为经验是在意识中的现象之实在性，经验是一个认识的方式，它像别的知识一样，是在一切思维律之下，服从思维律的。"意识的统一，是在一个经验里，一切现象的必然规律性的理由"。只就规律的概念说，它即无所逃于思维的纯意识。"规律仅恃一个悟性存在"。每个规律（除开它特殊的内容不论），都具逻辑的，数学的，纯理想的形式。意识的形式，即普遍规律性的形式。"说悟性是自然律的来源，是自然的形式的统一，好像是言过其实，不伦不类，其实此一主张，正好适合于经验及其对象。"悟性是自然的立法者，因为悟性的形式，是经验的普遍的形式，它给现象以统一，使现象具对象的意义，这个统一，即是悟性的统一，只有在此悟性的统一里，对象的意识，才能发挥出来。

　　第二版之演绎，直接由普遍衔接之概念出发，不再费辞于知觉之综合，于经验的自意识之联想与再现等等心理学的说法。此衔接之概念，不但包含万象之组合，并且包含万象组合之统一。此统一之最高原理,按其形式说,是"那一'我思',必能随伴我的一切观念"。即是说,现象及其对象之对于一个意识之必然的关系,必有一个统一的形式。现象之属于一个可能的意识存在,此可能的意识,使现象在一个实在的意识里联合可能。"这个综合的命题:一切不同的,经验的意识,一定要在一个唯一的自意识里联合,是我们思维的最高原则。我们须注意,这个纯观念:'我',是先验的意识,它与别的统一关连着,而使其集体的统一可能。此纯观念,明也好(经验的意识),暗也好,都无关鸿旨,甚至于可以说,不关乎这个观念之实在性,而只关乎一切认识的逻辑形式之可能性,此可能性必然的与先验摄觉之为一个功能相关着。"我们着眼在现象的可了解性,而不在我们的主观对于现象的把握,我们要的是思维对象的形式,而不重思维的能力。现象,按其感性的形式说,必在时空条件之下,而现象之为认识的对象,必同时在思维形式之下,也就是说,在意识的统一之下。现象之能够被认识,必"共享"此"我思",此意识的统一,是观念与对象的关系之基本的形式。因为"对象者,在其(对象)概念中,一个所与的直观里的万象已被联合之谓"。一切的联合,均以意识的统一为形式。故意识的综合的统一,是一切认识的客观条件。"倒不是我需要这个条件,为着认识一个对象,而是每个直观,都必得在此条件之下,对于我说,它(直观)才成为对象。"在一切经验的知识,——对象所同然的意识之同一的,统一的形式,在一切认识的经验主观所同然的意识之同一的,统一的形式,都由"我"这个观念去表示,"我"这个自意识之客观的统一,它是一切经验(内经验及外经验)的支持者。如第二版直接由分析自意识这个概念,得着对象的普遍的形式,康德在第二版里特别分别:先验的,客观的意识统一与经验的自意识。经验的意识,是从内感觉来的,它在一个对象之统一观念的衔接中,不离乎联想所与的条件,此条件即在现象之关系中,故其为条件,是偶然的,不能先天的认识。而先验的意识统一,是任何直观的万象联合的形式,它建立一个对象的观念(思想),故为对象之概念的,先天的形式理由,它为自意识的客观的统一。先验的意识统一之所以异乎内感觉者,以其为一切衔接的源泉:它既先天的衔接空间的图式及时间的形式,也衔接直观里的万象,成就一个认识的对象。康德之分别经验的意识与先验的意识,是给"外"经验对"内"经验的关系一种正确的认识。因为意识的统一,是一个可能经验的条件,意识的统一,支配一个任何对象观念的形式,故属于普遍的经验概念,(而不问其特殊内容,不作"内""外"经验领域的分割。)同一个思维统一的功能,决定"内"经验的对象,也决定"外"经验的对象,故思维统一的功能,是普遍意识的形式,它建立了意识的概念。客观的实在的现象与"内"经验共有一个思维形式。在思维的统一里,"内""外"经验相遇,相合。思维的原则:综合的同一,是一切经验的条件。"我思"这个意识,不是一个特殊的经验,而为经验之普遍的条件,或说是经验中毕同的公式。"我思"表示思维之逻辑的统一,及任何现象的衔接,形成一个对象的统一。由思维的统一的衔接,"外"经验决不因之变成"内"经验的附庸,而"内""外"经验两个领域,因为思维形式统一的连系,反成了唯一的,无所不包的经验的两个部分。康德这个见解,推翻了笛卡尔,巴克莱等人之怀疑外经验的真确性的学说。他告诉我们:外经验和内经验一样的直接可靠,并且外经验还是内经验的基础,倒不是因为我们大部分的知识都属于外经验,而是因为内经验的发展,多由外经验所激发起来的。

在第二版演绎里,康德特别拿判断来说明自意识与现象的关系(或认识与对象的关系),将现象放在自意识的统一规律下安置,使之服从范畴,服从在判断里的统一的概念,藉以显示范畴致用之道。我们试看他对判断的定义和意义的申说,第十九章的标题已够醒目:"一切判断的逻辑形式存于摄觉的客观统一及其所包含之概念中"。"如果我仔细的研究在判断里所与的知识的关系,说它属于悟性,以与经验的想像力分别(它只主观的有效),则我了然:一个判断,不外乎是将所与的知识放进摄觉的客观统一之方式。判断中的缀系字'是'字的目的,为的是达到所与的观念之客观的统一,以与其主观的统一分别。因为此缀系字表示所与的观念与原始摄觉的关系及观念之客观的统一,尽管其判断是经验的或竟偶然的,如'物体是重的'。我并不是说:此两观念('物体'与'重')在经验直观里必然的相属,而是说:此两观念,因为摄觉的必然的统一,而在直观的综合里相属,那就是说,依照一切观念之客观决定的原则,观念依此原则,方为知识,此类原则,都是从摄觉的先验统一这个基本原则引申出来的。唯为此观念关系,方能成立一个判断,也就是说,方是一个客观的关系,以与同样观念之主观有效关系,像来自联想律的,作充分的分别。按联想律,我只能说:当我负载起一件物体,我感觉到重的压力;而不是:它,物体是重;这一命题,不啻将两个观念,无分主观的情形地在对象里衔接起来,而不只是在知觉里(尽管屡次重复)的并存"。惟如此诠释判断,先验演绎与形上演绎才有了联系。在形上演绎里,由判断的形式,引申出范畴。在先验演绎里,由判断的意义,来合法化范畴。判断另具新义,对象可入于意识,不必为形式逻辑之空具形式,有物我间隔,事理绝缘之苦。"对象者,在其概念中,所与的现象,要当作已被连系了的去思维。"此连系的形式的理由,由意识的**必然的统一**。而此连系的作为是判断。"判断者,纳知识于意识的客观的统一之谓也"。判断肯定对象间观念的衔接之效准。判断之所以异乎纯命题者:在纯命题里,概念与概念间,只有"理想的"或形式的连系;有对象的关系,使一个句子提升为判断,因为对象的概念,使知识与意识之普遍的必然的统一关连。这是悟性的同一个作为,使一个直观里的万象与一个对象的观念联合,也使一个判断里的概念,客观有效的衔接。同一个功能,在判断里对知识运用,给知识以客观的意义,也是这个功能,使一个直观,成为对象的观念。总之,万象之必然的属于意识的客观统一,因判断的功能,此功能(像在形上演绎里所证明的)是范畴;故直观的万象,服从范畴。——所剩下的问题是:感官的印象,怎样的被思维的统一所决定？这个问题要待"图式论"和"基本原则论"才能完全解决。

直观与概念衔接,方为确定的直观,才为一个对象之观念;概念如果不只为不确定的,空洞的逻辑功能,则对于直观,亦当有必然的关系。普遍的思维一个对象和认识一个对象,是大有分别的。纯逻辑的思维,不必涉及直观,对于认识,直观是必不可少的。然想有客观的知识,只有直观的形式还不够用,纯思维概念(范畴)藉时空观念的图式之应用,方为知识(认识)的概念,范畴藉经验直观的图式,在直观中方能有客观的意义。范畴之有客观的效准,因为经验直观的形式的统一,靠范畴去建立。范畴的应用,也只限于经验的对象。康德并未先假定数学及其他先天知识之客观的效准,而实是去建立数学及其他先天知识的客观的效准,数学虽能先天的创制其对象,然苟不能于现象(经验的对象)有其致用,则不免为"理性的虚构"。他不单方面的憧憬于十七世纪数学的理论,而同时顾到数学理论在力学上的应用,用他的术语说:纯直观只能从经验直观获得其(纯直观)对象的客观效准。范畴之能为知识的概念,以其在直观形式里有致用之术,范畴之能与直观形式连系,复赖意识之综合的统一,此统一的思维功能,厘定了一个直观之为衔接了的印象的确切性或说厘定了直观的"经验的实在性",故范畴有客观的意义。范畴之为意识的客观的统一功能,使直观的形式:时间空间为"客观的"直观或"形式的"直观,范畴同时建立了直观的一切对象之最普遍的关系,使我们能说:直观的一切对象,对于我们说,都必然的是空间地,时间地。凡物之不与范畴一致者,不与思维之统一形式一致者,既不能是意识的对象,也不能是可能经验的对象。意识的形式,也是对象的形式。主观的意识与对象的意识,按其统一的形式说,是必然的一致的;思维是必然的统一的,思维的对象,也是必然的统一的。一堆纷乱的万象,决不能够是思维的意识之对象,在这个情形之下,意识本身也不可能。关于对象,我们能说:我思,因为对象是可了解的;我们也可反过来说:对象是可了解的,因为:我思。物之能现——象,之能为经验的对象,按其形式说,是可了解的物;故普遍的经验律(思想律)同时是经验的对象律(自然律)。在此意义下,纯悟性概念(范畴)有其客观的效准。——柏拉图,亚里士多德以来"存在的"与"逻辑的"关系问题,至此方获得一个妥贴的答案。

范畴的致用(图式说)

先验逻辑的分析篇里头两个问题——纯概念范畴的发现及其合法性的证明(证明纯概念之经验实在性)解决了:时空在一切现象内有效,因为时空做成现象;同理,范畴在一切经验内有效,因为

二　康德论知识

范畴做成经验。经验成于现象之必然的与普遍的衔接。所与的表象分子的衔接,由于我们的意识;问题是:那种意识所做成的衔接? 是经验意识? 还是纯意识? 是知觉的"我"? 还是思维的"我"? 在第一种情形,成立了主观的知觉判断,在第二种情形,成立了客观的知觉判断(经验的判断)。范畴包含经验的规则,像文法包含语言的规则。懂得文法是一件事,会不会在语言文字里运用文法又是一件事。运用规则,是将所与的事件,安顿在规则之下,或是前面所提到的"归总",归总是一个判断。不真正的致用想像力,则范畴的应用不可能。想像力是经验的先验的条件。将范畴运用到现象上去,是由范畴去表象现象或使现象在范畴下归总。然现象是感性的,范畴是理智的,现象出于直观,范畴来自悟性:二者为不同类。范畴的运用,于是大感困难。范畴要真不能"归总"现象,则已证明的效准,也无所用之。范畴的图式问题于是发生了。在判断里同类的观念的连接,是容易的。如"碗是圆的",并无困难,因为这个命题里的主宾词都是直观的,感性的。不同类的观念的连接,便不这样的简单,如"太阳是热的因";因为主词(太阳)是感觉的现象,而宾词(因)是纯悟性的概念。我们想要使这样的判断可能,一定要有个从悟性到感性的媒介,由范畴的领域到感性物的领域,复由感性物的领域到范畴的领域,彼此间有桥梁可通:这样的在感性与悟性间之可作媒介的机能,是前面已经发现的"创造的想像力",范畴要想对于现象有所应用,只有从想像力的媒介着手。想像力能作范畴所不能做的,它能使范畴形象地表现或说使范畴感性化,使之与现象同类。严格的说,形象只为感官现象的描写:其为形象,只为感官物的形象,永远不会是概念的形象。就连数学的概念,像几何的圆,虽然出自直观,也不是直观圆的像;经验的概念如猫狗的概念,更不是猫狗的像,概念愈普遍,离直观愈远,愈难形象的表现;(范畴为纯概念,更无直观的表象问题)三角形的概念,既能是直角三角形,也能是锐角或钝角三角形;而在直观里构成的三角形,则或是直角,或是锐角或钝角三角形。三角形的概念,不具形象。猫,狗等等概念,更不具形象,因为实在的形象,总是一定的个体,而概念决不是个体。我们的想像力,非任意的将数学的概念,经验的概念象征的去表象(不是形象地去表象),想像力替概念的形象设计一个轮廓,付与概念一种"缩合字";想像力能够描画现象,而对于概念,只能供给一个图案。"这是深藏于人心灵里的技巧,其本质虽无法发现,然其致用,却明白的摆在我们的眼前的。"这样的缩合字或图案叫做"图式",它与形象判然有别。靠想像力我们能获得范畴的图式么?曰,有之。这样的唯一的形式是时间。时间的图式,是唯一的使范畴感性化的条件,使范畴运用到现象界唯一的工具:它是一切经验可能的条件,故为先验的或先天的,它不为任何心理学(包含晚近的"完形心理学"在内)研究的对象,而为心理学中联想,记忆,完形等等之先决条件,故为创造的或纯想像力的产品。图式,像概念一样先天的用于现象,同时要与概念符合;另一方面,它又要与现象符合,要和现象一样是直观的性质;具这样双重性质的唯有时间;故时间的决定,是唯一的,可能的先验的图式。时间是一切现象的"法网",我们不能离开时间说现象,它是现象的必要的条件:一切的现象,必然的在时间里。(一)每个时间,有它的时间绵延,某一定的时间变,时间"本身"不变,这样的时间绵延,是一个时间系列,时间系列的观念,成于相同的时间部分之连续增加,每个部分为"一";一个单位与一个单位的相加,于是有"数"。(二)每个现象,当其绵延,为填满时间,为某一定的时间内容。(三)现象不在同一的样式之下填满时间,而有一定的时间关系:譬如甲乙二现象,或甲不变,乙变,或甲随乙变,或甲乙同时。此种时间关系,叫作时间秩序。(四)时间有一定的样式,包含现象的存在:现象或在任何一个时间内存在或在某一定的时间内存在,或在一切的时间内存在。这种时间的决定,叫做时间总念。可能的时间决定,尽止乎此:时间系列,时间内容,时间秩序,时间总念。每个现象,有一定的时间量;每个现象,做成一定的时间内容;彼此现象,有一定的时间关系;现象有一定的时间存在。我们试将时间与范畴比较:时间的系列(数)符合量的范畴,时间的内容,符合质的范畴(填满时间的感觉),时间秩序,符合关系范畴,时间总念,符合样式范畴。数为量的图式,时间内容,之为填满了的时间,为实在的图式,之为空的时间,为否定的图式。时间秩序:变中的不变,为本质与附性的图式;现象按着一个规则继续,为因果范畴的图式;现象之合乎规则的同时,为交互范畴的图式。在任何一个时间里的存在,为可能性的图式;在一定的时间里的存在,为实在性的图式;在一切的时间里的存在,为必然性的图式。凡此诸图式,决定一切现象,而又符合范畴,同时对感性物与范畴都是敞开的,为二者间的媒介。悟性借范畴连接现象;它借图式将现象归总在范畴之下,即是说,悟性借重纯想像力的图式去判断。康德称此方法为"纯悟性的图式说"。

  图式说在他的知识系统中,像似画蛇添足,他似乎忘记了自家对概念论极大的贡献,而依恋于传统逻辑里所说的概念的普遍性——抽象的普遍性,故要调和,比较概念之抽象的普遍性与直观的个体性,需要"第三者"(图式),需要一群"中间象"(图式),它们既合乎概念的观念的性质,也合乎直观的观念的性质。其实,依他的先验的逻辑的精神,在概念里的观念和在直观里的观念,应该一样的确定,不游离,不过在概念是表示关系,直观是表示内容,概念固为"抽象的"观念,也正因此才为普遍的观念,然不因此,概念便不确定,不像直观的观念确定。康德此处显然过信传统逻辑的说法,虽然他是新概念论的创始人。"直观无概念是瞎的,思想无内容是空的"。在先验演绎篇,他明明以概念为观念的衔接里的统一的规律,以概念为思维的确定方法。他将纯概念还原到思维的功能。既是思维的功能,当然不会是不确定的普遍性。所谓图式,即是真正的概念,其于概念意义之外,所剩下的只为一空名:图式,它不再为任何可把握之观念。譬如三角形的概念,即为此图形的构造之规则或规律,它必然的连系一般三角形的思想与一个确定的三角形的直观,三角形的图式所能做到的,亦不过如是而已。或说,依抽象概念说,则必有图式;依概念新说——功能概念或具体概念说,则不必有图式。

下篇 知识的基本原则

"知识的基本原则的分析"是康德的知识论的"压轴戏"。"先验观物学"和"先验逻辑"的第一部——范畴的先验演绎——均源远流长,为本篇的准备,至此若百川汇海。"观物学"所供给的是材料及材料所入的形式:空间,时间,直观的形式与先验逻辑所抽绎出之范畴之为思维的形式,均在基本原则里获得其"兑现的价值",由基本原则笼照着,溶化着观物学与逻辑学一切理论上的成就。他从实际经验(常识与科学),实际判断中逼出"经验可能性的条件"(直观的形式与思维的形式),为其知识论的出发点;经验可能性的条件既已获得,须视其兑现价值,是否充沛?于经验的实在性里,是否为经验可能性之发展?故其知识论,以在经验的实在性中找经验的可能性为出发,在经验的可能性中找经验的实在性(已理论化的实在)为目的。其始:经验的实在性为所与的(常识及科学事实),其可能性待抽绎,待寻求,时空,范畴形上底与先验底演绎,即此项抽绎可能性条件的繁难工作;其终:在经验的可能性里逐步证实和理论化实在性,完成"一切事实已是理论"这个纲目,也就是说,使经验可能性的条件,在经验的实在性里,逐步生长,布展,逐步表现,完成,最后使经验的可能性与经验的实在性不再为两个分开的领域,而是两个完全合一的领域:二者范围大小,完全一致。——此复为哲学上一个划时代的成就。十七世纪的逻辑主义者(理性派)坚信只有形式的真理是唯一的,颠扑不破的真理,而事实或经验只是一贯的逻辑理论中的渣滓,不值一顾;十七八世纪的心理主义者(经验派)坚信只有事实或经验是真理底唯一的源泉,逻辑不但管不了事实,而且真理是从经验事实归纳出来的。在前一派人,逻辑的可能性,大于经验的实在性;在后一派人,经验的实在性,大于逻辑的可能性。于是"心"与"物",逻辑与自然,仍然是分开的两橛世界。康德的"哥白尼的转向",不是穷究物,而以关于物之普遍有效的判断为对象。不是以不及物或不推广知识的分析判断为对象,而以及物的或推广知识的综合判断——普遍有效的(先天的)综合判断为对象。除非"可能经验的条件,同时是可能经验对象的条件",一个先天综合判断,不会有客观的效准。用我们旧日语言说:穷究心之理,即穷究物之理;此理即在知识(先天综合判断)中有客观的效准,即是说,此理必非不兑现的,凭空的臆说;

不然范畴必无所致用。

基本原则,是通过图式后的范畴。"范畴将现象拼缀成经验"。然经验必遵守"一般的规则","基本原则,是经验所遵守的一般的规则底条件或指数"。经验及其对象底"条件的同一",是范畴演绎篇的旨趣;条件如何同一?经验科学如何实现心之理或基本原则?怎样建立起经验科学的对象?怎样形成一般的,理论的经验?是基本理论篇所待说明和证实的。自然科学(之为先天综合判断)之可能是事实,此事实如何可能?在什么条件之下可能?基本原则,即充分的说明这个"如何"。

基本原则,和范畴一样有来源及限制问题:说"悟性底基本原则",是指其来源说;其源出自悟性。说"经验底基本原则"是指其应用说;原则只用到经验界。现象界的法则(或自然律),都是从基本原则获得其意义和解释。现象是日新月异的,对新现象的新经验的规律,也是日新月异的特殊的自然律,这就是说,基本原则,互有其内容的扩张与更新,而其内容又必逃不开对基本原则的应用和分享,不然我们无法对整个的自然界(系统的和分化的自然)有所了别,有所领悟。自然里所表现的极限,逃不出数学里所设计的极限,(没有微积分里极限的概念,即不会有描写或计算自然现象的力学)"思"与"在"是并有并无的,凡"不可思的"也就"不可在","或我思必陪伴我的一切观念"。我们不说:特殊的自然律是从基本原则里推演出来的,因为它和经验一样是日新月异的;然而特殊的规律必不离乎基本原则的统摄,(好像孙悟空逃不开如来佛的掌心)因为它必是可能经验的对象,它必是"一个经验""一个时间""一个空间"里的"事",不然则为"不可思"的自然;"不可思"的自然,也必"不可在"。一切经验派人(包含目前的谈玄论道之士)特别注重"未来(之事实不是理论)之不如此,并不矛盾"云云,这固然是无从否定的"形式真理",然却忘记了知识论的大前提:"入于时间内的现象,必为可能经验的对象",如果未来的"事",仍然入于时间的图式,则亦必入于"我思"的图式。未来的事,并不蕴涵"怪事"和"怪物"(如三头六臂的人或时空间以外的神仙世界等等),其最大的理由是:"未来"是时间的一个"式",除此唯一的时间外,我们不能说"未来";如果"未来"不受此唯一的时间的束缚,即是表示时间的分裂,表示纯时间与经验时间的脱节,也即是时间的二重性。经验派人,朴素的假定此时间的二重性——两套时间,——时间要真有二重性,则知识根本不能成立,根据此时间二重性所推演出的哲学体系,不是知识,而是藉形式逻辑和常识所推演出来的玄学。

我们将自然界里的形形色色,翻译成无尽量的(自然)科学的语言,像科学书里一切日新月异的命题。这些命题,一方面表示自然是有秩序的,有条理的,另一方面表示自然是可思议的,可了解的。说自然的"可了解性"与说自然的秩序或条理,在用意上,并不相同。了解是判断,是认识,是精神的活动;精神的活动有它的限制,即是说,它是认识而不是创造;从所与的自然说,它得有秩序,条理或可了解性,精神的活动才有所凭藉。然我们避免说自然的秩序或条理,而说自然的可了解性者,因为认识的重心在内而不在外,在我而不在物。秩序和条理,可能是外在的或玄学的,如"大理石的纹脉"(莱布尼兹习用的例子),说自然的秩序和条理,仍然有个玄学地与自然科学地分别。说秩序与条理事实上是如此的,并且逻辑上有其实在的理由,则此说法是玄学的说法,此证明是玄学的证明;说秩序与条理是所与的事实,除非事实是如此地,我们无由认识事物,也没有关乎事物的经验,这是知识论的说法。秩序与条理即是时、空、范畴,知识论的说,时、空、范畴不是外铄的,而是"我思"的"方式":除非根据"我思"的方式去认识外物(对外物有所经验),我们不能对外物有所认知,这是一个"重复语句",这个分析命题,是知识论的最高原则。知识的主体与对象,是同有无的:有主体即有对象,无主体即无对象。无主体的对象是一个绝对体——物如,无对象的主体是另一个绝对体——心灵。认识底主体与认识的对象,有则并有,无则并无,此为知识论的另一个"矛盾真理"。

  以上对基本原则的解释,是倾向"唯心"的解释。此外还有一派"唯实"的解绎,其论证大概是这样的:自然科学的设准之为普遍的自然律,因为其设准是关乎自然经验底基本原则。基本原则之于物有效,倒不是因为没有基本原则的效准,即不会有关乎自然的科学,因为有没有真正的自然科学,正成问题;基本原则,于自然科学有效,因为,没有基本原则的效准,自然科学没有对象,没有对象的总念:经验。基本原则使自然可能,因为它们使经验可能,只因为它们是经验的规律,所以是最高的自然律。基本原则所要表示的是空间时间内现象底合乎规律的一贯性,在一个同一的自然里的一贯性。基本原则之为最高的自然律,因为它们是关于自然之经验底规律。自然的合乎规律性,不是经验的结果,像自然科学家们所持者,或休谟如此求之不得者;而是经验的假定。思维的规律,同时是事物的规律,只要事物是我们经验的对象。这两种说法,均有其独到之见解,实相得益彰,而并无彼此互不相容之处。只有"存在即被知觉"的"还抵不了一个梦的世界"和"物如的存在"的绝对世界,是两个不相连系的世界。而两派人也许各有些要不得的动机和要不得的成见,丢开这个动机和成见,两派没有说不通的地方的。而两派所持的观念和物如——观念之为物的观念,和物如之为概念——都可在"我思"这个毕同的公式之下,获得其知识上的意义与价值的。(参看范畴的先验演绎篇)以下我们要并采这两种相反的解释,藉以烘托出基本原则篇全面的义理。

　　我们先说明基本原则的概念。在范畴的先验演绎篇已经说明了:只有范畴才能连接现象,在图式篇说明了:范畴要借重先验想像力的图式,才能表象现象;现象的认识或经验从客观的可能性与主观的可能性两方面都有了交代。现在可以根据范畴论去说明基本原则。在图式篇已经说明范畴要用到现象界;基本原则篇是叙说范畴如何应用到现象界。范畴虽只能在原则里应用,而原则复无例外的受范畴的约束。每个原则,都是基本原则。基本原则的数目和范畴的数目(及判断方式的数目)完全一致:一切的现象(及一切的逻辑命题,)均受量质关系样式的厘定。康德持下面的理由,设他有名的三表(逻辑判断表,范畴表,基本原则表)——"为着陈说经验的可能性,——只要它是基于先天的纯悟性概念——我们必先将属于判断的各种悟性作用,列一完全的(判断)表;因为纯悟性概念(范畴)不外乎是一般的直观底概念,只要直观是在任何一个判断作用里被必然的及普遍有效的厘定;故纯悟性概念表**必**与判断表完全平行。于是一切经验可能性底先天基本原则之为一个客观有效的经验知识,**必**可完全被厘定。因为基本原则,不外乎是将一切知觉(符合直观底某些普遍的条件)归总在那纯悟性概念下的命题。"由逻辑判断的形式,引申出纯范畴,基本原则乃范畴之致用证实。(康德:《未来玄学导言》第二十一章详列三表,可参阅)

　　基本原则为先验想像力的"格言",不倚于一切经验,故为"纯悟性的基本原则"。基本原则,只于现象界有效,故为经验科学的基本原则。经验科学,在康德当日即等于"自然科学",故又叫作"纯自然科学的基本原则"。严格的说,只是纯力学的基本原则。整个的"先验分析篇"所讨论和说明的,亦只是纯力学的基本原则。

康德于基本原则之上复立最高的基本原则。它不是基本原则中的一个原则,而是基本原则所共同遵守的原则;基本原则,都从这个最高的基本原则所推演出来的。我们屡屡提到经验底可能性问题;经验成于直观(属于感性的直观)与判断(属于悟性的判断),其可能性问题,不特分别的在"先验观物学"和"先验逻辑学"作个别的答案,而且要综合的作具体的答案。以往总成绩是:证明了经验的可能性,它的条件(时,空,范畴)已经找到了,在这些条件之下,经验能够成立。怎样叫作具体的答案呢?没有经验,不会有经验的对象,正如同没有感官的知觉,即没有感性物。很明显的,经验的一切对象,只在经验的条件下方可成立;经验的条件,同时对于一个可能的经验的一切对象有效。这个原则,是最基本的原则,是一切实在的认识或综合判断的最高原则,它已经不是逻辑的性质,而是形而上的性质;它包含在下面所要讨论的四项基本原则之内,为它们之领导的原则。

一个可能经验的有无,在乎有无现象之能为唯一的可能经验底对象,此现象的必然衔接,为经验的唯一可能的方式。故基本原则地,必可作如是之判断:一个可能经验的一切对象,一、是现象,二、其为现象,有必然的衔接。一切现象,不外被直观地感觉,故现象(1)被直观,(2)被感觉。被直观,故要量的决定,被感觉,故要质的决定。一切现象,彼此有必然的关系。三、相互的必然关系,四、对于我们意识的必然关系,在前者,为必然的"关系",在后者为必然的"样式"。此四项基本原则（与四项范畴合一），至少有一项（或全体）于可能经验的一切对象，必然的有效；不然我们于对象毫无所知。

基本原则共分二类："数学的基本原则"与"力学的基本原则"（复各分为二），前类为量的基本原则，后类为关系的基本原则。兹分述之。数学的基本原则，分"直观的公理"与"知觉的预说"，直观的公理是量的原则。一切可能经验的对象，都是被直观的对象，是空间时间内的直观的对象。一切的空间量都是由空间部分组成的，一切的时间量都是由时间部分组成的。量是同类的部分所组成的，只有由部分的组合或部分的分子一一的添进与综合，然后才可以表象空间量或时间量。部分的观念，使整的观念可能，譬如，部分的观念，能使一条线的观念或某一定"时空"观念可能。这样的由部分形成的量是广延的量。"直观的公理"是："一切的直观，是广延的量"。空间，时间的直观是先天的，直接由时空直观所推出的决定，也是先天的。一切被直观的是广延的，一切的广延的都可向无尽去分；不可分的不是直观，没有一个被直观的是不可分的。康德在这个原则里所要表示的是：一切感官对象，一定要是严格的可量（读平声）的，可计算的。一切经验的对象必服从量的范畴，没有量的范畴，即没有可思维的对象。我们犹应记得康德在先验观物学里的主张：经验的时间空间，只有藉唯一的，无尽的时间空间的决定，当作唯一的，无尽的时间空间的限制，才可被认识；所以时空原始的观念必为纯直观，经验的时空概念是从纯直观引申出来的。他甚至主张：我们可将空间当作一个所与的无尽量去表象。总之，在观物学，全体的观念使部分的观念可能。他这里的主张：广延的量底要义是部分的观念，使全体的观念可能——这岂不是前后矛盾？此"矛盾"盖来自观物学（时空论）对先验逻辑（思维）的隔离，康德在先验观物学篇，故意不提起综合问题，好像时空的统一，只靠直观而不靠思维，好像时空的纯直观，是天生的（所与的），是唯一的，无尽的，现在他说明了：虽然时空的观念一定是直观，因为它们是一个唯一的，全体的观念，此直观的统一，也和一个对象的每个直观底统一，一样的依乎想像力的纯综合（与范畴一致），依乎先验摄觉的统一。在观物学中，我们之所以能将空间当作一个所与的无尽量表象者，因为万象实已被纯悟性所衔接，所综合。即几何的公理，亦非盲目的由纯直观随手拈来；甚至于说，纯直观本身也是"盲目的"，经过纯思维的浸润才可"见"。譬如几何里的直线，三角形等等，当然不能离开纯直观，然尤须在思想里画一条直线，一个特殊的三角形，此画，是想像力的综合，是思维的活动，惟恃此等精神的创造，直线，三角形等等才可能。故先验观物学必待先验逻辑才能完全说明，康德在观物学篇之于感性中分离出悟性可恃概念思维的部分，独留经验直观；复从经验直观里分离出感觉，独留纯直观，或现象的形式，此为感性独可先天供给者。此种抽象，隔离说法，实为一时权宜之计。"直观无概念则盲"，第一个基本原则，证实这个命题的真理。

"知觉的预说"，是质的原则。一个可能经验的一切对象，一、一定是现象，二、不离乎感觉。纯直观为现象的形式，感觉为现象的内容；每个现象的形式是先天的，而其内容或现象内的"实在的"，是感觉德它，它不能由纯理性给与，只能由经验给与。对于此类的知觉对象，能先天的有所预说么？这是我们的问题。要想对现象的内容（感觉）有合乎原则的判断，除非能对一切的感觉，不管其种类，能明确的预说，除非有一个预说的条件，没有这个条件，虽

二 康德论知识

知觉中的"实在的"也不能有。这样的原则，不是"直观的分理"，而是"知觉的预说"。凡我们所感觉的决不能预说，因为我们不能创造感觉，只能接受感觉。我们虽不能创造或预说感觉，却能决定，在一切的情形之下，怎样的感觉和怎样地接受感觉；我们虽不能预说感觉的内容，却能预说感觉的"形式"或"样式"。不管那"实在的"在感觉里如何，然都得在时间里被感觉；依感觉的"形式"说，一切的感觉都得填满时间，为时间的内容。凡在时间内存在的，一定是量。一切的感觉，从"形式"方面说，都是量。不过感觉的量，其成立，不像直观的量，是同类的部分连续的递进，若如此，则每个感觉，是在时间系列里被把握，被表象，然而不然，每个感觉的被把握，被表象，都是整个的，或有或无的。你能说红的感觉是那些部分逐渐组合成的么？说红是光波长度六百六十"毫厘"（百万分之一公厘为一毫厘）是物理学给红的定义，而感觉上的红，总是如此的红，像朝霞之红，玫瑰之红，脸颊红，印枕之红等等，或说每组同类的部分，是整个的感觉。一切的感觉是量，因为它们必充满时间，然不是广延的量，因为其全体不是由部分逐渐组合成功的。每次每刻的感觉，是整个的感觉。它或是整个的有，或者整个无。我或者有红，甜，热，重等等感觉，或者没有红，甜，热，重等等感觉；一个感觉的产生，并不需要一个时间的系列，不需要关于部分逐渐的把握。如果叫当前的某种存在的感觉为"有"，则某种感觉的不存在为无：感觉的"在"或"不在"，决不能是广延的量。因为在每个当前的时刻，是整个的在或不在。复次：感觉的在，虽无广延的量问题，而其在为如是在，却有情形的分别。它的在或如是在，并不是在同一强度的在，其强度的增减，它的量的情况，有变化，有升降，可以降到这个感觉整个的消灭。故感觉能有许多不同量的情状,每个量的情状,都是完整的在,其量的分别,不是它的部分的多寡,而是它的程度的差异:感觉自身,是一强度的量或有一等级。"预说一切知觉的基本原则:在一切的现象里,其'实在的'(符合感觉的对象)有一强度的量,或说有一等级。"此外所谓"实在的",可以有三种不同的意义:一、感觉是指我们的感——觉力,而"实在的"是指感觉德它。二、感觉为感觉德它,为"心"之变化,而"实在的"指在感觉德它中所与的,或所显示的物之性质。三、感觉是显示物之性质之感觉德它,而"实在的"是填满空间的迎拒的动力,形成常识里的坚实体,或物理里的本质。这三种不同的说法,给唯实,唯心两派解释以不同的论据。其实康德在此原则里所启示我们的是:物的性质,**必有一等级,以符合我们感觉的等级。**感觉如果有一定的量的情状,则此量的情状,是它的"有"(肯定);感觉如果没有一定的量的情状,是它的"无"(否定)。在直观,是相类的部分组合成的全体的观念,在感觉,整的观念,有类别的可能(如红,甜,重,热等等):故一切直观的量,为广延的量,而感觉的量,是强度的量。假定一个感觉的量的情况等于零,则此感觉无等级,也就是说,此感觉并不存在。空,无不是感觉的对象。"我感觉空虚"与此无关。空或无,既不能被感觉到,也不能被经验到。所谓空的空间,空的时间,永远不是可能经验的对象。空的时间,空的空间的概念,在自然科学里,不能用作基本原则。从批导哲学的立场,也必然的要否定这两个概念,因为他们与可能经验的条件是不相容的。它们不能应用到经验的对象,或说,在物理的说明上,它们全无用处。

　　一切的感觉,都有一个等级。从它的有到它的无,有无尽的可能的等级。此无尽的等级,从有到无,**必然的经过一个时间的系**

列。我们知道每个变动都是连续的,因为变动只在时间里表现。等级是在时间里变动,故为连续的量。想说等级不是连续的量,除非我们能停止它的变动,或说变动有一个绝对的极限,想有一个绝对的极限,除非有小之无可再小的等级,这样最小的等级,如果有,一定在一个时间点表现,在此时间里,再不容有连续向前的变动,即是说,在一个单一的时间部分表现此单一的部分,再不做成时间的系列。——这样的单一的时间部分,是不会有的。每个时间的部分,还是时间。时间的部分,虽小之无可再小,或等级虽小之无可再小,都不是停滞的,静止的,而是流动的,连续的。空间亦然。空间是无数量的空间部分做成的,正如同时间是无穷的时间部分所做成的。空间的部分,虽小之无可再小,也不是空间的极限。点是极限,而不是空间的部分;故空间可向无穷去分,因为空间的每个部分,又是空间;每个空间,可向无尽去分,即是说,空间是连续的。所以说,一切广延的量,是连续的。

以上两个原则共同的立场是:一个可能经验的对象一定要是现象,即是说,被直观的感觉;被直观,故为广延的量,被感觉,故为强度的量,不管是广延的量,抑是强度的量,而都为连续的量。此两基本原则,都是说明一个可能经验的一切对象底量的决定,或用柯亨的话说"一切欲为对象的,均必为可构造之量"。因为一切量的决定,都是数学的,故此二原则又说明了数学的应用到经验或更正确些说,说明了微积分里的极限原则,连续原则等等之应用到力学。故康德总称此二原则为"数学的原则"。第一原则排斥了不可分的,或绝对单一的量的可能性,第二原则排斥了"空""无"的可能性,第一二两原则,共同的排斥了不连续的可能性。

第三类的基本原则,是"经验的类比"。这是主要的原则,我们得分别详论。最高的基本原则是：可能经验的条件，同时是一个可能经验一切对象的条件。假若现象没有普遍的与必然的衔接，则一个可能经验的一切对象，也不可能。一切的现象，都在时间里呈现，在时间里被我直接的或间接的知觉到。每个知觉，每个表象，都成于个别的感觉底把握或综合，即是说，每个知觉，都在描写一个时间的继续，在我们的知觉里，一切的现象，都是先后的呈现，现象的继续，似乎是逃不开我们偶然的把握。如果现象真就是我们知觉的偶然继续，则它不能有普遍的与必然的衔接。我们怎样知道偶然的先后知觉到的现象不是继续的，而是同时的？我们怎样知道偶然的先后知觉到的现象，不是偶然的，而是必然的先后继续的？我们没有可靠的标准去分别同时与先后，因为在我们的知觉里，一切都是先后出现；我们没有标准分别偶然的同时与必然的同时，偶然的先后与必然的先后，因为在我们的知觉里，一切都是偶然的先后继续。在我们还未获得可靠的标准之先，客观的经验是不可能的：想有客观的经验，可靠的标准是必需的。因为我们的知觉只能偶然的先后的把握现象，它——我们的知觉——被现象的时间秩序所迫，要去分别偶然的与必然的同时，偶然的与必然的继续，故现象必有客观的（必然的）时间关系，为可能经验的条件。但是，时间"本身"不是知觉或直观的对象，而为知觉或直观的形式。现象的客观的必然的关系在先验摄觉之综合，统一里，由纯悟性之功能，由纯悟性之关系功能——关系范畴——现象的客观关系，被思维着：此关系范畴使时间客观化，必然化，关系范畴之能如此，则恃乎范畴之图式。一切现象，都在时间里呈现，或呈现于一切时间，或呈现于不同时间，或呈现于同一个时间；在第一种情形的现象是常住的，在第二种情形的现象是继续的，在第三种情形的现象是同时的。常住,继续,同时是时间三种不同的样式,三种时间关系如果是客观的,则必有常住的规则,继续的规则,同时的规则。我们已知:常住为本质的图式,继续为因果的图式,同时为交互的图式。由本质概念的厘定为常住的规则,由因果概念的厘定为继续的规则,由交互概念的厘定为同时的规则——于是有客观的时间关系。此三种规则,包含能达到经验可能性的条件,故均为悟性的基本原则。此三种基本原则,既不是"公理",也不能"预说",因为它们不论到现象的性质,也不说明现象是什么,而只表示现象如何彼此相关着。它们不论到现象的存在,而只论到现象彼此间的关系,故不是"建立的原则",而是"响导的原则",由此三种规则所厘定或规划的关系,不是量的关系,不是由量的相等,从已知的量,认识未知的量,而是质的关系,由质的相等去推断,象已知的现象与未知的现象底关系。质的关系底相等叫作"类比"。譬如因果关系,即是这样质的关系。量的关系,如甲比乙等于丙比 X,则 X 的量,即可求出(认识),这种关系,是"建立的"关系。如果甲与乙,丙与 X 间,只是质的关系相等,则甲之于乙与丙之于 X 间的关系,只为"类似的":甲之于乙,如因之于果,丙之于 X 亦然;X 不因之而被认识,只能当它(X)是丙的果,此种关系,是"响导的"关系。按照因果律的继续是一个规则或是一个"线索",按照这个规则或线索,对当前的因求果或对当前的果求因。康德称此类关系底基本原则为"经验底类比"。经验底类比的纲领是:我们如果想经验有可能性,一定要能在现象内分别:一、同时与继续,二、偶然的与必然的继续,三、偶然的与必然的同时。

经验类比的证明,是根据图式篇的结论。我们不妨就"唯实"的观点总说类比的用意,本质因果,交互的基本原则,在一般的经验里，包含先天的必然的时间决定。时间包含常住，变动和同时三种可能的样式（或标帜）。这三种时间的概念，给经验的一切可能对象以形式方面的决定，使之为统一的观念。时间形式本属于意识底逻辑的统一，（其详见范畴演绎篇）故此类时间方面的决定是必然的。说时间的三种样式（或标帜）是必然的，是说时间为形式地观念，而不只是主观的表象底形式。所以凡对于一般地时间观念为必然的，也对于在时间观念里所被表象的有效；时间内现象的存在，必然的受时间概念的决定。"经验的类比"即不外乎表示时间概念之运用于现象。它们对于现象有效，也必然的对于经验的一切对象有效。不过基本原则之于现象及经验的对象有效，只是普遍地说；至于那种特殊地时间的决定，却不能先天的推演出，而只能后天的由现象中所与的关系决定。时间自身是不能被知觉的。要将时间看作自存的实体，则时间为乌有。时间是主观的形式，是表象的规律，因为靠知觉的存在，此规律才能显示作用。知觉及其对象包含时间的决定；同理，现象自身，也必然的包含变化中的不变，包含继续中的时间秩序，及同时存在。因为普遍的时间为现象的形式，故时间的概念及时间关系底基本原则，对于现象有必然性，有效准。我们可以进一步说：时间的概念，对于现象有必然性，有效准，也对于现象底对象有必然性，有效准。我们只要回忆康德在"范畴演绎篇"所给对象的定义，便可明白。"对象是现象中包含必然规则的条件，（是现象方面概念底连合的规则）"。对象，抛开它的现象说，是它的现象底形成之概念——规则底理由。时间的概念，是先天的知识底要素，尽管一般的概念与一般的对象是相互的关系，是不具内容的，形式的相互的关系，然一入知识的领域，时间与"在"——不管概念地"在"，还是对象地"在"——却要必然的连系起来。而概念与对象,对于知识所发生的作用,仍然是形式地,形成知识地(即上文所说:为规则的理由)。不过,一般的概念(包含对象的概念)所厘定的是知觉底对象的逻辑的——形上的理由,而一般时间的概念所厘定的是知觉底对象的力学的——形上的理由。故时间的概念,对于现象与对于现象底对象一样是必然的,有效的,因为对象已不只是概念的关系者,而为现象底对象,知识的对象。"在"是形式逻辑思考的对象,"在"与时间,是先验逻辑思考的对象。这个基本的分别,是这两种逻辑真正的分别。

时间决定底先天的必然性与普遍性,可以由以下的看法证明。假定说,一切现象,都是无绵延的变化,变化里的不变(或常住),仍然是必然的假定,因为常住属于时间一般的决定,也必然的属于时间内现象的决定;想表象一个变动,而不去表象其相反的关系:常住,是不可能的。现象之能拉到时间里,则现象之常住的"底子"是必然的——虽然我们与常住性没有任何经验上的标帜。我们固然可以设想事物之继续,无任何关连,设想每件"事"绝对的开始,无因的开始,逻辑地说,这都是不矛盾的,然有此无必然的在先(因)的开始,就不能有现象,不能有经验底对象。一般的时间决定所设定的,是对象之为时间内的现象所必然服从的。"一切经验的时间决定,都一定要隶属于普遍的时间决定这个规则之下"。"我们的'类比',是将一切现象,连系在一定的'指数'(指时空,范畴)之下,表现自然的统一。'类比'所表示者,不外乎将时间关系,摆进先验摄觉的统一。"

一、本质常住的基本原则

第一个问题：在什么条件下我们能够分别同时的现象与继续的现象？在我们知觉里的现象是不同时的，譬如我住的这座房子是现象，而我对这座房子的知觉却不同时：我坐在房子里，只能知觉到房子里面的一切——也还是先后的——我从街上回来，我先看到屋顶，或某面墙，房子里面和背后的一切，是不会同时看见的。我有什么权利说房子这个现象，不是随着我的知觉先后存在而为（房子的内，外，上，下，前，后，左，右等等）同时存在呢？只有在一个条件之下，我们的知觉，被强迫以不同的现象（如房子的各部分）为同时的：如果有一个现象，它在每个时间表现，我们说它存在；在长时间的存在，我们说它经久；在一切的时间存在，我们说它常住。按着主观的知觉说，我们永远逃不开当前的刹那，——随时间流去，我们把握不住"同时"。如果我们想分别同时与继续（先后），则现象中必有常住的成分，此常住的成分，是分别时间关系里的同时及先后底客观标准：故现象里常住的存在，为经验可能性底必然条件。经验是时间内现象的变化或变动，（可能的经验，是知觉的必然衔接的观念，）如果一切均不变（常住），不能有变（变化或变动），如果没有不变（常住），也不能有变（变化或变动）。现象变化，是说它与不变的（常住的）现象，只在一定的时间内相系缚，而不是长久的存在（它要消逝）。如果根本没有常住的，则谈不上变化；"常住的"是变化的条件，不是变化是"常住的"条件。不变的现象与变动的现象总是同时存在：不变的为"淹留的"，变的为"与时俱逝的"，而它们又必然的不分离，必然的衔接着，前者为后者所依归的"本体"或"支持者",后者为前者暂时的情状或为其存在之各种不同的状态。用哲学上的术语说,现象内的"常住的"是"本质",而变化的现象是它的附性。

"本质是常住的"是一个重复语句:物里的"常住的"我们称之为本质,本质是常住的。这个命题,实和希腊哲学同其悠久。问题是我们怎样知道物里有"常住的"成分? 如果在物里实际上有常住的成分,则本质概念,不过是个经验的概念,经验的概念的效准是有限度的,虽然本质概念之应用到它(常住的)毫不困难。如果"常住的"之存在,不是实际地有,而只为空洞地假设,则此分析命题——本质是常住的——为一无意义的命题。——其困难正在此。康德以前,不但没有人解决此困难,并且没有人看出此困难。如果"常住的"之存在不能证明,则本质的概念,无法应用,而只是一个空洞名词;即说应用,也只是或然的。本质概念的创造人是希腊的巴门尼德(纪元前五世纪),他的名言:"只有'是的'(或'存在的')是,'不是的'(或'不存在的')不是,也无法思维。"即是说,"是的"不成——它成于何者?——它是。它既不能成,也不能毁。这是本体论的说法,从"是"的概念推证是的存在。后来"物不自无中来,不向无中去",实由此推出的——因为"是"(或"在")的范围大于物——玄学智慧。康德第一次找出它的意义。在康德以前,没有人意识到:在现象里,一定要有"常住的"。理性派人,仍沿着巴门尼德的旧路,经验派人只顾到摧毁本质的工作,前一派人的"空"和后一派人的"妄",都因为没有意识到问题关键所在。我们何由知道现象里必有"常住的"呢? 从经验里知道的? 然经验永远不能证明一个在每个时间的存在;从悟性知道的? 然从悟性的概念里,由逻辑的推论,永远推不出一个实际的存在来。康德第一次证明现象里一定要有"什么",是常住的,如果不是这样的话,则每个客观的时间决定不可能,于是每个经验也不可能。他不是由经验来证明常住的存在,而是由常住的现象去证明经验的可能性。此种证法,不是经验的,而是先验的,不从经验来证明什么,而所证明,却不离开经验,为经验可能的条件。取消了这个条件,即取消了经验,同时取消了经验的对象,此就先验的证法的消极方面说,证明它的反面的不可能。此种证法为批导的,前乎此,不但无人用过,并且无人想到过。先验证法之运用到本质是这样的:如果取消了现象里的"常住的",即取消了一切经验的可能性。或积极的说:在现象里一定要有"常住的",因为不如此经验与经验的对象均不可能,也不能由经验去认识什么。("经验是一种经验地知识,由知觉决定一个对象的知识。")此证法的重心,不在说本质常住,而在:常住的现——象,本质为一必然的现象,或说:本质存在。常住的现象,是对每个时间说:如果在一种时间里,常住的现象不存在,则常住的现象也就不常住;故不能在过去任何一个时间点,它不已是,在未来,不能在任何一个时间点,它不将是。故曰,本质既不成,也不灭。因为一切变动的现象都是本质的描写或状态,所以本质总是那不变的,始终如一的本质,它的量或它的实在的总数,既不增,也不灭。本质常住的基本原则:"一切现象的变,本质不变,本质的量,在自然中,不增不减。"(第二版)按康德原书论证,可分七步:一、我们对现象中的万象的了别,总不离先——后的程序,故其为现象,也是变动不居的。二、只在"常住的"中,时间关系可能。三、常住(在特殊意义中)是时间性质的表示,因为时间是一切现象的存在,一切的变化和一切的共变的随伴者。四、时间"本身"不能被知觉到。五、故"常住的"必呈现于一切现象,必为一切的时间关系的"底子"。六、"常住的"是一切现象中的对象,即是说,现象中的本质,它(常住的)是绝对的,不变的主词,其一切变动不居的附性,均为其宾词。(以上为第一版论证)七、故现象的本质于存在中不变,本质在自然中之量,不增不减。(第二版)此为康德对本质概念之革命。巴门尼德——亚里士多德——中古实在论——笛卡尔,斯宾诺莎式的自足自在的本体,到康德手中整个的变了质:本质是一切的宾词底不变的主词——由定言式的判断推演来的主宾词的概念(此处有亚里士多德的影响),我们将本质通过时间,于是成了一切变动宾词底常住的主词。本质于是成了一切的变动底常住的"底子"。变动有不变的"底子",本质概念,才有客观的效准;惟其通过时间,本质必属于"外感官"的对象,也唯如此,才能逃掉为玄学上"先验的幻觉"(参看"康德对玄学之批评")。"底子"一词,在诠释康德的人,引起了极大的争执,并牵连到物如的解释,下面仍兼顾到"唯实"和"唯心"两种对立的解释。他们都有"了解康德,是要超过康德"的雄心,我们固然要还康德的真面目,也应该注意到后人本着他的精神所给他的"修正"(康德也曾自诩他了解柏拉图比柏拉图自己还高明)。

  唯实论者关乎这条基本原则的解说,大概是这样的:一切的现象都在时间以内,在我们直观的形式(时间)以内。时间包含同时与继续。时间自身不变。只有在时间内的现象有有,有无,有来,有往,有生,有灭。时间自身是不能知觉到的,它是知觉的形式,故即在现象之中,要有"底子"去表象一般的时间(之为常住底形式),只凭借这个"底子",我们才能够知觉到现象的关系是变动的还是同时的等等。这个"底子"叫做本质。本质表象在存在里是不变的,故其量不增不减。只有在常住里,时间的关系可能;没有这个"常住的",则不会有时间的观念。经验的时间观念,是实在的,真实无妄的,经验底时间观念底必然的条件,(指"常住的")也是实在的,真实无妄的;时间的观念,使时间底"常住的"观念为必然的。或说:意识到时间,必然的要意识到"常住的"。因为现象里的"常住的"是现象的观念底条件,使现象的观念成为一个时间地对象,故曰:常住的基本原则,对于整个的经验底整个的对象,无例外的有效。其证明,不是独断论者本体论的证明,而为先验的证明:必有一本质,一不变的"底子",为现象必然所凭依的,为一切的时间观念的条件。这并不是说:常住的基本原则与自然科学的假定"物质不灭"是一回事,不是说:物质是经验的时间观念底那个常住的"底子";而是说,有个极普遍的什么,在一切现象中,表现其常住的"底子"。常住的基本原则,比"物质不灭"所要表示的,范围宽得多,对于知识说,也扼要得多。说:物质是常住的时间观念底确定的对象,是从经验的标帜得来的。由于物质的填满空间,由于质量的常数,我们以之(物质)为外现象的"底子"。当然,物质是唯一的实在的,其常住的性质,是可以观察得到的,然其常住的性质,是每次观察所自定的极限。譬如我们平日用尺寸,斤两的尺度,其实每种尺,每种秤均不正确,我们无法知道尺是否受气候的影响而有伸缩？伸缩的程度多大？各种秤也不准确,我们也无法保证所秤的物质,是否有小部分的丧失？即是说我们每于两次量,两次秤时,必有中数,以至于无穷,而每次的中数,即每两次观察时所自定的极限。在经验中什么是不变的,只有知觉能告诉我们;说在感性世界里,有"什么"必然的常住,却是一个普遍的假定。只有在这个假定之下,关于客观世界的经验才可能。只有"在一切现象里,有什么是常住的",在自然里,在自然的一切对象里,必有一不变的现象,因为现象是量,必有一不变的量的现象:此不变的量,或为"质量",或为任何别的常数,常量——这是康德所要证明的。"假若新的物,就其本质说,能成(能毁)则永远的不能先天的看出经验的统一"。"由无不能生有,有不复入于无",此本质原则的"系论",实人类最古的科学思想,然此思想之成立,实为对感官内之所与事实冥想的结果。这个古代智慧底经验的证明,是永远不会完全的。譬如我们既不能秤所有的物质,也不能确定秤时是否有极细微的物质已经失去。"在物质的变化与分解中,我们不易看出其质料之从不减少";然此类经验的证明,苟无本质原则的假定及此假定之明确性与效准以及本质原则的寻求则根本不会发生此"经验的证明"一类的思想,科学之研究、寻求,不会发生。要说自然科学已经证明了"本质之必然的不灭",则又误解每个自然科学的证明底极限;盖科学的兴趣,在"无穷的分析",并不在与玄学智慧的巧合。至于创造概念及其反面之毁灭概念,乃是超越的,空虚的。他们超越了思维的能力,取消了经验的可能性。因为它们违背了思维的统一性,违背时间的统一性,即是说,违背了经验对象的最高的条件。"只有一个时间,在此一个时间里,不同的时间,不能同时,而只必然的当作先——后去设定"。故"常住性是一个必然的条件,只有在此条件下,现象方能在一个可能经验里当作对象去决定"。"只有常住性在时间的不同的部分里存在,才能获得一个量"和"量的连续"。"凡唯一的能决定一切存在之在过去及将来者,必在一切时间之内存在"。

　　唯心论者解释的重心,在以本质为功能概念和以本质为变动的直观关系中不变的规律(基本原则)。本质之为功能的概念,在"康德改造范畴之思想线索"中已大体说明;本质之转变为基本原则,则有待申说。基本原则,是合先验观物学篇(时空)及先验逻辑的概念分析篇(范畴)所分的;从哲学思想的演变说,是合理性主义与经验主义所分的。知识论的中心问题,总是知识的形式与内容问题或知识的主体和知识的对象问题。在先验观物学篇,虽欲处理"所与的万象"而偏重的仍是现象底形式:空间,时间,其来源及其效准等等。先验逻辑的概念分析篇,虽欲处理知识的对象,而仍是偏重知识的形式范畴,其来源效准等等。两套形式,两套内容,"在"与"时间",仍然是独立的两套机构,隐约的反射出理性主义与经验主义对立的僵局。如果想解决知识论上的主体与对象或形式与内容问题,使主体与对象,形式与内容分别而不分隔,进一步使之一致,交溶,则不但时空,范畴要改造(如前几章所述),并且要衔接,要通力合作,构成一个具体的"可能经验的对象",或说使"在"不只为逻辑的概念或本体论的概念,而要使这个"在"是具体地"如是在",因为"如是在"是"具性质的,具时空性的决定",是"互相合规律地关连起的万象":认识的对象。唯实论者(如芮耳麦叟等)也注意认识与对象,先验意识和先验对象间交互的关系,其实重心在对象,在先验对象。他们虽也承认经验意识的实在与真实无妄,其所以致此,实由对象的实在性,他们憧憬一个独立的逻辑系统,概念系统,其逻辑的主体,反倒流为"个体的意识"。只要经验意识逐步的去处理经营,它逐步递进地,可以伸展到先验意识。先验意识和经验意识一样有它的撑持者:经验意识的撑持者是经验对象,先验意识的撑持者是先验对象;我们之能有认识主体的统一,因为我们有对象的统一——这是他们以自己的偏颇的立场所了解的康德哲学——虽然他们缜密的顾到这个立场的前后一贯——维护先验唯心论的人,必从另一个角度了解康德的。

任何一个判断,日常生活中的判断也好,科学中的判断也好,都得当作"是地""存在地"去"规定"。譬如说:人是脊椎动物一判断(命题):"是——人",并不即"是——脊椎动物"。"是——人"又是一个杂多体:"是——本能的","是——理性的","是——需要营养的"等等,而均"是——彼"不"是——此","是——此",不"是——彼",复彼此通体的关系着。设无综合关系的基本律:"是"或"在"(本质为基本原则)即无可认识的对象:人。即连认识内容,所形成的感觉德它,亦无所寄托。譬如我尝糖之甜味,"是——甜"并不"是——感觉",也不"是——糖"。我之能说此感觉为味觉,是关于甜物之味觉(认识"糖")我总得有维系甜之性,白之性等等之"是"或"在",而此"是"或"在"并不即"是——糖"。此之为此,彼之为彼,实由于此不实实在在地,而又无往而不在地"是"或"在":它是关系基本律,它是一切关系的条件,而自身不就是关系,是关系范畴里第一种范畴:本质范畴。它所综合成的对象,不只是被范畴所思维,亦且能被认识,即是说,范畴的统一,要能直观的形成,或说,要能给对象的直观以统一。于是范畴才能同时是直观的统一规律。才能推广为"本质常住的基本原则",为在时空内变动关系的统一。时空不为绝对的实在体;时空内之本质,也不为绝对实在体。时空为"数学性质的综合关系律的体系"。所与的万象之被直观,是说在时空规律性里相关着,同时也要能够范畴地形成统一,当作对象去决定。惟其是能当作数学的关系律,本质范畴才能当作常住的基本原则去运用。本质之为范畴,表示为对象底变动的性质的统一规律;本质之为基本原则,表示为变动里的关系里不变的规律,为直观的关系里不变的规律。惟如此才能客观的把握知觉的继续(因果律)与知觉的同时(交互律),这两个基本原则,实假定第一个基本原则。本质为基本原则,实为关乎直观底逻辑的,综合的统一规律。

本质非物,非对象,而为对象底逻辑条件,是"一个综合,使变动的杂多统一,为一个对象",如此对象,决不是绝对物。"是——物",即"是——有条件的物"。物不能无性质,然物也不只是它的诸性质的总加或堆积。物是其诸性质有系统的逻辑的统一。此统一当然不又是性质后面或性质里面的物。物是具对象的统一性,或统一的对象性底性质的全称,我之能以甲,乙,丙……等等"杂多"为黑板,以子,丑,寅……等等"杂多"为书桌等等,均要求"杂多"之综合的统一,如是性质,才是对象统一里的性质,性质在物(如黑板,书桌等等)里才具意义。物不外是认识的逻辑决定底对象形式,对象是综合规律的功能,它是在认识底逻辑性质里被安排,是对象性的一般的统一规律。

"人类的悟性",不过是自然的产品之一,而在自然前颁布先天规律的悟性,是具客观性,"对象性"的思维,它是客观的,"对象的"规律性的总称。认识的主体,是一般的逻辑的统一,认识的对象,是逻辑对象底统一。这里所称"逻辑的",实为"先验逻辑的",在普通逻辑,"在"与时间必然的分开,在先验逻辑,"在"与时间必然的合一。"一切经验的时间决定,都一定要隶属于普遍的时间决定的规则之下。"不但在本质之为基本原则如此,其余的范畴(因果,交互)之为基本原则亦如此。"我们的'经验的类比',是将一切现象,连系在一定的指数(指:时,空,范畴)之下,表现自然的统一。'类比'所表示者,不外乎将时间关系,摆进先验摄觉的统一。"

二、按照因果律之时间内的继续原则

关于因果律的意义和重要性,我在"康德改造范畴之思想线索"一文中已详细论及,本段所要列论的是因果律之运用到时间内的继续。经验的一切对象,必然的与范畴一致,即是说,所与的杂多,必衔接起来,以与综合判断的基本原则一致。这个要求的(不是所与的)衔接,是想像力先验的综合经过时间的纯杂多所强迫加于所与的经验杂多上的。想像力先验的综合,在一个毕同的时间里,系住经验里的杂多。我们假定知道:经验的每个对象必与"理由——结论"(范畴)一致,即是说,所与的杂多,必当作合乎"理由——结论"的衔接。"理由——结论",不是感官所能把握的(它是思维的对象),在经验的对象里,必有与"理由——结论",相应者——如果一切对象在一个毕同的时间里衔接的话。在经验中和"理由——结论"相应的是"必然的继续",或说,与一个规则一致的,不变的继续,像:如果甲在时间里给与了,乙必随之出现。一切的物底性质在一个客观的时间里变化,均无所逃于此"必然的继续"。必然的继续,是想像力先验的综合强迫加于所与的杂多的。一切的对象,必在一个毕同的时间里。就"理由——结论"本身说,它是纯范畴,它是"形式的真理",它也不必涉及宇宙间的事,它是空无内容的逻辑的形式;就另一方面说,一切的知识的对象,经验的对象,一定要在一个毕同的时间里,一切的对象,是时间里的对象,于是"理由——结论"的纯概念变作图式化了的因果的范畴。范畴是一个 X 的综合的概念。"理由——结论"的范畴,是自给自足的,它也不需要事物对它的充实;图式化了的"理由——结论"我们称之为"因——果",其结论(果)需要在时间的理由(因)。或说,先验的图式,是必然的继续,或与一个规则一致的继续。意思是不是甲"事"可继以别的"事",而是必继以乙事。或说甲必为乙因,乙必为甲果。这个假定,是需要证明的,因为现象界事物底客观的继续,是否受因果律的支配,并不是自明的。每个变动,是"事"底时间继续。"事"形成同一物不同的情状,问题是:在什么条件之下,此"事"底时间继续为可能经验的对象?或说:在什么条件之下,我们知觉内的时间继续,才是客观的?因为,我们知觉内的时间继续,总是主观的。我们怎样知觉到客观的时间继续?或说:有什么条件能使我们知觉内的主观的时间继续为客观的?我们怎样能确定现象不只是在我们"以内",而说现象不倚于我们偶然的知觉?这是我们问题的重心。

一切的现象,不管是变动的还是静止的,都被我们继续地表象着,康德所举的例子,是房子的各部分(静的)和顺流而下的船只(动的),我们怎样知道房子的各部分是同时的,而顺流而下的船的变动情形,却必然的先后继续?我们对于房子的各部分的知觉,不管上下前后左右,无必然的"先——后"问题,没有东西强迫我们必然的由那部分开始和必然的接着观察(知觉)那部分。于顺水之舟则不然,我们必然的先看在上水的船,再看下水的船,我无法颠倒这个秩序,先看在下水的船,再去看在上水那同一只船。我的表象的继续,在前一例为无规则的,在后一例则完全是被决定的,有规则的。此有规则的继续,根据我们知觉里时间次序的确定:我们的知觉,在不同的时间点,不能任意的设定现象,而在时间点甲,只能取现象甲,在时间点乙,只能取现象乙等等。问题是:什么东西在连系此一定的现象与此一定的时间点?时间点既不能由时间去管制,因为时间包括一切现象;也不能由现象去管制,因为现象能够在任何一个时间点。如果不能确定一个现象的时间点,则客观的时间决定不可能,客观的继续也不可能,变动之为可能经验的对象也就不可能。在时间里,每个时间点,由在前的各时间点决定,时间点必然的跟着在前的各时间点。然时间本身不是知觉的对象,而为现象底对象的条件或形式。只在时间内的现象能被知觉,不是时间本身被知觉。想现象乙只在一定的时间点被知觉,只有在一个条件之下可能,在前一时间点中,一个另外的现象甲被知觉,现象乙总是跟着这个现象甲出现。每个时间点之被决定,被在它前的(最近的)时间点决定,它总跟着这个在前的时间点。如果一个现象的时间点要被决定,只由这个现象底在前的时间点可能。如果在时间点甲能有每个任意的知觉,则在紧跟着的时间点乙里的现象,只是偶然的出现,也可偶然的不出现。所以想决定一个现象的时间点,除非有另一现象必然的在它以前出现。如果甲不必然的在乙之前出现,乙不必然的跟着甲出现,则此甲与乙两现象,均没有一定的时间点。一件"事"必然的在另一件"事"之前,没有这个必然的前事,后事也无从跟起,则前事为后事之因,后事为前事之果。因与果的概念,是唯一能决定一个现象的时间点的条件,唯一的客观的时间决定的条件,唯一的客观的继续的条件。只有因果的概念,决定一个现象的时间点。因的范畴,决定一个现象,必然的在另一个现象之先,亦必然的先于另一个现象被知觉到。故因果的概念,为唯一的能调整我们知觉的继续底功能。它排除掉时间继续里我们的把握底偶然性,使我们的知觉变为客观的。

  这是康德因果说重要的一面,还有其余的几个论据,下节要一一详说,不过在这里已看得明白,因果的概念,不是由经验来的,而经验必以之为基础，这里也看得清楚康德与休谟的分别。休谟说，因果关系，不外乎是两个知觉的习惯的继续"因甲——故乙"其实就是屡次重复的"先甲——后乙"。这好像是最简单，最清楚的说法。别的姑且不论，有一点休谟显然没有检讨：他没有说明"先甲——后乙"本身。"先甲——后乙"是什么？一个跟着一个的知觉。但是我们的知觉，一个跟着一个，就在同一个时间内的知觉对象，我们对它的知觉，也还是一个跟着一个。如果"先甲——后乙"要想是客观的时间决定，则其效准，不能由我们的知觉说明。客观的继续，是不倚于我们偶然的知觉，而是一个现象，后于另一个现象。乙之后于甲，不只是在我们的知觉里后于甲，而是乙的存在后于甲。也就是说，乙与甲不能同时。乙不先于甲，只能后于甲，乙或后于甲或为乌有；假若甲不在先，也为乌有，乙只在甲这个条件之下存在，或说甲是乙的因。故"先甲——后乙"或者不是时间决定，对于现象实际的继续没有说明什么，或者它真正的是一个时间决定——惟有由因的概念去管制，它才有意义，一个现象，除开我们的知觉，不能在另一个现象之后，"先甲——后乙"，正建立在这个实际意义上，一个现象，被另一个现象决定着。决定时间点乙，是说明，乙只能在这个时间点表现，甲在乙之先；乙只能跟着现象甲，乙是甲的果。乙只能在丙之前，乙是丙的因。不由因果概念去决定一个存在的时间点，是不可能的。所以在一切的情形下，都是"因甲——故乙"去决定"先甲——后乙"（休谟正相信它的反面）。两个知觉的继续，还不能建立一个客观的继续，也还不是"先甲——后乙"，此点休谟显然忽略了。两个现象，不只在我们知觉里的继续，其继续，不是偶然的，而为必然的继续，一个由因果律决定的继续。康德以前的人，连休谟在内，都犯了以下错误的推论：

二 康德论知识

从对互相毗连的物的知觉，引伸出空间的概念（此种引伸出的"空间概念"，不是空间之为纯直观，"空间概念"和别的概念一样，能纳各个的经验地空间，在它"之下"，而空间之为纯直观，可纳一切的空间部分在它"之内"——说见"观物学篇"）（物之并列，是物之在空间里）。从客观的继续，引申出因果的概念，（客观的继续，是不倚于我们知觉的必然的连续，而成于因果概念。）空间是知觉的可能性的条件，而哲学家们却从知觉里抽出空间；因果是做成经验的条件，而哲学家们却拿经验来说明因果，康德第一次摧毁了这个平凡而却普遍的错误。因的概念，决定每一个现象的时间点，并且决定物的客观继续。在这个客观继续里，一切在前的存在，为一切在后的存在底因，每个在后的，被一切在前的决定；一切现象的客观继续，做成一个因果的链子，一切的在后的份子，必然的与一切在前的份子衔接。因果律决定客观的继续，也只对客观的继续有效。客观的在先的现象，是跟着它的现象底因；故因总是时间上在先。可能的，因果的衔接，中间看不出时间的距离，然不能因此便说没有时间的距离："先——后"。如果因果真是同时，则时间的先后可以倒置，然因果的关系，决不能倒置的。

每个果，按照时间说，都假定一个因，此因又为在前的因的果，这样形成现象界因果关系的法网。不过康德以为，一切的果，要假定一个不再为果的因，它不在时间内成立，而为一切变动的不变的"底子"。此不变的"底子"叫做本质。只有本质才是真正的因，它是"发生作用的能力"，而"作用"是它（本质）的标帜。凡在现象里只能当作因的，只能当作动作的主体，不能当动作的"宾位"的，叫作本质。此处是将因果原则还原到本质原则。一切的变动，根本的说，是本质的产品，变动是由本质产生出来的。故因果原则，在第一版的标题叫作"产生原则":"一切的发生,都按照一个规则,跟从(继续)所假定的本质。"变动之为可能经验的对象,之为不同的情况底客观的继续——除非它按照因果律发生。每个现象,假定另外的现象,此现象必然的跟从另外的现象,故在经验范围内,永远遇不到"第一因";只有本质底作用能被我们认识云云。这个说法的重心,显然在本质之为不变的"底子",把因果原则的重心,放在不变的"底子"上。第二版温和了这个困难,只说"按照因果律的时间继续原则","一切的变动,都按照因果衔接的规律"。我在上节(本质原则)特别并举康德本质说两种可能的解释,本质为"底子"说,本质为"功能"说。就字面说,康德是留恋于"底子"思想,就他的先验哲学的精神说,他不能有"底子"的思想——本质只能有"功能"的解释,它是"综合的关系律",如此并不妨碍两个原则间的连系,而无由"底子"思想所引起的困难;因为"我们之能于物先天的有所认识者,还是我们纳入于物中的"。本质"自身"之不可认识,正如时间"自身"因果"自身"之不可认识一样的性质,它们都是真实无妄的先天的形式,而不是实实在在自存体,惟如此性质,方能"纳入物中",借此方能"于物先天的有所认识",表示先验哲学空灵的意味。

在日常生活,在科学,大家都假定因果律,为着了解事物的性质或宇宙的性质。通常的归纳法大体是用不得或不够用的。因为归纳法已假定了因果律。因果律问题,是康德一派人和休谟一派人(均广义的)争执的焦点。康德主要的意思是(如上所述):假若我们想分别现象界"事"底客观的继续与我们观念底主观底继续,则我们必得以现象界里的事的客观的继续,是必然地被决定的,就是说,受因果律的统治。然现象界里事物,是不是受因果律的统治,并不是自明的。如果照范畴先验演绎篇里的论证:客观性已包含必然性,则客观的继续,一定是必然的继续。如此,我们根本用不着下面的种种证明。康德一再的告诉我们:现象之所以为一个对象的现象,一定要在摄觉的综合统一里衔接起来,无此衔接,则现象不能为任何一个心所可思,所可了悟。此必然的综合的统一,必在一切判断的形式里被思维着;因为判断的形式,即是综合的形式,没有综合,思维根本不可能,也没有离开思维的对象。这并不是说:我们能在"如果甲——则乙"的判断形式下判断任何一个对象,所以每个对象,必为因果律所统治。正是相反的,此设言形式的判断,只是等待对象的一个空架子。休谟一派人以为这个"如果——则"是万应膏,可以代替因果律处理一切,这是他们的幻觉。我们现在所要证明的是在时空形式下一切的对象,必具一种特质,能使此一切对象,被设言形式的判断所判断,此特质是必然的继续,关于此必然的继续的证明,不靠此设言判断的形式。即逻辑的"理由——结论"思想,康德并不以之为证明因果律的前提,相反的,在证明一切客观的继续即是必然的继续以后,"理由——结论"的概念,才具意义,才获得证实。康德真正的要指出的是:如果我们要经验一个公共的,毕同的时间里底客观的变动,则现象得有必然的继续,或说,得受因果律的统治。

下面沿着第一、二两版的次序,叙述他对此纲目所作的几种论证。第二版特别指出第二"类比"要假定第一"类比":只在诸不变的本质所充满的空间里,能分别:房子同时的性质与顺水的船只的继续的性质。现象的继续,仅仅是诸本质的变动,所谓诸本质的变动者,不外乎是一个本质的状况底继续的"在"或"不在",本质自身既不成,也不灭,而本质的存在,是积极地在不同的方式与不同的时间里被决定。

我知觉到的现象,是一个跟着一个地;这是说,我对同一物,在不同的时候,有不同的知觉,我在感官知觉里,在时间里衔接起两个不同的现象(甲,乙)。所谓衔接或综合,于对象底认识,是必要的。综合决不是感觉或直观所可做到的,它是想像力的供献。(想像力决定内感觉的时间关系。)想像力如不为思维所管制,则既可乙先甲后,也可甲先乙后,则继续的现象,了无客观的时间关系。不但感觉或想像,决定不了"事"之客观的秩序,即感觉与想像力的联合,也还决定不了"事"之客观的秩序。何以故?因为时间自身是知觉不到的。如果我能知觉到时间自身,则我能够知道房子的继续的现象是客观地,同时的,因为每个现象应该有整个时间的标记,像雪有白的标记。因为我们不能知觉时间自身,我们只得在经验里决定事物客观的时间秩序,以事物必然的衔接,去决定客观的时间秩序。如果我要知道时间里现象彼此间客观的关系,我们不只要想像,并且要思维现象底时间关系:要必然地决定,那个现象在先,那个在后。此义甚为重要,因为,被必然地决定的时间继续,是与因果律相应地决定的继续——因决定它的果当作它(因)的在时间里的"结论"。那即是说,后事(乙)不能变为前事(甲),(在没有思维管制的想像力,后事会变为前事。)也即是说,在前之事(甲)发生,必可能的知觉到紧跟着发生的后事(乙);而在想像力,两事虽为继续地,其前事(甲)之被想像,并不蕴涵后事(乙)直接的要被知觉到。此思维或概念实包含必然的综合统一的思想,故称为"悟性的纯概念",决非由感觉所抽象出之概念可比。纯思维所表现的是综合的力量,综合的统一,决不止于分析的性质——这都是康德胜过休谟处。只有使现象的继续服从因果律,经验之为现象底知识,之为现象底客观继续方才可能。因为,经验可能性的条件,必然的为现象物(经验的对象)底可能性的条件。现象物(经验的对象)必然的服从因果律。换句话说,他要证明客观的继续,一定要是必然的继续,其关键在"客观地"一词的新义。如果"客观地"等于"绝对实在地",或如果现象是物如,则根本不会有客观有效的与必然的知识,我们始终逃不出观念游戏的世界。客观的知识,不会是主观观念的游戏,我们在"范畴演绎篇"已充分的证明了,现就第二"类比"所给"客观地"或对象的定义作一解说。

"现象必然的时间关系,是把握底必然规则的条件""在现象中,包含此把握底必然规则条件的,叫作对象。"唯其是这个规则,它能分别一个现象与别的(主观的)把握循着一定的先天的秩序;而包含必然规则条件的,叫作对象,对象是"阻止我们知识里偶然或任意的成分",它是"杂多底必然的综合统一",此必然的综合统一,包含时间的决定与一个必然的时间秩序。如此对象,如此客观的继续,必为纯思维概念所统摄,为必然的继续所笼照,表示经验和它的条件的同一。

以下沿第一版叙述。先借客观继续的特殊的情形,来证明客观的继续,即是必然的继续。我们之能够知觉到一客观的"事"或"变",必在此"事"或"变"之前已知觉到别的"什么";因为,在一空的时间之后,我们不能知觉到什么事发生,正如同我对空的时间无所知觉一样。然而,我们的知觉底把握,算不得事物先后的客观标准;我对于房子前后,左右的把握是继续的。对于客观的事(上下水船)的把握,也是继续的。所以我的把握底继续,不能证明所把握到的事底继续。假定说,我察觉到一个客观的继续,甲事随以乙事,叫对甲事的感觉为甲′对乙事的感觉为乙′。假定甲事乙事的继续,是客观世界里的继续,则感觉甲′也一定在感觉乙′之前,不能后于乙′,感觉乙′一定在感觉甲′后,不能先于甲′。这不是说,由观察我们感官知觉之不能掉换,而推证出客观的继续,而是由假定的客观继续,推证出我们感官知觉之不能掉换。这个"唯实"的倾向,实与前面以对象("物")制止主观的任意,同一章法。他不是说:我不能掉换我的感官知觉,所以事物有客观的继续,这种说法,即便可靠,也不能肯定任何的必然性;我只说,直到现在,我只能发现我的感官知觉,只有这样特殊的次序,没有别的次序。我观察到一个客观的继续,我的感官的知觉,一定要按着这样的一个特殊的次序发生。在这种情形下,感官知觉继续的次序,是被客观的事物的次序所决定的。我们在知觉客观事物时,得着一个规则,此规则管制我们的把握,使我们感官知觉的次序(在继续的事物底把握里)为一个必然的次序。在这个情形下,我们是从现象的客观继续里引伸出我们把握的主观继续,如果主观的继续不从客观继续里引伸出来,则此主观的继续是任意的,是未决定的,不能在客观世界里时间地分别两个现象。或说,它不能证明客观事物中的杂多底时间的关系。说现象的客观继续,是说现象里杂多的次序,按着这个客观的次序,我们合乎规则地,先把握在前的事(甲)再把握在后的事(乙)。此处的规则,是把握底规则。由甲,乙底客观继续得来的规则:感官知觉甲′,一定跟着感官知觉乙′。也正因为这个规则,我们才能认识——不只是察觉——事物的继续;说事物有继续,即是说我不能别样的安排我的知觉底把握,像在这个继续里的次序。这种说法,好像是拿常识来证明基本原则。其实先验哲学和常识大不相同:在常识,事物(甲乙)的继续,是物自身的继续。常识说:我知觉甲,乙的客观继续,故感官知觉甲′,一定跟着感官知觉乙′,

而从先验哲学的立场看去,客观的继续,开始即是必然的继续,换句话说,基本原则,实假定范畴的先验演绎,物或对象,不离先验摄觉底原始的综合统一,或:"我思"必陪伴着我的一切观念,甲事与乙事,仅仅是我的感官知觉甲′与感官知觉乙′底内容。甲′与乙′底必然的继续,也就是甲事与乙事底必然的继续;必然的继续,在这两种情形,都与按照一个规则的继续,实具同一的意义。我们藉知识底"矛盾的发展",从主观依从客观里求出主观的规则(次序),再由主观的规则——"客观的规则叫作规律"——决定客观事物的次序(客观的继续),这是从我们人类能知的程序说;若就规则性本身说,这两种规则,实是同一种规则。从把握的规则说,在一事(乙)之前,必有整个的情势(包含甲事及其他)为此事(乙)所必然的跟从者。如果甲事给与了,则我们一定能够把握或知觉乙事。此把握或知觉的程序不能掉换:如果乙事给与了,我们不能倒回去把握或知觉甲事。此不能调换性是把握的规则底必然性。凡事均跟着另一件事,因为时间关系的客观性,我能必然的连系起先后发生的事:如果说知觉此类事,是说合乎一个规则地,也即是必然地去知觉。如此,则在时间内有条件的事,指示我们它有先在的情况,或因。此先在的情况或因不仅指示我们有若干跟从的事为果,它并且实实在在地决定此事(果),我们也可实实在在地知觉此事(果)。然我们不能进一步知觉因;我们对因虽无直接的知觉,却能设定一个在时间里已经过去的"事"(甲)为因,不然对所与的事(乙)不能解释,即是说,没有可能的经验;此经验或知识所需要的或所要求的必然性,是客观的规则——因果规律——底必然性。

下面这个证明是间接的证明——假定前面的话不可靠。假定一个被知觉的事(乙)没有在前的事(甲),此事(乙)并不按照一个规则与前事(甲)衔接。如果是这样,则一切感官知觉的继续,都只是主观的,则决不能客观的决定,在知觉的把握里,哪个感官知觉在前,哪个在后。苟如此则知觉的继续,只为观念的游戏,而不与任何对象关系着。或说,我们感官的知觉,不能分别一个现象与另一个现象底客观的时间关系。每个现象的时间,仅仅是把握现象的时间。按主观的把握说,现象之于我们,不外乎是观念的继续;现象要"仅仅是我的观念","则现象中没有什么能决定把握的继续,在那种情形是客观的同时是必然的"。康德也并不是说:在观察我们把握的主观继续发现主观继续的不可掉换,故推论出一个客观的继续,相反的他主张:只从我们对主观继续的把握,决不能达到客观的继续。除非在现象里有"什么"——像理由与结论——使我们把握的继续,为必然的继续,我们无法说客观的继续。当我们经验到一件客观的"事"(乙),我们总是假定一个前在的"事"(甲),其后事(乙)按照一个规则,跟随着前事(甲)。"离开这个假定",我们不能说客观世界的继续,而只能说我们把握里的继续。因为康德是经验的实在论者,他相信客观的继续,能直接呈现于我们底继续的把握里;因为他是先验的唯心论者,他相信客观的继续,虽不能完全信托我的把握,然也决不会离开人类可能的经验。当我知觉到一个客观的继续时,现象底客观的继续与我的观念的主观的继续是同一的;其使主观的继续为必然者,一样的使客观的继续为必然的。假若我们分别两种继续,则可以说,客观继续的必然性,其来源是主观继续的必然性。假若我们只说一种继续,则此继续,为必然的继续;只如此我们才能以此继续,为客观的继续。因为,在我知觉客观继续时,感官知觉的继续与事物的继续是合一的。

康德于这节里,加进一段"关于因果概念之来源",他反对:因果概念,来自对相类的"事"底重复的观察,这种说法的不通,不仅是因为他们从经验里求因果概念,重要的理由,是因为他们主张:我们不用因果的概念,而能了悟客观的事物。这里所指不是休谟。休谟的因果概念,是由观察观念或印象的继续来的。而是指在当时流行的"常识哲学"。这个说法,不能成立,因为,苟如此因果概念决无普遍性与必然性;他们共同的错误:以为使概念对于我们意识明瞭的程序,是概念本身的来源。然因果概念,除在经验里致用外,不能获得逻辑的明瞭。因果概念,开始即不离乎经验。正如同在一切的思维,我们开始就得假定矛盾律,然矛盾律之获得逻辑的明瞭,只当我们开始对思维作思考以后,即是说,开始研究逻辑以后。——因果概念的明瞭,也在整理经验以后。晚近美国流行着一种"手术论",其立论颇和"常识哲学"相像,康德的批评,对于我们的时代还是崭新的,所以顺便提及。

另外一个证明,是借时间的性质来证明因果原则底效用。说现象有必然的继续,为着经验地表象时间系列底必然的继续,正如同说现象有一个不变的本质,为着经验地表象唯一的时间的统一,而一切的时间,均为此唯一的,毕同的时间底部分。此两论证相类似,都根据时间"自身"不能被知觉的假定。时间在"观物学"里是现象底形式,是直观底形式,是纯直观。说时间是现象或直观底形式,是说时间为现象或直观底形式地条件,抽掉时间,直观和现象都不能成立。说时间是纯直观,是说时间为一度地。不同的时间,不能同时,只能先后,不同的时间是唯一的时间底部分。即是说,在前的时间,必然的决定在后的时间,不从在前的时间,无由达到在后的时间,在后的时间,复决定在它以后的时间,这个过去——

现在——未来的方向,是时间唯一的方向,沿着这个方向"绵延不绝"的时间,我们称作"时间的连续"。这是观物学篇所确定的时间之为必然的感性规律,我们现在借时间的性质,来证明因果原则的效用。

　　康德在这里特别重视时间的方向,和在时间里现象的方向。时间既为现象形式的条件,"只有在时间里,现象底实在性可能",则现象也必然的沿着时间的方向,即是说,时间的系列,为经验知识必不可少的规律。已过去的时间内的现象,决定继续的时间内一切的存在,在时间内继续的现象之为"事",除非其"事"之存在,受先在的"事"所决定。决定"事"的存在,是说按照一个规则去确定。"确定"通常用作确定一个时间点,在时间里,确定一个时间地位。我们可进一步说:只有凭藉现象,方能经验地知道时间底一贯的连续;反过来说,我们从时间的连续,也可推证经验里事物底因果衔接的必然性。

　　一切经验的知识,都离不开纯悟性,离不开先验的综合。此处即是悟性将时间秩序转移到现象及其(现象)存在上去的。时间是现象底形式的条件,时间自己不能转移其关系到现象上去;现象只能"有"时间的关系,此"有"时间关系,是悟性所赋与的。就现象说,它只能因依时间。除非现象先天的被决定了一个时间的位置,现象不会与时间性质一致;现象若不具时间底形式条件,或说不与时间性质一致,现象本身即不可能。或说现象必具时间的性质才能成立。而转移时间给现象的动力是纯悟性或先验的想像力(参"图式篇")。然纯悟性或先验的想像力的转移作用,只限于现象与现象间的关系,替现象决定一个时间位置。说一个现象在时间内有一定的地位,是说将此现象当作对象决定;于是方能说一个现象底存在。我们不只经验地察觉到时间部分的继续,而且认识该继续的特殊的性质:我们只能由时间底一切的先在的部分(甲甲′甲″甲‴)达到时间上在后的部分(乙),由在后的部分(乙)达到更后的部分(丙丁等等)这叫作时间的连续。相应于时间的连续内的现象的连续(客观的连续),也是甲事必在乙事之先,乙事必在甲事之后。有人还以"先后不是因果"的老调来为难康德,这正是中心问题,他岂犯此平凡的错误?先后与必然的先后是大有分别的:时间的连续里甲、乙时间点底先后是必然的,时间的连续里现象的连续:甲事也必然的在乙事之先,乙事必然的在甲事之后,即是说,乙事之发生,或甲事与乙事的连系,是按照一个必然的规则——规律——来的。因果概念所蕴含的不外乎是必然的前件与必然的后件底连系,这正是纯悟性所转移到客观的继续上去底必然的继续。因果律只对所与的乙事的处理,凡时间上在乙事之前者,都决定乙事。时间的系列,既是不尽的,而其方向是过去——现在——未来的方向,故求因的手续也是不尽的。沿着倒退的方向追溯上去,因既无尽,故于果不能全知全定。有因必有果,然有因不能决定什么样的果,果之为什么乃是经验的内容。因果律只沿着时间的连续作形式的肯定,而不作内容的肯定。特殊的经验律或自然律需要因果律的形式,而因果律不能也不必去肯定特殊的经验律或自然律的内容。休谟说"因果——故乙",是因为"先甲——后乙",康德说:"先甲——后乙",是因为"因甲——故乙";必然地"先——后",正所以蕴涵"因——故"。休谟的观念是以"事实"为标准,康德的观念,是以"理"为标准。休谟就事论事,故将客观的继续,还原到观念底主观的继续,其结果是怀疑地,康德就理论事,将客观的继续还原到时间的连续;以因果关系为客观的继续,客观的时间秩序和客观的变动底条件;故现象为科学地现象,为因果连系所织成地现象,其结果是批导地。休谟从某些一定的印象或知觉底客观的或合规则的继续引伸出因果的关系;康德指示出:只有藉因果的规则才能分辨是不是知觉的继续,为客观的继续？知觉总是依乎主观的情形的,尽管两个先后发生的知觉经常的相同,仍是主观的合乎规则,我们对之也只有主观的期待,而不能有一个对象的认识。故我们必得超出主观的知觉,在知觉之外,找主观的规则底根据或理由,为着能以我们所经验的,当作客观的"事"去认识。我们只有将一切现象的系列,一切变动的系列,当作服从因果律去设想,经验的知识才可能,对一个现象的系列的认识才可能;"唯如此现象中才有继续地综合底秩序,此综合决定一个对象"。关乎一个变动底经验与关乎变动底知觉之分别,只有得之于因果律;而休谟却从经验(广义的)里引伸因果律。我们之用因果律,还不只是做成关乎变动底经验,它实必然的于一个经验的一切对象有效准,于经验底"事"有效准;无因的变动决不为可能的经验所容许;一个变动,只在时间内可能;一个绝对的开始,不为时间的概念所容许,不为时间内的现象所容许的,康德在证明时,屡屡着重变动系列的规则性,这是他受休谟影响处。按照他的精神,应该多着重每个变动,对每个在先的变动底相倚性。一个变动之出现,必在因果律统治范围之内,或说,此变动为必然的,尽管变动的因,不见得有第二次同样的重复,即在这种情形,因果律仍然普遍的有效。它适用于每个人的知觉,因为它总依照一个对象,更基本的是,它总不离乎原始综合的统一,而不倚于任何的主观的情况的。我们不说:一切的开始,假定有一个先在"者",此开始,按着一个规则,跟着其先在者。我们只说:凡前"事"重复者,必有按照规则的后"事",这是可以说的。

复次:从我们经验的立场说明因果律。除非有一个规则强迫我们必如是地察觉感官知觉(甲,乙)底次序,我们不能说现象甲,乙底客观的继续。这个规则,是从客观来的;也是这个规则,复"升华"为因果律。一、对象强迫诸观念有一种特殊的,必然的衔接,使它们(观念)服从一个规则;二、反过来说,也仅仅在我们的观念里的时间关系底必然性,形成现象底必然的衔接,具必然衔接的现象,是一个对象。前一命题,表示客观性做成必然性,后一命题,表示必然性给与客观性。乍看去好像是循环论证,好像以客观性证实必然性,复以必然性证实客观性;其实这一论证,恰相当于范畴的先验演绎里论知识与对象的章法:对经验的悟性说,对象有其客观性,有其"独立的加号",客观性正好给主观的任意以限制或强迫主观服从规则——这是知识的第一个层次。然对于纯悟性说,对象不再具"独立的加号",而对象之能有自足的意味,是纯悟性所赋与的,悟性一方面赋与对象的客观性——"悟性在自然前颁布先天的规律"——另一方面却扬弃了对象的绝对性——物如蕴涵:不受规律的管辖——故曰:必然性给与客观性;这是知识的第二个层次。就知识的主观地进展程序说,是有这个层次的分别;就知识的逻辑地性质说,主观与客观,必然性与实在性是同时长成,同时布展的。康德在这里用同样的手法,藉对象提醒规则的思想,再由纯概念"升华"主观的规则为客观的规律。有了这个根据,他才能从经验立场说明因果律。

如果观念是继续被把握,则为主观的继续;如果观念在一个毕同的时间里被纯思维所设定,则为客观的继续,即是说,我不能倒置时间系列的次序,我也不能倒置地设定甲事和乙事的次序,假若先在的甲事设定了,乙事必然的跟从。假定我实际地知觉甲事、乙事,则甲、乙观念底主观的继续,与甲事、乙事底客观继续是合一地,是同一个继续。康德的意思,是在分析我们的经验里必然所包含的是什么,特别是客观继续底经验。当我知觉到客观的继续里乙事必跟从甲事时,我的知觉乙必跟从知觉甲。甲事乙事对我们说是现象(不是物如),所以与甲、乙知觉是同一地,这就是说,就我们对客观继续底经验说,乙事必跟从甲事。甲事倒不一定是乙事的因,然乙事必跟从甲事,按照因果的规律。知觉甲、乙的继续,与甲事、乙事的继续,从我们经验立场(知识的立场)说,不是两种继续,而是一种同一地继续。或说:当我把握一客观继续时,我把握里底观念的继续,即是必然的继续;因为我们所讲的不是物如,而是可能的知觉或现象,则我们观念底必然的继续正是对象里必然的继续。苟如此,则客观的继续,即是必然的继续。

我们权且结束几个已证明的假定或已有的收获。(一)对象是一组现象(观念或可能的知觉)之被必然性所系缚住者,或说一组现象之具必然的综合统一者。(此在"范畴的先验演绎"已充分证明了)(二)"在现象中,其包含把握底必然的规则条件者,叫作对象"。此规则是对象所形成的主观的规则。(三)客观的规则,叫作规律。(四)从主观的规则说,不能证明把握底继续,就是现象的继续;从客观的规则——规律——说,把握底继续与现象底继续是同一的。(五)时间"本身"不能被知觉,因为它是一切知觉底形式地条件;从这个感性底规律——特别是时间底连续性——可以证明因果关系底必然性;可使因果范畴,转变为因果原则。(六)我们对于客观的继续有知识,因为我们有自然科学的事实。(七)想像内的"事"底次序,不见得是"事"底真次序;想认识这两种次序底合一,必感觉,想像力,思维并用等等。

最后康德回到"经验地判断""经验地真理","条件底同一"等等,以便关照以上各论证。把握,知觉等等假若是关于"事"底或关于客观继续底把握,知觉,都必然地包含一个判断,假若此把握,知觉是关乎一个客观地"事"底知识,则此判断,是经验地判断。经验地判断所表示或要达到的是"经验地真理"。经验地真理,是对"形式地真理"说。形式地真理,是一个能满足矛盾律的命题;经验地真理,是概念之为一个综合与对象之为一组具必然性的现象间之一致。因果原则,是经验真理底形式条件,故亦为经验(即知识)底形式条件。从"如果——则"的设言判断的形式,引伸出因果概念("范畴底形上地演绎"),因果概念,要套上时间的图式,便成为因果地基本原则,如果在时间的系列里甲事被"设定"了,——设定蕴涵在时间里的地位及存在——则乙事必然地跟从。只要时间系列是真实无妄的(必然的)继续,则在时间系列里的"如果甲——则乙",也是真实无妄的(必然的)继续。我思维此继续为被决定地继续,即是说,此"事"(乙)设定在时间内的另一个现象(甲"事")此乙事必然地跟从甲事,或说甲事或乙事底继续或变动,是合乎因果法则地。如果我在时间里设定一个先在的事(甲),而后在的事(乙)并不跟从,则我不得不以拟为客观世界的"事",只是我的想像力的游戏。观念游戏的世界,与被因果律所统治的世界是不协调的。因果关系,是感官知觉系列底条件,也是经验判断的客观有效底条件,变为此类判断底"经验地真理"。也可以说,因果关系,是经验底条件,因果之基本原则,是我们对客观继续的知识或经验底条件。一切经验对象的继续或变动,都必为因果律所统治。根据综合判断底最高的基本原则:经验可能性的条件,即是经验对象可能性底条件;客观的继续,即为必然的继续,最普遍的自然律,不外是纯悟性所规划的思想律。

"变动是同一个对象底一种存在跟着另一种存在底方式"。"一切的变动,按照因果联系的规律表现"。因果的原则,是对于每个变动底理由的原则,它表示每个变动对于每个在前的变动的相倚性。康德在他的证明里不重视系列的变动,而只重视一般的时间的系列,这是他失策的地方。我们不妨再从形式地方面看他证明因果的基本原则底理论。我知觉到现象是继续的,一个跟从一个的出现。我在时间的系列里连接起两个知觉(甲′乙′),此连接并不是给与的,而是意识底综合能力所创造的,而连接的手续,是在想像力里完成。要只靠想像力所成就的,总是任意的,未决定的;我之连接知觉,是否正像事物的客观连接,是尚未确定的。知觉里的继续与对象里的继续,客观地说,并不是一回事。我之能认识出被知觉到的"事"之继续之为对象所决定的继续,则被知觉的"事"与"事"间的关系,必作如是的设定:两"事"(甲,乙)在时间里的关系,一个(甲)必然的在前,一个(乙)必然的在后。必然的连接,要假定一个客观的规则,假定一个概念的联合,假定对客观的意识底统一的关系。现在我们有了一个因果的概念去决定一般的变动底时间系列。我们将时间的先在的部分当作后在的部分底理由去想。由变动的时间系列,按照因果的连接,于是变动的继续,才能被认识为客观地决定的。因果的概念底关系,是任何变动底一定的系列,客观的系列底认识底先天条件。变动在时间里底连接,只有像理由之与结论,我才能认识出,它们是客观地被连接着。从我们的主观说,我们知觉的秩序,受现象自身的决定。现象继续底规则,使我们观念的系列为必然地。此规则唤醒了"因果"的思想,由此"因果"的思想,客观的关系被认识(不是被创造)。因果衔接的思想,不是某一定的关系底存在底条件,而是此类存在底认识底条件。现象的系列,不是由因果律创造出来的,因为现象的系列,为经验底所与,现象系列底客观性,藉因果律得以认识,而所认识的,仍是它的(现象系列底客观性的)普遍的形式。——这个冲淡了的主观创造的思想,是实在论者所津津乐道的。

末了,我要提到康德沿着沃尔夫一派人对"因"与"理由"所作的分别,做本节的结束。"因"或"实在理由"的问题,是他自批导前期(《纯理性批导》出版前二十年间)一直在心中思索的问题。包姆嘉敦根据"充足理由"的思想所作成的"玄学",他一直在课堂上当作教科书用,虽然他深信由形式逻辑爬进玄学之宫,是一条走不通的路。就另一方面说,他虽要摧毁一切的玄学的系统,而休谟的自杀性的怀疑论,也一定不是健全的办法。他尽管厌恶已有的玄学,而他于基本原则——特别是因果原则——的立论,仍是玄学地,——他憧憬一个崭新的"未来的玄学"。

"因"和"理由"怎样分别呢?"因"是实在性底理由,是"实在理由","理由"是知识底理由,真理底理由,是"理想理由",是概念的同一。"因"是"在前的",它要表示"从何处来","理由"是"承继的",是判断底主宾词同一地连合。"因"和"果"的关系,是机械地同一,不是概念地同一,故在实际的世界里,是一步步地由机械的因,到机械的果,而在逻辑的世界,只有宁静的概念。逻辑的同一,是分析地,其同一已在主宾词概念里给与了;而机械的同一,是综合地,它在时间,空间里布展。简单的说自然创造机械地同一,逻辑解析概念的同一。——因此也可以看出,自然科学,逻辑,数学与哲学各有其不同的方法和目的,这是康德了然于心的。从柏拉图,亚里士多德到笛卡尔,莱布尼兹,洛克,休谟的错误,都是对这几门学问强为分合的错误,只有康德明白:要分别却不能分割的秘密,才能对知识论有这样的丰功伟绩。这个思想史上的发展,我在"康德改造范畴之思想线索"一文里已详细论到,不过在那里是泛论范畴,而这里专就因果原则说;凡对一般范畴有效的,也必于因果原则有效的。逻辑里理由与结论与知识论里的因果既不是一回事,也不是毫不相干底两件事;以它们是混然一体,可以产生最独断的玄学;以它们为不相干,不相容,不但建立不起知识论,连科学的事实,也无由说明,康德用批导的慧眼,一一检讨清楚因果律底逻辑的来源及在时间里的应用,——因果概念底"体""用"弄清楚,则一切思过半了。

有纯感性才有直观底形式或现象底形式:空间,时间,有纯悟性才有思维底形式:范畴,于是才有可能经验和可能经验的对象;范畴与时间之合,才有具体经验和实在地对象底基本原则;有基本原则的应用,才能说"一切事实,已是理论。"徒停滞于感觉,印象,观念之分析,是无济于知识的;只从事于逻辑命题的分析,也得不着客观的知识;而在形式逻辑上,机械地加上主观的感觉,也仍然形成不了一个像样子的哲学。

三、交互(影响)的基本原则

"一切的本质是同时存在的,是在通体的交互(影响)中,即是说,互相的发生影响"。(第一版)"同时存在底基本原则,按照交互影响或交互律。一切的本质之在空间内能当作同时被知觉到的,是通体的交互影响"。交互影响是指本质底附性互为因果。第二版的说法，较第一版的周密，因为第二版提出"在空间内"和"被知觉到的"两点。第三类比是第一二两类比之合，然交互概念，并不是由本质概念和因果概念所引申出来的。

没有本质，或现象里没有"常住的"，则不能决定现象的时间关系，物的变动也就不能经验到。物有变动，它有废兴成毁。故物之"中"必有什么为"常住的"（本质），一切与此常住的比较，有常的"在"，其余的变动。现象之"成"，是说现象与本质合与彼常住的存在（本质）同时；现象之"毁"说现象与本质离，不再与彼常住的存在（本质）同时。现象的变动，是说现象在许多不同的时间点与本质合，它在不同的时间部分里表现或说它先后地表现。本质为同时地与先后地时间分别底客观条件。这是第一个经验类比的大意。因果概念，是决定"先甲——后乙"底或决定现象的继续底客观条件：决定现在是客观的继续，也是必然的继续。这是第二个经验类比的大意。在什么条件之下，我们能客观的决定现象底同时呢？这是第三个经验类比的问题。

我在知觉不同的物时，我可以任意设定时间点：可先甲后乙，也可先乙后甲，我既看不出现象甲、乙是同时的，更看不出它们是必然的同时的。现象的同时，决不靠我们的知觉，知觉决定不了现象的时间点，惟有现象自己决定它们自己的时间点；由现象自己所决定的时间点，同时的现象，才是客观的同时。决定现象的时间点唯一的可能条件是因果律。在时间里，一个现象，假定另一个必然的在前的现象，即是说此现象是必然在前的现象底"果"，必然的在前的是"因"。假若许多不同的现象在时间里互相假定，它们没有时间上在前、在后的分别，则此类现象，必然的在同一个时间点，或说，它们是同时的。故"互为因果"或"交互概念"决定事物的同时,或说使它们的同时存在客观化。此概念管制了我们的知觉:不能任意的由甲到乙或由乙到甲,而是必然的由甲到乙再必然的由乙到甲。甲乙两个现象,每个都可以在另一个之先之后被知觉,即是说,两个现象,在同一个时间点。每个都是因,因为每个都必然的假定另一个;每个都是因,是说每个都是本质。因为本质在空间里"现——象",所以它们是空间里知觉的对象。如果知觉想相互地跟从,则本质不能互相不关连,彼此间不能有空的空间去隔绝。本质必赖空间的连续,做成一个整体,整体的部分,即是此无限的本质。对于一个整体说,其部分是同时存在的,整体与其部分,是一个"组合的现象",是一个"实在地组合"。对此组合的现象底知觉,只有持交互概念方可能。只有受交互概念的厘定,方能经验到事物底时间关系,同时的事物,方是可能经验底对象。

我们怎样能证明交互概念是关乎客观的共存底知识条件呢?如果甲物、乙物能交互地被知觉到,则甲物乙物是共存的。甲物乙物在客观继续时(如上下水的船只)不能有交互的继续。问题是:因为甲物、乙物是共存地,所以交互的继续必定可能呢?还是因为感官知觉是交互的继续,而说甲事乙事必定共存呢?康德并非由察觉到主观的继续推出客观的共存底知识,而是假定客观的共存底经验,再去分析经验底必然的假定。第一"经验的类比"说:我们经验到常住的本质为实在的对象,第三"经验的类比"说:我们经验到共存的对象,因为我们经验到共存的对象,故关于此对象底感官知觉是必可颠倒的。我们感官知觉之不可颠倒,是分别主观的共存与客观的共存底标准(并不是由主观继续推出客观的共存)。

仅仅有主观的把握,而没有思维的成分,不会有对象,更不会有共存的对象;把握所供给的,顶多是观念。我们之有一个可颠倒的感官知觉底系列,不只假定我们能知觉共存的对象,而且假定此对象必然的共存。此假定不能由主观的把握引申出来;而为我们所共守的假定,并且有其必然性,此必然性蕴涵在客观性里。我们对客观的共存底经验,即包含此必然性的成分,也正是这个必然性的成分,使我们肯定纯悟性概念是真实无妄的。在第二经验的类比,很容易发见必然性的成分是蕴涵或假定在客观性里;因为如果我们所知觉之继续为客观的,则我们的感官知觉底继续一定是必然的。此处亦然。我们有关于共存的对象底经验,我们假定此对象一定是共存的,为着叫我们的感官知觉底交互继续可能。也许可以说:我们假定感官知觉底交互继续,必然的建立在对象的共存里,或说以对象的共存为其条件。此假定既不能建立在感官知觉上,因为感官知觉永不给我们的必然性,也不能建立在对时间自身的知觉上,因为我们不会有对时间自身的知觉。故我们需要一个纯悟性概念(交互的范畴)的管制,才能说感官知觉的交互继续,建立在对象里,并且认识其共存是客观的。这仍是那个旧手法:先以对象来制止主观的任意——"对象对经验的主观说,它具'独立的加号'"——再以纯思维来管制对象使其为经验底或认识底对象。第二经验类比说:如果客观的继续被知觉到,则我们感官知觉底主观的继续,一定是不可颠倒的;如果感官知觉底主观的继续是不可颠倒的,则一定有客观的继续被知觉到,此处说:如果对象被知觉到为共存的,则主观的继续一定是可颠倒的;如果主观的继续是可颠倒的,则被知觉到的对象一定是共存的。然此须假定我们所知觉到的为对象,为常住的本质,而此对象或常住的本质不是物自身。我们需要因果范畴去维护第二类比的假定,需要交互范畴,去维护第三类比的假定。——如果我们去维护常识及科学的假定,也需要这样的悟性的纯概念,决定在空间内物之交互继续地状况。我们前面所说的是感官知觉底交互的继续,而常识及科学所说的是物之状况,似乎所说的不是一件事,其实从批导哲学的立场说,凡呈现于感官知觉的,即是物的状况。一个感官知觉,不是我与对象间的中间物,而为物之状况直接呈现于吾心者。盖物均为可能的或实在的感官知觉之系缚于一个必然的综合统一者。此必然的综合统一,实蕴涵感官知觉为常住的本质底状况。如果我们的知识要客观的有效,则必然性必管制感官知觉;因为我们的感官知觉,即等于物之状况。如果我们的知识有效准,则必然性管制此类状况。在第一类比:我们在知觉里直接地察觉到空间常住本质底状况。第二和第三类比均为决定的条件,在此类条件下,我之对常住的本质底状况之继续及共存底经验方有效准。前已说过,实在的与可能的感官知觉是常住的本质底状况,故如果常识及科学的假定能被维护,则状况之交互继续必建立在共存的事物上。培根所引卜芮卡德冰与火的例子,颇为醒目,不妨借用:

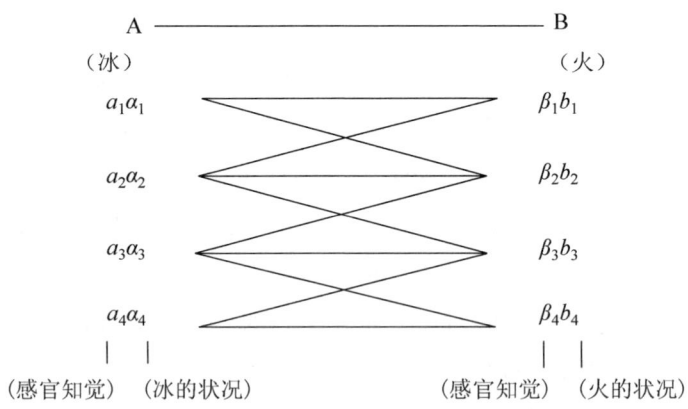

冰与火在一定的距离,一定的时间内所发生的交互影响,冰

（A）在火热的影响下所发生的变化状况继续底系列，与我之对此状况的感官知觉继续的系列；火（B）在冰冷的影响下所发生的变化状况继续底系列，与我之对此变化的感官知觉继续的系列。由不同的物（冰与火）所发生的两套状况变化的系列与我的两套感官知觉继续底系列各不相同，而互相影响。此种事实底认识、底经验，只有根据交互影响的概念和交互的原则才能明瞭的。交互概念或交互原则，是这一串事实底"认识理由"，（而冰与火是冰火底状况及我们对冰、火底知觉之"实在理由"。）物底状况的交互的继续不限于实际的被知觉到的状况底继续。我们说，能够有感官知觉的继续，可能的，既能有 $a_1 b_2 a_3 b_4$ 的继续，也能有 $b_1 a_2 b_3 a_4$ 的继续，我们只能够有两种继续之一，而不能同时有两种继续。根据前说，实在的或可能的感官继续即是常住的本质底状况，所以可以说，我们既能知 $\alpha_1 \beta_2 \alpha_3 \beta_4$ 状况的系列，也能知觉到 $\beta_1 \alpha_2 \beta_3 \alpha_4$ 状况系列，我们只能知觉到一个系列，而不能知觉到两个系列。此两种系列，必在 A 物和 B 物里有其实在的理由。我们可以推论 $\genfrac{}{}{0pt}{}{\beta_1 \beta_2 \beta_3 \beta_4}{\alpha_1 \alpha_2 \alpha_3 \alpha_4}$ 整个的系列必在 A 物和 B 物里有其实在的理由。共存的物必交互的决定状况，不然我们既不能知道我们的感官知觉一定能颠倒，也不能知道物是共存的。此为我们对客观的存在之经验底必然的假定，如果我们承认物和对象是"系缚在一个必然的综合统一底可能的或实在的感官知觉"。此必然的概念，是本质间关系底概念，在这个概念里，一个本质所包含的状况，其理由包含在另一个本质里。此关系为"影响"底关系，或一个本质对另一个本质底因果关系。如果此影响的关系是交互的，则此关系概念，是交互概念，它是交互存在物底经验之"认识的理由"，故交互概念是我们对共存底经验的必然条件,也是一切经验对象底一个必然的条件——只要这些对象是共存的。如果两个本质的共存在一个可能经验里被我们所知,则它们必为一个力学的交互(不管是直接的还是间接的)。经验的条件,必然的是经验对象的条件,所以除非两个本质交互影响,才能说它们是共存的。

关于本质的交互影响,康德另有一个独立的证明。他那个有名的长句子,可分作四层说:(一)只有在空间,一切的部分里底连续的"影响",能使我们的感觉从一个物体到另一个物体;(二)光,流动在我们的眼与各天体之间,形成我们与天体之间一个间接的交互影响,如是建立了各天体间的共存;(三)除非弥满各处的物质使我们关乎地位的知觉可能,我们不能经验地知觉出我们的变换地位;(四)只有由于物质间底交互影响,在不同的地方底各物质的各部分,才能显现它们的共存,于是也显现(虽然是间接地)最辽远的对象(如银河,星云等)底共存。——这是卡西尔教授所艳称的康德启发"相对论"的理论,爱因斯坦亦甚以为然的(详见卡氏《从知识论的立场看爱因斯坦底相对论》一书)。如果没有交互的原则,则每个知觉(空间里的每个现象)都与另一个知觉失去连系,经验的观念(即是经验)底链子,在每一个新的对象,都要从新开始,而与过去的(链子)毫无关连,或说不在时间关系中。如果本质不交互影响,则各本质间必为空虚的,间断的空间;这违背自然之为可能经验的对象底大前提。充满一个毕同的空间三事为:连续的"影响",光和物质,空间充满了交互影响底物质,光即其一例。此正与科学的物质论相合。凡充满空间的是物质。详细的说:"物质是填满空间底动","动是由物质的各个部分的拒力或由物质自己的扩张力之一所形成的"。"物质成于原始的引力与原始的阻力底冲突"（康德：《自然科学底形上的原理》）。

以上是经验底三个"类比"。如果事物的时间关系不是经验的对象，即无经验；如果事物的时间关系不能客观的被决定，也就没有经验的对象。本质，因果，交互的概念，是给事物底时间关系以客观的决定的。本质决定常住的存在，变化于是可认识；因果决定必然的继续，变动于是可认识；交互决定实际的同时存在，于是有组成的整体，使现象的连续，在空间内可认识。现象的因果关系，决定现象的时间关系，使一个可能的经验成为客观的具体的。此因果关系是三重的：现象或是本质底状况，或是因底果或是整体的部分：在第一种情形，我们称其关系为"内在"，在第二种情形，其关系为"后事"。第三种情形，其关系为"组织"。芮耳对"经验底类比"的解释，有他独到的见地，我们仍引作参证，大意是这样的：——康德重要的发现是：一般的经验底基本原则与自然科学所假定底基本原则合一——科学恃此假定才设准存在底一贯的规律性及其（科学）对象底变动。我们的任务是在证明此原则，证明此科学研究的设准底客观有效性，并且看看我们能证明多少。经验科学如果没有这类设准底有效性，则经验科学自身不可能，此理无须阐说。我们只能证明，如果没有象因果关系——变动依乎一个因，则无法了解偶然的存在，偶然的变动；因为从主观说，一定都是偶然的。然而我们倒不能由此推论出：这个因果关系，也就是物自身底可能性的条件。我们似乎再无法进一步的证明因果律一类的思想。只指出它的逻辑思想的来源遂用之于事物本身，说它是设准，遂无往可不用此设准，此为斯宾诺莎一派的太过；只分析此类概念谓为来自印象将它还原到主观的"习惯"，"期待"，此为休谟一派人的不及。康德是第一个人真正的找到新证明法。他指示我们：自然科学底设准之为普遍的自然规律，因为此类设准是关于自然的经验之基本规律。此类设准之于自然有效，不是因为没有设准底有效性便没有真正的自然科学，因为是不是能有真正的自然科学，正是问题，而是因为没有此类设准底有效性，不能有自然科学底对象，自然科学底一切对象的总称是经验，即是说，没有设准不能有一般的经验。此类基本原则能使自然可能，因为基本原则能使经验可能，说基本原则是最高的自然律，因为它们是一般的经验底规律。"此类概念（本质，因果，交互及其致用之基本原则）在每个经验里先天的表示各知觉间衔接底关系，因此可看出它们（此类概念）底客观的真实性，即是说看出它们底先验的真理。此客观的真实性或先验的真理，固然不倚于经验，然却不独立不倚于一般的关系。只有在一个经验底形式之内，在综合的统一之内，能够经验地认识对象"。"一切的现象，必在一个自然中，因为没有这个先天的统一，也就没有经验的统一，在经验里也就不能有对象的决定"。经验的可能性底原则，同时是在经验中之可能的对象底原则。因为"一切的概念，只对经验底对象说才是必然的，没有概念，则关于对象之经验不可能"。以上所论均非直接的论经验科学——因为经验科学，正待建立——而只着眼于经验科学之对象，即是说，着眼于真正的经验。康德不象一班人——指菲、休——对于他的误解以"一般的自然"等于可能的经验，为其证明的出发点，好象康德在兜圈子，将待证明的当作出发点，再去证明这个出发点；而是先指示我们：本质常住的判断，变动底因果的判断，同时底交互判断等等，康德称之为经验的类比底判断，"不外乎是决定现象底存在之基本原则"，此基本原则，使现象的存在为可能的经验。于是再分别经验的自然律与纯粹的或形式的自然科学规律，分别经验的规律和关乎"经验的"之规律,进而证明关乎"经验的"之规律与基本原则是同一的,"按照基本原则经验方可能"。在《未来玄学导言》里也说"我们一定要分别自然的经验律——它们每次假定特殊的知觉与纯粹的或普遍的自然规律——它们不需要特殊的知觉为基础,而包含知觉底必然的衔接,为一个经验底条件。只有赖纯粹的或普遍的自然规律,自然与可能的经验才是同一的"。康德不从数学引申出纯数学底客观的效准,而以纯数学的效准为数学的证明;他也不从自然科学里申引出纯自然科学底实在性,而由经验的概念,去建立自然科学的假定。经验的概念是所与的,而纯自然科学底实在性,却是待寻求的——这是他所要证明的。这个说法也有它的根据,《未来玄学导言》即有这样的论证。"可能经验底基本原则同时是自然底普遍规律。此普遍的规律,是先天的可认识的;——于是'纯自然科学如何可能'问题解答了。"此处以"纯自然科学"代替"经验"。假定上面的说法不对,则康德并未回答问题,而只重复了一次他的问题,纯自然科学底基本原则之同时是自然底普遍的规律——这正是待证明的问题。这个证明,在《导言》里,和证明纯数学底实在性,正好平行。纯数学之有客观的效准,因为纯数学所依赖的纯直观,也即是经验的直观底形式;纯自然科学底原则之有效于物,因为其原则即是关乎物之经验底基本原则。先天综合命题象普遍的因果命题决不能由纯概念证明,休谟已明白的指出,然也决不能经验地"证明"象休谟所说的。想证明因果命题,需要第三者的媒介——"这个第三者是经验底可能性当作一个认识,在这个认识里,一切的对象,最后对我们必为所与地"。康德证明的重心,不在:我们需要此类问题(如因果命题)好去形成经验;而在:物之能入于经验,必须适合此类先天的必然的关系——

由此类命题所表示的关系。他注重经验的概念底客观方面,不注重其主观方面。经验底基本原则的证明,假定了经验底基本概念(范畴)的先验演绎。演绎篇告诉我们:物的现象,在悟性概念里,特别在符合思维统一的形式里是所与的。经验底基本原则(特别指"类比"),只是"说明"现象底规则,在经验里厘定现象底存在的规则。我们如果能指示出基本原则,确是此类规则,即是证明了基本原则底客观的效准。经验底"数学的原则",物的现象底形式,不但能普遍的,先天的认识,并且能由我们自己构成,即是说,能在我们自家所创造底理想的直观里表现——象在几何里所做的。在经验里的物底存在,却不能被创造,而只能被思维。从一个所与的知觉,无法推知:哪个知觉(甲)已经发生,哪个知觉(乙)跟着发生;虽然可能的知觉底连系对于"一般的意识"底普遍的关系能先天的认识到——这正是基本原则所要表示的。然此基本原则的运用永远是经验地决定,在时间内的决定。所以哪个知觉(甲)之于另外的知觉(乙)底关系象因之于果,哪个知觉在现象里表示本质;哪些知觉是共存物底交互,都要以经验的标准为指归。譬如两个现象系列的"不变"(屡屡重复),是这两个现象底因果连合之经验的标帜。不可入性,变动性,重量等等,是认识物质为现象底不变的本质之经验的标帜。因果律的决定,总是对"偶然地""经验地"之决定。我们只能先天的知道一个变动,一定有一个先在的因,至于哪个是它先在的因,是无法先天的知道的。因果,本质,交互的规律底认识,不是直觉的,而是推论的,它们没有自明的正确性,象"数学的基本原则";其为正确性,只是概念地规则。此类规律,只要去把握物底存在之关系,把握变动的关系,所以也还不是物底现象之形式;故只能说是"类比",而不是积极的原则,不是"公理"。我对物质的认识,是根据物质的经验的性质,将物质当作外经验底本质去认识。我并没有认识物质底"精蕴"或"本体",我只认识了物质对于我的思维底关系。我在一切关乎外物的判断里,以物质为主词;在这个认识里,只是一个主词与其诸宾词底概念上的关系之一个"类比"而已。物质在现象里之于它的性质的关系,之于它的作用的关系,类似在一个定言判断里,主词与宾词的关系而已。我之以第一"事"(甲)为第二"事"(乙)之因,我并没有认识出因的"精蕴"或"本体",而只说因之于果的关系,类似在设言判断里理由与结果的关系而已。康德既不想说明本质,因果底"秘密",也不想找出物与物间实际的关系,他只想表示,现象与现象间的关系,是类似主词与宾词的关系,类似理由与结论的关系。他要证明:只有这个"类比"是先天的可认识的,可以当作关于对象底现象之思维的根据或理由。

以上是关乎基本原则底唯实的和唯心的解释,而双方都见到康德哲学的真理的一面,合而观之,是相得益彰的。我们所不取的是唯心派的心理学的解释(象包尔逊的)和唯实派的朴素的解释(象屈尔柏的),若取先验逻辑地坚定的立场,则唯实(象芮耳)唯心(象柯亨)均无妨的。

"(力学的)基本原则不象数学之运用到自然科学底基本原则(数学的基本原则)之创造直观,而只问在一个经验里直观底存在之衔接,此实不外乎在时间里按着必然的规律决定其存在,只有在时间里底必然的规律之下,其存在方是客观的有效,即是说,方为经验。故基本原则,不在证明物自身的衔接,而在证明知觉底按着普遍规律的衔接之综合的统一,其衔接之内容如何,亦可不问,只问时间的决定和在时间决定里底存在的关系。如果在相对的时间里底经验的决定欲客观的有效,或说欲为经验,则此普遍的规律包含在时间里一般的存在底必然性,(故为按照悟性来的先天的规律)。"

经验思维底设准

经验思维底设准,是基本原则里的另一个项目。基本原则,都从一个可能经验底条件引申出来的;基本原则底效准,在乎其反面之不可能:如果否定了基本原则,则一切的可能经验也被否定。从这个观点,此处所论事物一般底可能性及其实在性,**必然性底意义**,亦必与前人不同。我们已习知:一个可能经验底条件,同时是可能经验一切对象底条件;然可能性,实在性与**必然性底条件是什么?** 如果我们能先天的确定此类条件,则此类条件可建立基本原则,即是说,可规定我们知识判断底"样式"。故"样式"之基本原则——经验思维的设准——供给我们判断物之可能性,实在性与**必然性一种准绳,其形式正符合或然的,实然的,必然的逻辑判断。**

康德在批导前期已经识破存在的命题,是综合命题,因为存在不是逻辑的性质,不能由分析概念得来。这个见识,摧毁了整个的本体论,推翻了由概念推衍存在的学说。康德的意思:凡是对于实在的存在有效的,也对于可能的与必然的存在有效;因为,凡是可以实在的,都是可能的,凡是一定实在的,都是必然的。独断的玄学家以为:在事物的概念里可以发现事物的可能性,不管事物本身可能或不可能。如果可能性是概念底那种属性或标帜,则我们能够将此属性或标帜从事物底概念里抽出来,事物底概念有存在的标帜与没有存在的标帜,应当判然有别。然而事实上并不如此。

二　康德论知识

譬如说：不管上帝存在或不存在，于上帝底概念，并无所损益。此概念之属性或标帜，既不由存在的表象增多，也不由存在的表象减少。故存在不是一个标帜，不能由此标帜推广概念；在事物的表象里，事物的概念没有变更，然在表象里底事物，却有我们如何表象法底分别。所与的表象，或者只是表象，或者是我们经验的对象；要是经验的对象，则其为表象是实在的。故"样式"范畴，只讲表象对我们认识的"机能"（心）底关系，而不讲概念对于存在的推广是可能的，是实在的，还是必然的等问题。

存在只在经验里给与，不能在悟性或想象里给与，所以，存在底标准，不是逻辑的，而是经验的。譬如矛盾律是历来论可能性底标准，然却不能决定可能的存在。矛盾律说：凡是不自相矛盾的是可能的，一个概念只要其属性或标帜不互相否定，不"是甲"同时又是"非甲"，便是可能的。此类属性或标记的矛盾，虽是"不可思议的"，而在事实上却是可能的：象数学里的负数及自然里的运动，变动等等。在另一方面，其属性或标帜虽不互相矛盾，而对于它的表象却不可能：譬如由两条直线所包括的空间一概念，逻辑地说并不矛盾，在直线的概念里，并不包含和另一条直线只在一点上相切。它的不可能，是在直观里表象底不可能。即是说，有些逻辑地"可思议的"，事实上不可能，有些逻辑地"不可思议的"，事实上却可能。所以"可思议"与可能性并不相等；关于存在，不能由事物底概念决定，只有由经验来决定。经验底条件已经确定的，"样式"底标准也就有了：一、凡是可以经验到的，是可能的，即是说，凡是与经验底条件一致的，是可能的。二、凡是将要经验到的，是实在的，即是说，凡是当作经验的对象给与的，或知觉的对象，或经验的直观，是实在的。三、凡是一定要经验到的，是必然的。这三个项目，下面要分别详说。数学家说:画一条甲乙直线。这并不是待证明的命题,而是叫我们去直观这个概念(直线)。它是一个直观的"设准"。样式的基本原则,也是相似的意义,叫我们去经验存在底概念,用经验的观点去判断。样式的基本原则,要求以经验为存在的概念底条件,非为纯思维底条件,而为合乎经验的思维,或经验地思维底条件。

　　前面已提到,凡此所论之可能性,实在性与必然性,均指实际的说,不仅指逻辑的说。可能的,实在的与必然的存在说,或说,指物或对象的可能性,实在性与必然性说,不仅指思维的可能性,实在性与必然性说。惟可能性、实在性与必然性之于对象,与量,质,关系范畴不尽同。前三类范畴之于对象:假若其对象为人类经验的对象,为空间地,时间地对象,则必有量地,质地,本质地,及因果交互地种种必然的性质与决定。一个可能经验的对象,经各范畴的厘定,虽已很周密,我们仍可以问:此对象是否仅为可能的?抑同时为实在的?假定它是实在的,是否为必然的?此类问题,均不及于对象之内容,而只论及吾心对于对象之关系,只论及能知之心,如何认知所与的对象。康德分别可能性,实在性及必然性底逻辑地运用与经验地运用。逻辑地运用,是形式上逻辑地工作,它不去分别对象;经验地运用,是论经验里对象之可能性,实在性与必然性。如果一个对象为可能的,则必被悟性所思,与经验底形式地条件一致;如果一个对象为实在的,则必被一个判断所肯定,根据感官知觉;如果一个对象为必然的,则必被理性所推论,合乎经验底普遍规律,(特别是合乎"经验底类比")也可以说:如果其概念只在悟性里与经验底形式底条件一致,则其对象是可能的;如果其概念与感觉衔接,且受悟性的厘定,则其对象是实在的;如果其概念被感觉的衔接所决定,并与范畴一致,则其为对象,是必然的。在上面三种形式,概念的内容,均无分别,惟对我们认识的机能(心)底关系说,则三种互异。康德之说明实际的可能性,实在性,必然性,均依乎经验。可能性依乎经验底形式;实在性依乎经验底"物质"——内容——即依乎感觉;必然性依乎二者之联合。此与理性派之以纯理性可离开经验而能知物之可能性,实在性与必然性,判然有别。故康德主张范畴只有经验的致用,而无借纯理性底先验的致用。只就范畴之逻辑意义说,范畴实与判断的空形式了无分别。谈空洞的对象底概念是无用的;故以可能经验的对象底概念为论旨。范畴不给我们关于物如之绝对知识;范畴若用于物如,则为空虚地,虚构地;样式的范畴和其余的范畴一样,必然的用于经验底一切对象。所以经验的每个对象,同时为可能的,实在的与必然的。就其应用的范围说,可能性不大于实在性,实在性不大于必然性。说此三种范畴之必然的用于每个对象,并不是说三者了无分别,其分别在知物的层次:可能的知物,实在的知物与必然的知物。每个对象,"心"对之总有一形式,在此形式下,对象是可能的。每个对象对于"心"为给与的"物质"(内容),在形式之条件下综合;这样给与的"物质",这样的综合,其为对象是实在的。每个对象,是形式与"物质"的联合,即是说,每个对象是一本质,其附性为因所决定。因为这个决定,此对象是必然的。有人以量,质,关系三种范畴,分别给对象的可能性,实在性与必然性:量的综合,给对象的可能性,质的综合,给对象的实在性,关系的综合,给对象的必然性,然"设准"的原则并不如此单纯。在康德,一个对象如为可能的,不但要服从空间时间,同时要服从范畴,服从一切的经验底形式条件。一个对象如为实在的,除非它与经验底"物质地条件"(感觉)衔接。此衔接之与范畴——特别是关系范畴——一致,并不能证明物的可能性与其实在性之同一。只有实在性与必然性没有实际的分别;因为,我们说一个对象是必然的或必然的存在,只要其实际的存在合乎经验底普遍的条件,此与实在物的定义,并无分别。每个对象,一定要是可能的,实在的,必然的。此三种范畴,必应用于每个经验底对象。惟康德常舍此中心问题,而处理另一问题:样式底范畴,能应用到经验以外的对象么?致使局面复杂。譬如我想到一对象,而不知此对象:好象可能的对象底范围,比实在的对象底范围大得多。此显然非他的本意。盖此逻辑地可能的对象,并无相应的(经验地)可能的对象。我之能思维我所不能认识底对象,并不能将可能的对象,推广到实在的对象范围之外去。下面分说三个"经验地思维底设准":

"一、凡与经验(依照直观与概念)底形式地条件一致的,是可能的。

二、凡与经验底物质地条件(感觉)紧切关连的,是实在的。

三、其与'实在的'衔接而为经验底普遍条件所决定者,是必然的(或是必然地存在的)。"

第一个经验地思维底设准:如果事物是可能的,其概念必与经验底普遍的形式一致;或说,其概念与直观的形式(时空)及先验的统一一致。如果不一致,则所思者也许不是物而为心之幻想;苟如此则其概念无客观的实在性。虚构的概念象"金山""银岛"之类亦为先天的概念,其实是我们的幻想,因为它不能在具体经验中找到。"测算将来""精神感应"一类概念,也象是先天的概念。然却不能象范畴之有可能的对象,故只为任意的构造,而无客观的实在性。数学的概念,倒也是精神底权宜的构造,亦不倚于经验,并能

二 康德论知识

在纯直观里表现其构造,故为一种纯概念,虽然与范畴之为纯概念仍不可比拟。(数学概念必假定量的范畴,量的范畴不必假定数学的概念。)经验的概念,为自经验中抽象得来的概念,故不为经验的对象之普遍的形式;它虽不象纯概念之有普遍的效准,然仍可有"功能"的解释,不必如传统说法之狭隘。依传统的抽象论的说法,经验的概念先于经验;依传统的唯觉论的说法,概念不过是经验的符号或名称而已。(这也是中古唯实,唯名的旧争执。)其实概念与经验的关系,不是时间先后的关系,而是逻辑的功能关系。按时间说,概念与经验是同时长成,同时布展的:我们既可说狗之概念是因为狗,狗的概念是狗之"相";"相"不能无原形(狗);我们也可以说,狗之所以为狗,因为狗的概念:狗的概念对狗所显示者,不是"非此——非彼"地否定的功能,而是"或此——或彼"地肯定的功能。个体之所以为个体,必受其概念功能地的决定;不然我们对个体无所言说,无可言说。("不可思的也就不可在")——必如此解释之经验的概念,才能与纯概念有所分别,有所衔接。认识一个对象,是说把握或综合对象的各种不同的分子(第一性与次性),一个概念,不仅是一个对象的概念,而是综合的概念,综合对象中各个不同的分子。由纯概念(范畴)所认识的对象,才是可能的对象,因为纯概念不倚于经验。纯概念虽不倚于经验,却必依乎先验摄觉底综合的统一,只有在此综合的统一之下,对象才能经验的被认识。因为,如果我们承认经验是一个毕同的时空内对象的经验,则对象亦必为一个毕同的"心"——先验摄觉——所知。我们已经证明:对象必是常住的本质,本质是具有变化的附性的,并且是因果地,交互地决定的。故虽对经验底形式的关系,即是说,离开时空及摄觉的统一,即无对象底可能性。这就是第一个经验思维的设准所要表示的:"凡与经验底形式条件一致的,是可能的。"

第二个经验思维底设准:"凡与经验底物质条件(感觉)紧切关连的,是实在的。"要认识外界,第一必须有被我们所意识到的感官知觉。这不是指关于物之直接的感官知觉,而是指物之与任何感官知觉(感觉)依照"经验底类比"底紧切关连。房子的那面,和所见的房子这一面,一样是实在的,它们都是不可见的原子所组成的。科学所谓原子,电子,分子等等,为实验时说明现象所必需者,如为实验所必需,则不能离开感官的觉察,依照"经验底类比"的规律,以入于可能的经验,作为可能经验之对象。科学理论的计算,是离不开可能的观察的。原子,电子,分子等等之为实在地,存在地,与房子树木山川等等之为实在地,存在地,初无二致,其唯一的分别,是具体物能直接入于感官知觉,而原子,电子,分子等等,只能借它们的"作用",或"功能",入于感官知觉。所以不是实际的、直接的被知觉到,是实在的标准,而可能的被知觉到,才是实在底标准。北极圈的实在,尽管不能知觉到,然却能在某种情形下,与感觉紧切关连,如天文的,天文地理的,天文物理的计算。此类计算,是离不开最大限度或最小限度之感觉的。紧切关连,不是说一定要直接的知觉到实在的对象,是说在可能范围内能知觉到实在的对象。当日亚当斯与勒威耶在理论上发现海王星,伽勒在柏林的天文台上用天文地图与天比较,果然在亚、勒二氏所说相差无几的地方,发现一颗未知名的行星,第二天夜里再观察,正好说明理论与事实的差异,海王星的存在,便无可置疑了。当然在1846年,地球上还没有人去观察以前,海王星已经存在;只要观察必需的条件齐备了,它一定是能被观察到的。所以说:理论的计算,是离不开可能的观察的。康德亦不将存在限于现在,因之存在与果之存在，初无分别，并不因为它（因）已过去了，便不实在。由现在的化石，可以肯定曾经存在的某种生物，虽此生物已不复存在。我们对一个无穷的空间，时间里的现象的系列，依照经验类比的规律，从实在的感官知觉，到可能的感官知觉的系列。实在底标准，既不在实际地被知觉到，也还不在可能的被知觉到，而是：凡与感觉紧切关连的，是实在的。此"设准"主要的用意，是说只由感觉做出发点，才能认识物之存在。物之概念，不包含物之存在，只有由对物之感觉（不管是直接的或是间接的，）才能肯定物之存在。"凡与经验底物质的条件（感觉）一致的，是实在的。"经验底形式条件是时，空，范畴，经验底物质的条件是感觉。经验之所由成立，不但靠形式方面的建立，也还得靠"物质"方面的"充实"，这是康德对他的"形式主义"重要的修正，我们必不能忽略过去。然而无论形式的条件或物质的条件，分开来都不是经验底充分的条件，所以仅在知觉里给与的还不是实在的，仅在知觉里的给与的，是主观的。除非感觉与一个本质关连着，为其附性之一，而一切的附性，均因果地被决定着，我们不能有关于实在的对象底认识。此设准为解决实在问题之枢纽——以感觉为实在底标准或"引得"，去寻关于实在的真消息。康德这个大提案，承继休谟的学说，而克服了他的偏执，他心折理性论者，而又纠正了理性论者。理性论者说："宇宙是数学数字与几何图形所构造的"用心是矣，则宇宙还有何颜色？如何说明这个具体的宇宙？数与量固然是宇宙基本的结构，然只具形式不具内容的宇宙，究竟不能形成一个圆满的实在底理论。休谟以为感觉之外无实在，只有感觉是实在的。固然，感觉是外界对我们认识第一个直接的所与，是绝对可信赖的，然而不是唯一可信赖的。这两种实在论——概念底实在论与感觉的实在论——都能打动康德的心,而又不能使他满足,所以他才有这个新提案,成就一个崭新的学说。概念的实在论,从柏拉图到莱布尼兹,均以概念为唯一武器,对感觉作坚壁清野,然在柏拉图,现象只是桎梏在洞穴里的人眼中底隔墙的人影,或只是池畔观日者的水中日或水中日影,如此现象,成何景象!经过中古(唯实论),笛卡尔,到莱布尼兹,演成精神玄学的游戏,其所谓实在——包含精神地与物质地——好象是一片光明,各个体都是灵子底连续世界里的一个份子,各个体都为精神地本体,"一切皆精神"与"一切皆物质"一样的"不矛盾";其实是一片空虚!唯觉的实在论从希腊的哲人"人为一切的尺度"开始,也经过中古(唯名论),经过巴克莱的"存在即被知觉",到休谟登峰造极。休谟对知识的贡献,至少有以下三种:一、肯定的以感觉为知识的出发点。二、将实在里的超经验的部分完全取消:取消了外界底绝对的实在性,取消了时空底绝对实在性,取消了本体,取消了因果,取消了绝对的精神主体,同时取消了巴克莱"存在即被知觉"的公式以外的上帝。三、他也看出,苟始终依恋感觉,则为一切知识的送终,不只取消了实在底绝对的部分,同时是取消了实在自身。正因为休谟做的是知识的批评工作,而不是建立知识的工作,所以康德要百尺竿头更进一步。休谟的哲学,以感觉始,以感觉终,感觉的后面仍然蕴藏着一种盲的,神秘的"力",不管它是神"力"还是物"力"——于是仍然落进常识或朴素唯实论的圈套;尽管此非其心之所愿,或非他所料想到的。

康德这一设准充分表现他的批导哲学的精神,"批大却,导大窾",事理并然,各得其所,得两派之要义,而遗其蔽与执,(不是两派之和即是康德哲学!)于心,于物,于概念直观等等,均从而改造之,再创之,复在紧切关连上将感觉安排着一个逻辑的地位,成就

二 康德论知识

了一个圆满的实在底理论:批导的知识论,这个成就,不是任何已有的哲学系统所可企及的。关于感觉与实在问题:前两派人的困难在哪里?康德如何将感觉安排了一个逻辑的地位?如何解决了实在问题?读者可详阅本书之附录"真理与实在"一文中之"实在问题"一段以免过于重复。

康德在二版加了一段"唯心论的反驳",针对着笛卡尔的怀疑外物的实在性与巴克莱之否定外界之实在性,同时为此"设准"进一解。他称前者为"怀疑的唯心论",后者是"独断的唯心论",以与他自己"批导的唯心论"对立。巴克莱的学说,建立在他对空间之错误的见解上:空间不是现象的基本条件,而为现象之一种,或为物之一种性质;苟如此,空间当然不具实际的效准,而在"心"以外,空间以内之物,只是虚构的。此说之谬,在先验观物学里已充分驳斥了。笛卡尔的哲学,由自我之存在及思维之正确出发,故以外物之存在为可疑的,不可证明的。他的学说,建立在内经验上:只有我们的内经验具唯一的正确性,故康德称之为"经验的唯心论"。康德证明:没有外物的实在性即无外经验,没有外经验,亦不能有内经验:于是整个的"经验的唯心论"被推翻。"关于我自身存在底经验意识,证明'心'以外,空间以内的对象底存在。"一切的内经验,只在时间的条件下可能,在时间里没有常住的;没有常住的,则现象的变化或内经验的对象无从认识;我们在第一个"经验底类比"里证明了:只在空间里可以认识常住的,或说,只有常住的能当作外经验底对象去认识:故内经验被外经验所决定。"关于我自身存在底意识,同时是'心'外之物底存在之直接的意识。"外经验和内经验一样是直接地。外经验被外界底实在性所决定,物体为其运动所决定,然如果没有常住的,则物体底运动,也不会是经验底对象。本质只有当作常住的现象，才可认识，常住的现象，只在空间内能认识，而填满空间的存在是物质：故物质是唯一可认识的本质。好象物质是认识变动或变化底条件，没有物质则既不能有外经验，也不能有内经验。这个识度推翻了以上两类唯心论。依笛卡尔的说法，物体或外对象不倚于我们的观念，是物自身，空间是物之"特性"或属性：此说被康德所否定，因为在他：物体或外对象是我们底必然的观念，是被空间所决定的；空间是我们外直观底基本的形式。空间与物体，不是物自身及物体自身的性质，而是吾心之必然的观念！故外经验与内经验一样是直接地。康德所驳斥的倒不是笛卡尔哲学中的"唯心论"，而是他的哲学中的"唯实论"。巴克莱不承认物质是物自身，是不倚于我们的观念。如果康德证明：物质是物自身，则巴克莱的学说被康德否定了；但他只证明：物质是"心"外之物，是外经验底必然的对象。心外之物，即空间内之物，空间是吾人之纯直观，物为吾人之概念：故物质不是物自身，巴克莱的学说，在这点，不但未被推翻，而且是被证实了。康德与巴克莱根本的分别，吾人已习知，惟在这一点，康德实和巴克莱走同一个方向。——内外经验及其对象或心界，物界之实在性，都离不开感觉，离不开紧切关连中的感觉，也可以说：唯有从感觉这个"引得"，我们才寻得着实在底线索：凡与经验底物质的条件（感觉）紧切关连的，是实在的。没有这个经验思维的设准，经验和思维都会落空的。

第三个经验思维底设准：凡是必然的，其与"实在的"之衔接，依照经验底普遍的条件决定。此普遍的条件，是"经验底类比"。而所谓必然性，非概念与判断的衔接底逻辑的必然性，而是对象底存在，依照"经验底类比"之实在的或物质的必然性。前面已说过，对象底实际的存在，不能没有感觉而可借概念先天的知道（当然也不能只有感觉而无概念）；于对象的**必然**存在亦然：不能放弃感觉而只由概念去认识。认识一个对象底**必然**的存在，必依乎其实际的被知觉到之衔接。此衔接必与普遍的经验规律一致。我们所知的唯一必然的存在是因之果，"果"对我们所与的，是实在的，同时也是必然的。这是第三"经验思维底设准"与第二"经验底类比"之合一。因果的基本律说：每个现象（乙）是另一个现象（甲）的果，乙现象必然的跟着甲现象而表现；必然的基本律说：凡是当作"果"经验到的，是必然的。如果每个存在是另一存在的果，则自然界没有无因的现象，没有"差不多的"或偶然的"事"。如果每个现象一定是别个现象底果，被我们所经验，则自然的**必然性**，是一个有条件的或设言式的**必然**性。自然中没有所谓经验底"非理性的"的必然性，一切的必然性，都由"自然因"所可说明的，此自然因又是别的因底果：设言式的必然性是"理性的"，不是不可思议的象所谓盲目的必然性，即是说，自然之中，没有所谓命运。因果律排斥偶然，必然律排斥命运。第二经验底类比所立的必然性底标准为经验底普遍的规律；唯只有用于现象界。故实在的**必然**性，非绝对的必然性，即是说，我们不能由概念先天的知道此对象必然的存在；而只由经验的帮忙，说：假若其因是实在的，则其果**必**存在。所以我们不能离开经验而由概念去肯定对象之必然的存在。如果我们知道一个因是实在的，不管此因尚属于现在，抑已过去，则果是必然的。然所谓普遍的因果律，总离不开特殊的经验的因果律，如果离开特殊的或经验的因果律，则我们只能说：因必有果，而不能知道什么是它的果。

　　康德在这章之末提出另一个问题：是否"可能的"领域大于"实

在的"领域？"实在的"领域大于"必然的"领域？这是莱布尼兹一派人最喜讨论的问题。康德说：回答此问题，不是悟性分析的事，而是理性推论的事。现象界是否只适合一个经验系统？还是适合许多不同的经验系统？悟性不能回答。因为悟性的规律，只管理我们所有的"一个经验"，管理我们所知的"一个世界"。它只综合一个毕同的时空里所与的"世界"，而不能综合别的"可能的世界"。我们人类所有的直观的形式，不是理智的、思维的形式，而是直观的，我们不能了解别样的直观的形式与思维的形式象所谓理智的直观或直观的悟性：此类的"经验"，如果有，——因为它们是"不矛盾的"，所以"可能"有——也非人类的悟性所可把握的。历来的本体论者，都打的是纯逻辑的招牌，用的是心理学的药物，他们持"可能的"领域，广于"实在的"领域，"实在的"领域，广于"必然的"领域，其理由是：可能的存在，"先乎"实在的存在，实在的存在，"先乎"必然的存在。可能性广于实在性。因为，实在的物，是后于可能的物者。然就批导的立场说，实在性决非后加于已可能的物底性质，如果它是后加的性质，则实在的物，自身是不可能的。凡所后加的性质，不是后加于对象的性质，而是加于此物对能知之心底关系。一物是可能的，如果此物与经验底可能的条件是一致的。对于我的悟性所加的，是与感觉的衔接；如果可能的物有此衔接，则不仅是可能的，而且是实在的——不管我们对此物是直接的或间接的知觉到。康德所谓可能的，不是指绝对的可能性说，我只能问也只能回答："在可能经验的条件下，什么是可能的？"经验以外之物如宇宙，心灵等等可能或不可能？不是悟性所能回答的问题。不能回答而强作回答，便成了"先验的幻象"。（参看："康德对玄学之批评"）

＊　　　　＊　　　　＊

　　第一，二两基本原则，决定物之量——广延的量与密度的量，故为"数学的"；第三基本原则："经验底类比"，依照连接现象底"机能"，决定物之存在；第四基本原则："经验思维的设准"，是决定物之存在与我们认识"机能"底关系，故为"力学的"。第一，二两基本原则，共同的建立了连续律。第三，四两基本原则，建立了因果律或必然律。四个基本律的结论是：一个可能经验的一切现象，依形式说，是连续的量，依存在说，是必然的果。每个基本原则，都说明了它的反面的不可能。连续律，消极的说，表示"自然中既不是没有必然性，也没有盲目的必然性，既没有偶然也没有命运"，从量的连续与变动推论出自然中底"漏空，割裂，中断"之不可能。凡先验的想象力认作可能经验之对象（即现象）者，均在基本原则里获得安顿。如果先验的想象力借重图式不能将现象归总在纯概念之下，则它（想象力）全然无用。所谓图式，是时间的决定。然时间是我们的直观底形式，只于被直观底存在有效准：时间的决定，是概念唯一可应用的领域；也唯有概念能使时间的决定为客观的。没有概念，则现象底时间的决定，永远跳不出主观的知觉；没有时间的决定，没有直观，则概念根本无对象，无用武之地：概念是空虚的。于是也可看出，只有时间的决定，能使范畴的致用可能，同时也限制了范畴致用的疆域。概念能应用于一切的现象，因为一切的现象均在时间里；概念也只能应用于现象界；别的"可能的世界"，如果有，也不会在这个唯一的，毕同的时间里；概念连接现象，然也只连接现象；概念使现象底认识可能，然也只使现象的认识可能。如果称对现象的认识为经验。则概念之功能在：做成经验。纯概念没有别种功能。纯概念不成于经验。而是使经验可能之条件,然纯概念除创造能为经验的知识外,不创造别种知识。这是康德哲学和独断哲学的主要分别。先验分析篇的要义,是将对象底认识限制于经验,再由纯悟性概念去建立经验。如果不弄清这点,则康德的知识论,好象是理性派与经验派的凑合成的。所以在有些人的心目中,康德实无别于洛克或休谟,在那些人的心目中,康德实与笛卡尔、莱布尼兹同调。有人说,英国自培根以来的经验论的总题目是:一切人类的知识,在经验中。康德亦云然。康德与洛克都要达到这个目的,其不同的:康德的《纯理性批导》,艰深晦涩,不比洛克的《人类悟性论》轻松豁亮而已。又有人说:物的认识,要建立在纯悟性的基本概念和基本原则上,这是理性派的哲学家一贯的努力,莱布尼兹的《人类悟性新论》对此已发挥详尽了,似乎康德大可不必再写他的《纯理性批导》。这是可笑的见解。他不是经验论者,因为他由纯悟性建立经验;他不是理性论者,因为他开始即反对与生俱来的观念。他的哲学,既不是经验论,也不是理性论,也不是二者之和,而是二者之改造与再创,于再创之中,推翻了二派偏颇的立场。他的哲学立场既不是经验的,也不是独断的,而是批导的。因为他没有假定物之可认识性,而是"批","导"物之可认识性。这和前两派人在方法上和目的上都大有分别的。

康德于第二版加了一节"基本原则体系后注"略谓:徒恃范畴,既不能看出物底可能性,也不能表象实在的物,我们于范畴之外,还需要直观,特别是外直观:于一切范畴皆然——关系范畴更如此。没有外直观,即无物质底认识,无常住的现象底认识,亦无本质底认识,没有本质交互底认识,即不能在空间内认识运动或变动——在空间内运动或变动,是我们用作例子去表象一般的运动,表象综合因果概念底直观的,"一、一件东西为什么只能当作主体,而不能当作他物底附性存在？即是说——为什么只能当作本质？或二、一件东西，为什么有此（甲）必有彼（乙）？并且因此——故彼？一件东西为什么能为因？三、为什么在多数物中，如果有一物存在，即交互继续，成为本质底交互？——均不能单独由范畴可以看得出的问题。"这些问题，都是康德批导前期所思考的主要问题，到《纯理性批导》才由建立经验来解决此类问题，建立经验，即是说明范畴底客观的效准及其致用；其致用，只由时间的决定或直观才可成立的。因为在时间里一切都是变动不居的，故只在常住的现象这个条件之下，才可认识变动，而常住的现象，只能是外直观底对象，故曰"我们之恃范畴去了解物之可能性及表示范畴是有客观的实在性，不只需要直观，特别是总需要外直观。"此"外直观"不但不与康德的唯心论底基本思想违背，而他的唯心论实自外直观的学说推衍出来的。叔本华之流不喜第二版的改作或添作，以为是违背了康德自家哲学的要义，与第一版大相径庭。好象是承认了外直观即承认外直观底因，承认"外因"即承认物自身。这倒是叔本华一流人的添制和误解，从以往我们对概念与直观的解释及对概念与直观间关系的解释——此类莫须有的罪状或担心，都是不必须的。惟康德对时间的解释，在观物学与基本原则是有个分别：在观物学里说：时间里的现象，或同时或先后，或住或变；在这里说：在时间里，一切不常，不住，一切在变动中。没有常住的"东西"，是无法认识"同时"的；"常住的"只能当作空间地存在，当作外直观底对象，方可认识，故范畴之客观的实在性，"不只需要直观，特别总是需要外直观"。这并不是康德所了解的时间前后不一致，而是从不同的角度看时间的"体""用"：在观物学里，时间只为直观底形式，故只能有"同时"与"先后"之"性"（"体"），然在先验的想象力里,时间是最撮合范畴与现象的图式,而基本原则是图式化了的范畴。时间不只是直观的形式,而借先验的想象力,入于现象,亦入于范畴;入于范畴,范畴则为基本原则,入于现象,现象则为可能经验的对象,如此才能显出时间的"用";时间之为直观形式,入于范畴的根源——先验摄觉的统一,使"先验底摄觉"同时是"经验底摄觉"(参看范畴篇"先验摄觉"与"经验摄觉"一段),如此方能显其"全体大用"。先验摄觉(悟性)借时间的充实,将本质,因果,交互等范畴,装潢成"**必然的继续**""**必然的同时**"等图式,以去说明"客观的继续""客观的同时",好将"现象拼缀成经验去读"。时间致用之极,方能了解"悟性不从自然中寻来它的规律,而在自然前颁布它的先天的规律"这句话的真理,也唯有在这个意义下"时间与在"才能为先验逻辑之对象,以别于形式逻辑的空无,因为后者只以分析"重复的语句"为务,只求"不积极的真理"。在求"不积极的真理"者,只能有不积极地逻辑系统,而不能有积极地知识系统。由积极地逻辑系统所以形成的积极地知识系统,正是康德对逻辑所作的划时代的功绩。

附录　真理与实在

（一）引论

　　凡是实在的都是特殊的,而普遍所表现的,都是非实在境界——如同真理境界。真理非实在,实在非真理,好象真理与实在互不相容,其实不然。我们分别实在与真理,不是使实在与真理绝缘;它们在关系中。真理在日常生活及在科学,同具效准及价值两重意义。说真理在日常生活及科学有效准,是说真理为日常生活及科学的基础;说真理在日常生活及科学有价值,是说真理为日常生活及科学的目的。真理非实在,而却重重叠叠的厘定实在。一个被科学律布满的宇宙,便是实在。科学律对特殊经验,它是普遍的,而对概念系统,范畴系统,它只称得起特殊的普遍;因为它是基于更普遍的概念系统,范畴系统的。此概念系统,范畴系统,即是真理的基本型式。理性派人拿逻辑和数学来统制自然,"型式"问题,当然是迎刃而解,所感困难的,是"内容"问题,非理性的感觉问题。经验派人对理性派人打翻案,充分的发挥感觉,便难免小看型式,结果只得放弃科学。康德的理论哲学,总括起来说,便是:怎样将不说理的感觉,安放在概念系统,范畴系统里,使其成为合节奏的知识。知识与对象,在康德,是不能对垒的;知识是关于对象的知识。对象，是知识的对象。知识与对象的连锁，正可启发真理与实在的连锁。

我们还是由日常生活说起。

一、真与实

在日常生活里的见解，真理与实在是不分的。我们平日说话，"这是真的么？""这是实在的么？""你说的是真话么？""真的"和"实在的"是二而一，真理即是实在。但是，即在日常生活，我们也不说桌子是真的，只说它们是实在的。数学上的公式如同："四乘四等于十六"，当然是真的，然在一般人看来，也是实在的。数学的境界，真而不实，我们平日之以为它亦真亦实者，常常是因为较小的数目字太接近实物的缘故。譬如"四千乘四千等于一千六百万"，我们当然承认它是真理，而却很难说它是实在。——我们看，即在日常生活，也有两种对立的见解：

（一）真理即实在。

（二）真理不一定即是实在。

日常生活里见解，可对也可以不对，算不得是知识。——逼近真理与实在的问题的，是"思"与"在"（一作"有"）的问题。

二、"思"与"在"

笛卡尔想在直接意识（思）里把握"在"，他的名言"我思，故我在。"笛卡尔的意思，尽管整个的外界，我以外的世界，都是幻觉，都是错觉，都是假的，而"我在"（"我是"），是不会错的。即便是幻觉,错觉,也离不开"我在"。我的"在",是直接的,明白的在我的意识里。我思,不管是对是错,是醒是梦——我"在"。

说出"思"与"在"的不可解的关系,在西洋哲学史里,笛卡尔并非第一人,希腊的巴门尼德说得比笛卡尔还要深刻,着要。巴门尼德和笛卡尔一样,也以为在意识(思)里,可以直接的明白的把握着"在"。他更进一步说:一切的思,都是关于"在"的思。思均充满了"在"。"在"是充实的,是思的内容。"在"的可能性,是被思决定的。在消极方面,凡是不可思的,也就不可在。凡是思,是关于什么的思,无何有的思,算不得思;在也不能无思,不合乎思的在,也就不能在。不倚于思的在,既不可能,也不是在;正如同无所思的思,既不可能,也不是思。思与在是不能分解的。二者缺一,便两俱失之。即思即在,即在即思。匪思匪在,匪在匪思。思与在违,或在与思违,即陷矛盾。

这里该说明的有两点:(一)思,有各种不同的性质,不同的功能,我们在这里并没有说明,并没有去区别。(二)思的'在',或内容,却不一定是实在。不但桌子椅子可以是思的内容,数学里的π、$\sqrt{2}$、$\sqrt{5}$、连续、极限……甚至于神话小说里的牛鬼蛇神,也可以是思的内容。思必有"在","在"为思必具的内容。"在",可以是实在,而不一定是实在。

笛卡尔的"我思,故我在"的我,是指实在的主观的我。"我思"的思,是属于实在的,主观的我的思。他将醒,睡,幻觉,错觉都算作思的种类。实在的思,是属于我的,是我的思想。没有我,便没有思;没有思,便没有被思的实在。巴门尼德说在不离思,他所谓思,如果细心玩味,便知是不仅指实在的主观的我思。所谓在,也不一定倚于主观的我,主观的思。非实在的非主观的思当有何种性质,暂且不论,先且谈一谈"在"的不倚于主观的我思。"在"字也许太抽象了,不易了解,暂且拿"对象"来代替"在"。

三、几种对象——实在的与不实在的

凡是能做思的内容的都是对象,而对象却不只是思的内容,它比思的内容多。对象对于思维的内容,是一个"独立的加号"。不但实在的桌子,椅子是思的对象,不但不实在的 π、$\sqrt{2}$、$\sqrt{5}$,是思的对象,即使是神话里的牛鬼蛇神,也是思的对象。不但桌子椅子不只是"我思"的内容,π、$\sqrt{2}$、$\sqrt{5}$,不只是我思的内容,即牛鬼蛇神也不只是我思的内容。说桌子是"我思"——也许包含"我觉"——的内容,是指我所了解的桌子的构造形象(知的),颜色、硬度(觉的)等等,然桌子的构造,形象,颜色,硬度等等,还不是实在的,自同一的桌子。桌子之所以成为实在的,自同一的桌子,要比我的所思所感多,这个"多",是指那"独立的加号"。我吃的苹果有甜味,所嗅的苹果有香味,所见的苹果有红色,换句话说,我对于苹果,只能有甜的感觉,香的感觉,红的感觉,但我吃的苹果,不是甜的感觉,嗅的是苹果,不是香的感觉,看的苹果,而不是红的感觉。苹果比我对它的"思""觉"多,对于"我思""我觉"的内容,它是"独立的加号"。

主观的"我"或"我思"是实在的,而"我思"的对象,却不一定是实在的。让我们来看看几种不实在的对象。

数学的境界,都是"非实在"的境界。它不实在,却不妨是客观的(对象的)。它虽没有感官上的存在,没有实在的存在,然却不妨是主观的"我思"的对象。历史的对象,也是不实在的对象。譬如孔子、康德都曾经存在过，曾经是具体的实在。史学家拿他们做对象时，他们已不再存在，不再实在。尤其明显的是历史上的各朝各代，在当时都是王侯将相衣冠文物的灿烂的实在，到作史家的对象时，所谓灿烂的实在也者，已经是过眼云烟，同属大千世界了。过去的不再是实在，未来的也还未实在，不是实在。这好象是说：已是过去，尚非未来的过程（"现在"）才算实在。"现在"是实在的，而实在却不能限于这刹那的"现在"。太阳是实在，不因为我这一刹那（现在）看到它；同时因为昨天曾看到它，明天还能看到它。蜉蝣是实在，不仅因为它一点钟或一分钟前曾经存在，同时因为一点钟或一分钟后还能存在。时间经过的长短，可以不管，而没有时间的实在，是不可思议的。

不但历史世界是非实在，不倚于主观的，即神话传说的世界，也不实在，不倚于主观的意识。《西游记》、《封神榜》里的世界，虽曾经一度是主观的创造，被它们的作者创造，然对一般的鉴赏者，它却独立不倚。

也许艺术境界，表现非实在的性质更明显。说艺术作品非实在，好象有些立异。其实艺术作品，是非实在的。德国诗人席勒说艺术作品是"美的幻觉"，这个见解极好。米开朗琪罗的"神圣家庭"是艺术作品，你能说它是实在么？朴素的人一定说，这张画明明白白的存在于佛罗伦萨的美术馆里，怎能说它不实在！其实，存在的，实在的只是纸张，油布，颜色等等，而画的真生命，却在这实在的纸张，油布，颜色等等之外。诗歌戏剧亦然。阮嗣宗八十二首咏怀诗存在哪里？存在他当日的稿本里呢？还是存在汉魏百三家诗里呢？还是存在我案头的十八家诗钞里呢？王实甫的《西厢》，存在那一个刻本？还是存在所有的刻本？还是存在某某书店的新翻印新标点本？还是存在韩世昌辈在舞台上的表演？音乐也如此；你不能指出那个音乐器具，那个音节，那个音是它的实在，它的存在；虽然每个妙曲，都离不开实在的乐器，音节和声音的。艺术虽不实在，却为艺术家及普通鉴赏者的对象。如果它要有实在，也是不实在的实在。

实在的思维，都有个对象，然此对象，不一定是实在的对象。对象可以是实在的，却不一定是实在的，同时又都不只是思维的内容。我们应该注意这非实在的意义。

四、思维，认识与错误

我们通常是勇于自信，以为自家的主观认识，都是靠得住的。惟有碰到错误，譬如感觉错误种种，才觉出自家的认识，是不大靠得住。错误与认识是对立的，错误与思维却不对立。认识是思维，错误也是思维。错误与认识均用得着思维，而思维同时对于错误，对于认识，却是中立的。认识是思维，错误也是思维，但是思维还不是认识，也不是错误。思维与认识彼此有分别，谁也知道，究竟分别在哪里，却不一定能指示出来。也许有人回答：认识是对真理的思维；而思维是可正可误的。这个回答当然是对的。不过在没有解答"何谓真理？"以前，这个回答虽对，而近于空洞。或曰：认识是思维对象的本来面目。思维可以空洞，而认识却要把握住实在；"实在"是分别思维与认识的标准。然而，我们上面已经说过，实在的思维，不必有实在的对象。譬如，我实实在在的想到$\sqrt{2}$或π，而$\sqrt{2}$或π却不实在，所以说思维一定有实在做对象，或说认识是思维对的实在，错误是思维错的实在，都是不妥当的说法，因为（一）思维不一定要实在做对象,(二)实在既不能错,也不能对,赵高指鹿为马,鹿不会错,马不会错,也不能错;严格的说,"指"也不会错,"为"也不会错,错在指鹿为马。马与鹿均可为思维的对象,认识的对象。对象本身,无正误的问题发生,惟在判断里,才有认识与错误的分别。思维的对象,或是2,或是4,或是房子,砖瓦,纸张,都没有认识与错误的分别,如果讲出它们的关系,则(一)2+2=4,我的房子是砖瓦做成的,是知识,(二)2+2<4,或我的房子是纸堆成的,则为错误;只有论到关系,才能有正与误的分别。第(一)两例,是思维的对象,在对的关系中,第(二)两例,是思维的对象,在错的关系中。既是错的关系,一定不能成为知识,既是知识,一定是有效的判断。

五、几种判断举例

（一）我活着（我上课,我讲话）。

（二）康德生于1724年4月22日

（三）2+2=4

（四）每个判断不能自相矛盾。（或必须自同一）

以上四个判断,其有效的程度不同。第一二两种判断,普通称作经验判断,第二种又叫作历史判断。第三种叫作数学判断,第四种叫作（形式）逻辑判断。

（一）"我活着"这个判断,受我的生命年龄的限制,与我的生死相终始,在我生命的尽头,此判断便无意义,死了的事实,便毁灭这个判断的有效性。假若再有关于我生的判断,便是"我曾活着"的另外的一个判断。

(二)"康德生于 1724 年 4 月 22 日"一判断的有效,便与第一个判断不同。它不限于康德的生命,而只对康德的生日下了判断。但谁也不能说,这个判断的有效性,只限于 1724 年 4 月 22 日那一天。它在每个关于康德的传记的讲述都有效。

当然,以上两个判断,都有许多必然的事实假定:如我这个人,康德这个人,中国,德国,十八世纪,二十世纪等等。没有这些事实的假定,这两个判断均无意义。譬如随便诌一个人名,诌一个生日:"阿猫生于民国纪元前 8000 年 13 月 32 日"是一个毫无事实根据的(假定),所以毫无意义。所以上面两例,都不能离事实,它们的有效性,都不能摆脱时间(空间)的限制。

第三个判断,2 + 2 = 4,显然与第一第二两个判断不同。第一个判断,在没有我以前,没有意义,第二个判断,在康德未生以前,没有意义。第三个判断的有效性,是不受时间的限制的。说它的有效性受时间的限制,与说前两个判断的有效性不受时间的限制是一样的无意义。它不但在我以前,在康德以前有效,即在柏拉图,欧几里得以前——在任何一个时间里,都有它的有效性;在将来,在任何一个时间里,都有它的有效性,不拘于一切的时间。

第四个判断:"每个判断不能自相矛盾",也具有这样不拘于时间的特质,而较第三个判断,更要普遍,因为第三个判断的有效性,要假定它,而它却不一定要假定第三个判断。

从上面四种不同的有效判断,我们可看出,每个事实判断,不管在什么时候,在什么地方,至少是被一个实在的主观(人)在一定的时候,在一定的地方说出、写出或想到。每个事实,都有时空的决定。事实判断的有效性,不外是时空限制的事实。然事实既为有效的事实,则其有效性,不应只囿于时空的限制。当然"我现在写""我现在说"两判断的有效性,限于我现在真写,我现在真说。不过此判断的意义,却超乎真写真说的事实。譬如法庭供状里的"我说"或日记、自传里的"我说",虽都逃不开时间的限制,而同时于时间的限制外,有其超时间的意义。——"我活着"和"康德生于1724年4月22日"都是这一类判断。

数学的判断和(形式)逻辑判断的超时间性,是很明显的。$2+2=4$虽不系于一切主观,第一步我们不能不承认它是事实判断。现在,我在这里说$2+2=4$,自然它是事实判断,不管它是实在的还是非实在的,第一,都是时间内的事实,第二,只要具有效性,便直接的(如第三四例)或间接的(如第一二例)显示它超时间的性质。

判断的有效性的事实,虽摆脱不开时间性,而却为必然的事实;说它是"必然的",是说它不囿于事实的,时间的,而想超越时间,超越事实。有效性的事实,和事实的有效性,是事实判断不能分割的两面。有效性的事实,自然还是事实,脱离不了时间,而事实的有效性,却不囿于时间的性质。所谓有效性者,质言之,即永久性在时间里的表现。永久性并不是神秘哲学的遗留,我们所指的是它的逻辑意义,如果要给它一个别名,我们便称它作"效准"。

六、有效性与效准

前段我们由事实判断出发,同时指出事实的有效性,是超时间的。有效判断的有效性,不离客观关系,每个关系,都应该是客观关系,并且有效准。效准与有效性互相分别,却又分别不开。何谓有别？实在判断具有效性，而效准则在客观关系中。何谓不能分割？有效性只有在效准里，才得建立；实在的判断，只有在客观关系里才能有效。如果分离，彼此都成了抽象，了无着处。初一看去，好象效准即是客观关系。在事实上，它俩也是不分离；没有客观关系没有效准，效准也同时不能在客观关系之外，然而它们并不即是一事。"2+2＝4"与两物加两物等于四物不同。物对于我，可以时甜时苦，时重时轻，时冷时热，各因我主观的情形而互异，然不能同时是甜又是苦，是重又是轻，是冷又是热。换句话说，不但物要自同一，要与别物互异，即性质也要自同一，要互异，才能成其为物；物之所以"为"物，物之"是"物，物之"在"，之"是"，是基于"同"与"异"的，"同"，"异"，"在"，等等有效准，它们在性质或物里的表现，具有效性。效准是形成物的客观关系的，而有效性则在主观关系与实在判断中。客观关系有效准，而它自身不就是效准；事实的主观关系能具有效性，而自身不就是有效性。纯数学的说"2+2＝4"是数学的关系，有效准，在实际上被思维，被说出："2+2＝4"这个命题，这个事实的判断，具有效性。因为我说这句话的过程，只需几秒钟。然而，效准与有效性不能隔绝。有效性正建立在效准上，为效准的表现。我们分别（一）有效性的事实，与（二）事实的有效性。有效性的事实，是时间内的现象，而事实的有效性，却向超时间进展。在实际上完成的"2+2＝4"，它的有效性，却不限于某人，某时，某地的说出，写出。前面的举例：（一）"我活着"或（二）"康德生于1724，4，22"都是时间决定的事实关系。只要这事实关系不错，或说实际上我是活着，则"我活着"的事实判断没有毛病。只要康德是1724，4，22生的，则"康德生于1724，4，22"的事实判断也有效。我的生命的事实，与康德生日的事实，都是受时间决定的事实关系。前者限于几十年的光阴,后者限于某一日。"康德生于1724,4,22"的事实判断的有效性之在将来,却和数学判断一样的有效;它之所以不同于数学判断的,是它在没有康德以前,既无意义,也不可能,而"我活着"的事实判断,在过去(有我以前)在将来(没有我以后)均无意义。客观关系的特征是效准;虽然客观关系,可以是时间的关系,象(一)"我活着",(二)"康德生于1724,4,22",可以是超时间的关系,象(三)"$2+2=4$",(四)"每个判断不能自相矛盾"。事实判断的特征是有效性;虽然事实判断都只能在时间内完成,而它所表现的,可以是时间的事物关系,象(一)(二)两例,可以是超时间的事物关系,象(三)(四)两例。

效准与事实关系,不能分开。没有一个事实关系或客观关系,不是有效准的事实关系,客观关系。假若"$2+2=4$"没有效准,便不能有"$2+2=4$"的关系。假若"我活着"没有效准,除非没有我。虽然如此,效准还是效准,不是事实关系。它们虽然不是一事,却又不能分开。也许可以说效准分有时间性与无时间性两种,看它是在有时间的关系中,还是在无时间的关系中。效准的概念,是无时间性的,正因此,有时间性的与无时间性的,才因之有效。"我活着"的效准,当然是止于我生命的末日。此事实关系的效准,只限于我的生命的久暂,限于我生命的"现在"。正在这个"现在",表示效准的集中。我现在活着,有它悠久的效准。我的生命当然不能永存,而此活着的期间,却具悠久的意义。

因为,事实关系要没有效准,便不成其为事实关系;事实关系,可以是超时间的——如数学关系——可以是时间的——如人事的关系——所以效准也应有超时间与时间的之分。同时,效准在时间的事实关系里,不但不消蚀,而正侵入非时间性的"永久的全现在"。没有效准,则既无超时间的关系,也没有时间的关系。它不是两种关系自身,而在此两种关系中。所以一切的事实关系,同时也是效准关系。

(二) 真理问题

以上所讨论的,总起来说,是真理与实在间的几种关系。我们以日常生活里的看法做出发点:(一)真理与实在合一即是认识,(二)真理与实在都为认识的目的:认识是认识真理,认识是认识实在。真理也好象即是实在。为着避免这种囫囵吞枣的说法起见,我们曾提出"对象"来讨论,说:认识是认识对象。对象可以是实在的,可以是非实在的,所以对象既不即是真理,也不即是实在。就说真理即是实在,也不能说真理与实在都是认识的目的。真理,实在及对象在某种意义下,是可算做认识的目的。然即在日常生活,也能分别真理,实在与对象。我们说在某种意义下真理与实在是认识的目的,譬如,我们前面讨论实在的思维时,承认每个思维动作,每个实在的判断,都是想靠近实在,逼近真理。不过那里所取的标准,是有效性与非有效性,而不是实在与非实在。不过在日常生活里,有效性与实在的关系既未弄清楚,效准与有效性也未能分别。所以我们在前面数段里特别分析此类问题。——还有一层关系未谈到:效准与真理的关系。明白它们的关系,才能明白真理与认识的关系,现在谈

一、真理，效准及事实关系

讨论有效性和效准时，好象我们承认效准即是真理。效准不就是真理，因为（一）效准：有逻辑的效准，伦理的效准，美术的效准，宗教的效准等等，而真理只在逻辑范围以内。说"伦理效准""美术效准"等等，也许有些人听着不悦耳，因为他们只承认相对的善，相对的美。我们要知道：善美等级的现象及我们对它们的估价为一事，是否有一个大善大美的理念为又一事。我们以为，要不假定一个大善大美的理念，经验的，个别的，比较的研究，是无归宿的。——当然，我们这里所要谈的标准，不是包罗逻辑，伦理，美术，宗教等等的"全效准"，而只论逻辑的效准。（二）真理有效准，而效准在一切真理以内，——当然也在善，美等等以内——所以真理不就是效准。正因为能分别逻辑的效准，伦理的效准，美术的效准等等，我们才能说明逻辑的效准与真理的关系。真理是"全效准"的"内容"，正象善，美等等之为全效准的内容。对于真，善，美等，全效准为"型式"。真，善，美等等为"内容"，也正如同，真理与效准为型式，一切特殊的事物为内容。于是有两点待解释：（一）逻辑的效准，既是全效准的特殊内容，则逻辑效准，不即是真理？（二）这里所说的型式与内容的关系当如何？关于（一），型式主义者很容易回答："是的"。我们却以为，逻辑效准与真理虽不能分离，却不能相等。关于（二），我们肯定的说：型式与内容的关系，决不能是孤立的抽象。我们试从数学与物理里，找点简单的例子说明。数学的程式："$2+2=4$"，（一）是客观关系，（二）是"事实"关系，（三）是真理，有效准。（一）（二）（三）虽都分割不开，却又当彼此清楚的分别。在数学的方程式,效准的关系及型式与内容的关系,均表现得清楚,——下面还要细谈。物理现象最能将事实关系,效准关系与真理显明的区别。譬如说:万有引力之于体重,象因之于果。万有引力与体重在因果关系中;这是真理,也有效准。此实在的"在关系中",特别是"在",既不即是真理,也不即是效准:这是事实关系。因果关系是效准关系,效准关系厘定事实关系,使事实关系成为厘定了的事实关系,便是真理。再就型式与内容的关系说。效准关系——如因果关系——当然是"型式"。这个"型式",不特要运用于万有引力与体重之关系这一个现象;要推广到自然界一切连锁的现象。不特万有引力与体重之关系一项是它的"内容",自然界一切连锁现象都是它的"内容"。设想世间没有现象,则因果律是个空洞的名词;设想世间只有现象,而无因果律,则我们只有混乱——其实,即不成现象,更不能有研究现象的科学。所以型式与内容一定要"在关系中",才能有真理。或说事实关系受效准关系厘定,才为真理。

再就数学程式"$2+2=4$"说,我们说它(一)是客观的关系,(二)是"事实"关系,(三)是真理,有效准。(一)(二)(三)虽都不能分割,却不能彼此无别。说它是客观关系,是说它们——"2""+""2""=""4"——各有一定的逻辑地位,不是我们主观的"意像"的虚构。说它是"事实"关系,是指它的"内容"——孤立的"2""2""4"——实在的连系。妥贴些说,是指宾词"4"的形成。效准关系,是指"( )+( )=",即所谓"型式"。效准关系或型式当然有效准,然有效准还不即是真理。"$2+2=4$"整个的完成,才叫作真理。数学的型式,很可说明型式与内容的关系。同样型式,在同一原则下,可厘定无穷不同的内容;不同的型式,在不同的原则下,也可以厘定同一内容。关于前者,譬如( )+( )= ,可以是(2)+(2)=(4),可以是(5)+(7)=12,(x)+(x)=(2x)等等。关于后者,(2)+(2)= ,(8)-(4)= ,$(2)^2$= 等等,都在厘定同一个宾词:"4","8"与"4"与"4",或" 2"与指数的"^{2}"与"4"间有何关系,也不懂"( )+( )= ","( )-( )= ","$(\ \ \ )^2$= ",又有什么意义。一切孤立的办法,都只是空洞的抽象,既无效准,也非真理。我们借莱布尼兹的名言:"关系是基本的真理"。莱氏的意思,是指有关系者的关系,并不只是抽象的关系,更不只是符号。符号是代表关系的实质,符号不就是关系实质,象过于相信符号的人所相信的。同时,逻辑的效准,固然是大效准(理念)的特殊内容,然却不能说逻辑的效准,即是真理,正如同空型或架格,还不能算是真理一样。理论和事实,型式与内容相权衡,我们是比较重视理论与型式的。为着避免旧理性主义的型式热的旧病及新型式主义者将理论与事实,型式与内容弄到绝缘的新病起见,我们对事实(经验)的依恋,往往胜过对空洞、架格瞻仰的情绪。

二、真理与思维,矛盾法的试用

莱布尼兹常用的一个变分法上的例子:"在一切等周的图形中,圆的面积为最大"。这个命题是真理,是没有问题的。莱氏的问题是:这个命题的真理何"在"?在"物"呢?还是在"思"?在几何的图形里?还是在我们的思维里?依我以往的见解,无疑的,这是不倚于我们的"思"。它的真理是不倚于一切主观的"思"。在没有人类以前,在人类灭亡以后,这个命题还是真的。所以它的真理不在"思"。既不在"思",只有在"物"。但是,我们只要稍稍思索,便觉得真理不能在"物"。因为"物",不管是桌子,房子,还是天上的星辰,或地上的虫鱼鸟兽,我们都不能说它是"真理",只说它们是"实在"。——真理既不在"物"只有在"思"。

一方面说:真理不在"思",而在"物",另一方面说:真理不在"物",而在"思"。这是一对显明的矛盾。我们还可以进一步找出第二对矛盾的说法:一方面,真理既不在物,也不在思。另一方面,真理既在物,也在思。后一对矛盾,包含前一对矛盾。所以解决了后一对,前一对也可因之解决。要解决矛盾,或说要找出"正","反"的"合",一定要分别"思","物","真理"在"正""反"两面的意义。

所谓"物",假若只指桌子房子,指天上的星辰,地上的虫鱼鸟兽等等,它们自然是实在的,不能说是真的;所以真理不在"物"中。上面所引几何的命题或别的数学逻辑的命题,它的真理,不倚于"思",因为,即使没有人去思维它,它也一样的真;它不在"思"中。"正"的方面理由:真理既不在物,也不在思,反方面的理由,正好借重"正"方面不倚于思的真理。它既不倚于思,则于思之外,真理当有所凭依。此所凭依,既不是"思"只有是"物",然却不必是实在的"物"。"物"虽具别种意义,然还是"物";故真理还在"物"。同时,不管是莱布尼兹的变分法例,还是 $2+2=4$,还是红色光波长为 $660\mu\mu$ 等等,均是真理,我们之对它思维与否,不影响它的真。它不倚于我们对它的思维;它的真理,还是在思。"反"的方面理由:真理既在物,也在思。

我们看"物","思","真理"在"正"在"反"都具不同的意义。解决矛盾,将"正""反"在"合"里面溶化。还是采用莱布尼兹的方法,分别"实在的思维"与"可能的思维"。莱氏也有意思进一步分别"实在物"与"可能物",不过他没有都明白的说出。

矛盾的解决法或是"正""反"的"合",大概是这样的:真理既不在思,也不在物,如果思与物为实在的思,实在的物;真理既在思,也在物,如果思与物,为可能的思,可能的物。实在的物,实在的思,对于我们没有什么困难,因为本文的开始,都由日常生活里的事实里的,实在的出发。比较困难的是可能的物与可能的思。在莱布尼兹,可能性具非实在性,真理是非实在的,错误也是非实在的。物既无真伪,则真理与错误,都不在物,而在思维。数学家弗雷格(Frege)也指出真理与错误为平列的。他说:只在思维里有真理,所以错误也只能在思维里。后面还有讨论错误的机会,现在还是讲关于真理的部分。

说真理在思,此思是可能的思。实在的思,只有可能的真理,同时却可错误,只有可能的思,才有实在的真理。前面所举几何例(圆的面积)算学例($2+2=4$)物理例(红色光波长度)等等,当然是真理,然是在可能的思,而不在实在的思的真理。因为,此类事理,是否被一个主观所思维是不关紧要的。实在的真理,正在非实在的思维中;非实在的真理,正好在实在的思维中。所谓可能的思维,不外乎是非实在的思维。

可能的物与实在的物的分别,也类似可能的思与实在的思的分别。我们讨论对象时曾说:对象可以是实在的,可以是非实在的,便是替可能的物留下线索。现在还是借重莱布尼兹的说法,分别"数学的圆"及"画在纸上的圆"。用墨笔画在纸上的圆或用粉笔画在粉板上的圆,不能不叫作实在的物。而"数学的圆",只能叫作可能的物。不过莱氏以"数学的圆"为实在的圆,而在纸上粉板上所画的圆;为不实在的圆。因为后一种圆,.在数学意义上,不算实在的圆,只算实在的数学的圆的代表。说数学的圆,因为它不是实在的物;说它是实在的圆,因为它是数学的圆。这两个"实在的"意义之不同,是很容易看出的。

在纸上,粉板上画的圆为实在的,这实在的意义,是实在物的实在,是指存在说。数学的圆,是不存在的。它不是实在的物。惟存在的圆,才是实在的物。可能的物,具一种实在物所没有的特征:数学的特征。实在的物,具一种可能的物所没有的特征:事实的特征。在纸上或粉板上画的圆,如果没有数学圆的假定,根本便不成其为圆。数学的圆,即实际上不画在纸上,粉板上,它还是可能的。这里我们分别事实的实在性和非实在的、数学的实在性。前一种实在,靠后一种实在。所谓"可能的物",不只消极的有不存在的性质,同时积极的为实在物的假定。当然,可能的物,不仅止于数学的对象;数学对象,只是无限量可能物中的一个举例。

可能的思,于实在的思,像可能的物,于实在的物,一样的独立不倚。实在的思,不离一思维的主观;可能的思,是真理所在的思,像柏拉图的理念世界,不管你对它思维也好,不思维也好,它有效准。这好像有些矛盾:既是思,怎能离开主观对它的思维? 我们可以分别:被思维的思与不被思维的思。前者是实在的思,后者是可能的思。实在的思是主观的思,这个人的思和那个人的思互异,正如这个人和那个人彼此不同一样。各人的思想,在事实上虽多少相类,究竟不能毕同。从希腊的"哲人"一直到现在的实用主义者,一脉相传的偏重此实在思维间的互异,这当然也有他们历史的价值;所可惜者,是他们不知或不愿分别此种主观的思与可能的思。"在一切等周的图形中,圆的面积为最大";"$2+2=4$";"红色的光波长为 660μμ"等等思维,不管我们对它的思与不思,它有效准。不管我们思维的主观如何不同,而它们不因之互异。2+2=4,不能在你 2+2<4,在他 2+2>4,红色光波的长度,在你为 440μμ,在他为 550μμ。440μμ,550μμ 光度,为蓝色,黄色,而不是红色。

三、第三境界

弗雷格有名的"第三境界"是在他晚年一篇"论思维"的文章里第一次提出的。提到第三境界,我们便不免联想到柏拉图的理念世界,罗素的"中立境界"和胡塞尔的"元觉"。弗雷格的第三境界,与罗素的"中立的"意味不大相干,因为他不像罗素那样"唯实",虽然他被罗素五体投地的尊崇。胡塞尔的"元觉",也怕不能与第三境界相侔,因为"元觉"的中古气味过浓,虽然它也有柏拉图的来源。第三境界,很像柏氏的理念世界,假若我们给他理念世界一种正当的诠释。所谓第三境界也者,说来也平淡无奇,即相当我们所说的"可能的"境界。第三境界,也即是指思维的所属说。思维(一)即不属于外物;(二)也不属于观念(表象),当然只有属(一)(二)以外的另一境界——第三境界。弗雷格说"思维是一命题的意义","意义"既不在"物",也不在"象",只能在"第三境界"——逻辑的境界,也即相当我们所谓"效准"境界。弗雷格在他的文章里曾举出一个醒目的例子;"那棵树的叶子是绿的,这个思想,半年后不是错了么?"他肯定的回答:"不!"因为"那棵树的叶子是绿的"的思想与"那棵树的叶子半年后是黄的(或枯的)"的思想,并不是同一个思想。每个思想,是要受时间(和空间)的厘定的,不然便只是空泛的命题,既无意义,也非思维。譬如"树叶子是绿的",便是这样空泛的命题。一个有意义的命题,决不能逃开时间(和空间)的支配;这棵树的叶子是绿的——意思是这棵树的叶子现在是绿的。假若这个思想是真的话,则现在的"是真的"却变成了"非时间的全现在"。就是说,只要这个思想——这棵树的叶子是绿的——是真的,则它(这思想)永远是真的。关于树叶在另外时间所生变化的思想,已经是另外的思想——如叶枯黄等等思想,都不能动摇"现在叶绿"的思想。我的"这棵树的叶子是绿的"的思想,必然的包含时间的成分:我现在的思想;然此思想已成,即摆脱一切的时间。即是说:将来树叶不是绿的,也不能动摇"这棵树的叶子是绿的"的真理。这个命题的意义,永远是真的。这个意义——也许说逻辑意义妥贴些——既不需要时间的限制,也不需要一个思想者。弗雷格说:"假若每个思想都需要一个思想者,思想是思想者的意识内容,思想仅仅属于思想者,则没有大家共同研究的科学;你有你一套思想,有你的科学,你是思想者,他有他一套思想,有他的科学;每人都只有他的一套意识内容。几种科学,既互相矛盾,也不可能;也无须乎为着一件真理抬杠,不但无须乎,简直可笑,好像两个人争执一张十块钱的票子是否真的,而各人所指的,是他自己口袋里那张,其所谓"真",却彼此不同。谁要以客观的思维只是他主观的观念,以自家的意识内容为真,这也与别人无涉。假若我说思维不是观念,他也不能说我不对;因为这也与他无涉。好像结论应该是这样的:思维既不是外物,也不是观念,第三境界,是要承认的。"……毕达哥拉斯有名的定理(勾的自乘加股的自乘等于弦的自乘),为超时间的真,不管别人是不是以它为真。这个定理,不需要一个思想者。我想弗雷格的说法,很能帮忙我们明瞭,"可能的思"与"可能的物"的涵义,同时对"经验判断"逻辑的性质,有进一步的了解。

可能的思,不倚于主观的思。可能的思,是实在的思的目的和对象。此为可能的思与实在的思的积极的关系。真理所在的可能的思,是实在的思的原则,它厘定实在的思的"可在性"。从消极方面说:凡不可思的,也不可在。可能的物之所以为可能的物,因为它使实在的物可能;可能的思之所以为可能的思,因为它使实在的思可能。实在的思,求援于可能的思,实在的物,求援于可能的物;也即是求援于真理与效准。实在的思,实在的物之能有效,正因为它们的实在性都受可能的思去厘定的原故。用弗雷格的说法,是"第三境界"的慈光普照,用拉斯克(E. Lask)的说法,它们是"逻辑威力的疆域",一个柏拉图主义者,也许说,它们是在"分享"理念呢。

四、真理与错误是平列么?

我们曾经说过:可能的思,对于实在的思,有指示方向的功能,我们又说过:对象也有指示方向的功能。现在便要回答这两个问题:(一)实在的思,怎样接受可能的思之指示方向的功能?(二)可能的思维与对象的关系,究竟如何? 关于(一),是知识论的逻辑与传统逻辑优劣的问题。传统逻辑,似乎只能供给我们"分析的""形式的真理",所以于真伪问题,也只能作轻浅的答复。知识论的逻辑的长处,就在不落空,能深入,将真理提高一层,使它不与错误平列;传统逻辑,将真理与错误平列。本节便要说明真理如何与错误不平列。换句话说,可能的思,怎样能给实在的思指点方向。关于(二),下节——真理与对象——再回答。

亚里士多德给判断的定义：凡是能运用真与伪的宾词的叫作判断。我们只要略略思维，就知道亚氏所谓判断，是指主观的事实关系，不能指客观的效准关系。因为效准关系，已在一切真理中。同时，真理自身已有效准。客观效准关系，不能现加上真或伪的宾词。伪的效准关系，应该是不具有效性的效准关系，这显然是个矛盾的名词。效准是有效性的先决条件（说见前），我们论到有效性（即是"真"）或无效性（即是"伪"）总是在实在思维的范围以内。有逻辑效准的判断是真，不能是伪；真的宾词不只是现加在它身上，伪的宾词不能加在它身上。所以在实在思维里只有可能的真理，而在可能的思维里才有实在的真理。真理的实在性，是指可能思维之综合效准，真理与事实关系；这是指真理的效准的客观方面说。在实在思维里，真理与错误站在平等地位，可真也可伪；这是指真理的有效性的主观方面说。传统逻辑所说的真伪，是指实在思维里的真伪，非指可能思维里的真伪。实在的主观的判断，不即是逻辑的判断。逻辑的判断是纯客观的，只能是真，不能是伪；它是事实关系与效准关系的交织。主观的，实在的判断，要想是对的判断，便要拿纯客观的效准关系来做它的尺度。

于是我们得着真理与"对"间的关系的分别。真理与"对"，在日常生活里是无分别的，我们现要分别它们，并且找出它们间的关系。何谓"对"？凡在实在思维里依着纯客观效准关系完成的主观的判断关系，谓之"对"。真理与"对"，互为分别，而又互相关系着。在真理里，我们有实在的效准，在"对"里，我们有实在的有效性，"对"的良好的意义，也可以说是已实在化了的真理。

然而，"对"的领土，还只限于实在的思维。实在思维，不一定"对"，也许是"错"。我们曾按着莱布尼兹的四分法：可能的物与实在的物,可能的思与实在的思。换句话说,即承认物(实在)有两种,思维(真理)也有两种。实在的思,可以"对"也可以"错",而可能的思,才是不能错的思(真理)。实在的物,只在主观的,实在的思里;而可能的物,才具效准的形式。真理在实在的思维里只为可能的真理,(即是"对")只在可能的思维里才为实在的真理。

真理没有对偶,它在纯然效准的境界,——"第三境界"。"对"有对偶:错误。我们可以从两方面来看:(一)"对"与"错"同样不能离开主观意识。不能独立不倚于主观意识;而真理却能够。我们不能说错误本身,而却能说真理本身。(二)"对"与"错"都不能离开真理说话,不能对真理独立不倚。"对"与"错"是实在思维对真理的两个不同方向的关系。它们(对与错)是对立的,"对"虽不能直接的"分享"真理,却能直接的反对错误。

也许有人以为错误与真理应该是平列的,一样能摆脱主观思维。$2+2=4$ 是真理,不管我们主观对它思维与否;$2+2=5$ 是错误,也不管我们主观对它思维与否。这是误解。因为,$2+2=5$ 是错的程式,错的程式,算不得程式。真正的程式,是离不开事实关系,效准关系与真理的。而 $2+2=5$ 不成其为事实关系,既无效准,也非真理。这种错的程式,除开主观意识,除开错误的主观意识,便没有成立的余地。固然一个错的命题像 $2+2=5$ 也能有它的实在性,假如它实在的被说出或被思维。不过要说不管我们对它思维或不思维,$2+2=5$ 为错误,则无意义。如果它不被思维,则它什么也不是。

五、真理与对象

我们现在要解答前面的第(二)个问题:可能的思维与对象的关系究竟如何?

真理与对象,似乎都能独立不倚于主观。真理之不倚于物,不倚于主观,我们已经知道。对象的独立性;前面可曾论过:违背对象的思维,一定是错的思维,不管对象为实在的还是不实在的。我们既不能以实在的马为"天马",也不能以不实在的牛鬼蛇神为真。主观的任意,对于它们是无所施其技的;它们独立不倚于主观。

真理与对象都独立不倚于我们主观的思维,然它们间不能没分别,其分别究竟在哪里?

(一)真理不能是错误,对象不怕错误。譬如 $2+2=5$ 是错的程式,决不是真理,却不妨是对象:是小学生的课题,是先生修改的材料。是心理学研究错误的起源,错误的心理材料等等。由效准的立场看,$2+2=5$ 是空虚的,了无实质的;由事实的立场看,它是错的程式,是对象。也许可以说:真理是效准的不倚于主观的思维,对象是事实的不倚于主观的思维。(二)真理与对象的关系,好像效准与"在"的关系。"在"不一定是实在;像实在的错误是"在",实在的房子,山川,人物是"在",数学的圆,π,$\sqrt{2}$,也是"在",神话里的牛鬼蛇神也是"在"。普遍的说,真理的方向,是效准的方向,对象的方向,是"在"的方向。真理不离乎效准,对象不离乎"在"。

因为知识(真理)是关于对象的知识,对象是知识(真理)的对象,所以对象与知识(真理)不能独立不倚,而在关系中。对主观的认识,对象是独立不倚的,而不是对知识(真理)独立不倚。绝对的对象,是一个不通的名词。对象是受效准关系重重叠叠厘定的。在主观的意义上说,对象是我们无穷尽的"课题",在客观的意义说,它是知识的"结果"。为着要解决这课题,主观思维想着要靠近对象。对象之所以能为知识的结果,必定要在效准关系里安排。离开关系谈对象,则对象只是个空洞的名词。对象绝对不能孤立。它是"天生的"在关系中。

(三) 实在问题

一、实在问题的外形剪影

"实在",在俗人看来,是简单不过的,从知识的立场看,它便是个谜。说它是个谜,也许还太肯定,因为谜是要被人猜破的,而"实在"呢,大家已经猜了几千年。谁也不敢肯定的说,已猜中了,至少在敌派人看来,都说"你猜错了!"——我们先从浅处看看"实在"的外形。我们平日以为,凡可以得着,可以失掉的东西,好像即是实在。譬如婴孩,他的母亲的乳头,或他的皮球,能含在嘴里,拿在手里,推得开,抛得去,乳头和皮球,在他是实在的。孩子稍大的一点,如果他会看圆圆的皎月,也许他以月为球,能拿在手里,伸手去抓,纵然抓不着,也许以为它和球一样的能抛去,能抓住。球抛得去抓得回的事实,可以使孩子觉出,球有它的实质,不因为抛出去,其实质便消灭,拿回来实质又还原。换句话说,球的存在与否,不倚于孩子的抓住它或放掉它。孩子找他的球,无问题的他已假定球在某个地方,他只要能找到,又能抓在手里,抛出去。所以不是得着(球),失掉(球),而是可以得着,可以失掉,乃为实在的标准。不是某一次的,在那里抓着的,而在每个时候,每个地方,只要能抛得出去,又抓得回来的,即是实在的。因为实在不倚于每次的被抛被抓而存在,所以实在可不倚于主观而独立。这个不倚于主观而独立,是这个意识阶段的实在的标准。大人虽不像幼孩想抓日捉月,然在日常生活,大家抓捉的心理,是不易全免的。他虽不像孩子直接用手抓捉,却伸手指示:这里是日,那里是月,日在这里,月在那里。这可望而不可及的日月,在这里在那里的日月,对我们是独立不倚的。这种虽不能用手抓捉,而却能指示出的对我们独立不倚的性质,乃是实在的标准。

但是这种说法,很快的便不能使我们满意。当然,我的书房,书桌,书,走进书房和我握手的朋友,摆在桌上滚热的咖啡,窗外的树,对门的山,都不倚于我们而独立。不管是我出门去了,或是在梦里,看不见,摸不着它们,或不想到它们,或是我死去了,它们也都照样存在,不受我主观的看,触,想,生存的影响的。还有,譬如我这张书桌,尽管是由我造成的,尽管造成这桌子的树是由我手栽的,然树的种子,树的长成所需要的日光营养等等,都不倚于我们。我现在即将这张桌子毁掉,剖成细块,烧成炭烬,我们不能因为它形态上的生长,造成,毁灭,便说它的实在,靠我们的主观。它不能从无里来,也不能到无里去。物之能有成毁,都已假定了实在。我尽管对于物有所作为,能自由的改变它的形态,而对它所假定的实在,却不能有所损益。物之实在,物所构成的实在,是独立不倚于我们主观的——这些我们都愿意承认的。不过因此便说实在即等于独立不倚于我们,便有问题。我们现在还不必列举整个的数学的境界,都是不倚于我们的主观,而同时却不实在。还就日常生活的范围来说。我们的观念,当然是倚于我们的。如果不倚于我们,那里还能是我们的观念?北京的西山,杭州的西湖,当然不仅仅是我们的观念。然而我们的西山、西湖的观念,不因此而不实在。对西山,西湖有观念,就是我们的西山、西湖观念为实在。但此观念,假若是我们的,则不能独立不倚于我们,正如同我的存心,我的意志,我的喜怒哀乐不能离我独立一样。爱与憎不能独立不倚于我们的,而同时为实在。我们只要看为爱人爱国爱党,憎恶别人别国别党而牺牲性命的事实,便可知道爱与憎实在的程度了。

我们在日常生活里已经有"内""外"或物体的与心灵的两种实在。我的书房,和我的书房的观念,同样是实在的。不实在的书房,不能在里工作;不实在的书房的观念,使我不能再认识出我的书房,它的地位,内容等等。前种为"外在"的实在,后一种为"内在"的实在。我在书房里工作,却不能在书房的观念里工作。有些哲学家以实体的书房为他的观念,也有些哲学家以观念为实体,这都是不通的意见,不足取法的,常识分别物体的与非物体的实在,而又知道两种实在,不是彼此无关。没有实在物体的树,不会有树的非物体的观念,没有非物体的"真的"树的观念,又不能在园子里种植实在物体的树。这两种实在,虽有"内""外""物体的""非物体"的分别,却不彼此没有关系。我们知道它有关系,而没有指出究竟关系在哪里。

在日常生活中的实在,颇有绝对的意味,大家总以为实在多少保持几分绝对性。实在是不倚我们的思维而独立,用前面论"几种对象"的说法,它对于我们的思维内容,保持着一个"独立的加号"。"独立的加号",好象和"绝对"很靠近,最显明是它"只一次出现"

的事实。尼采说，每人都是"只为一次的，绝对不能再度出现"。莱布尼兹有名的故事，他指示给夏绿蒂公主看，一棵菩提树上，没有绝对相同的叶子。世界一切事物，宇宙间现象，没有绝对相同的，而都只一次出现。这很表现它们的绝对性的各不相干。这也几乎是日常生活中论实在的标准。其实，它们尽管都是"一次的"，却不妨彼此发生关系，在关系中。人与人间，人与物间，物与物间，都不能绝对没有关系，不能彼此绝缘。

我们叫书房，书桌，窗外的树，对门的山等等为物。如果要问：何谓"物"，其不易答复；如问"何谓实在？"一样。所以下面只就我们对物的看法说说。虽然是"一次的"，却不必有绝对的意味。

我们在日常生活中，相信"物"是许多实在不同的性质组合成的。譬如白是性质，甜是性质，而白与甜都是"实在的"，而彼此不同。但一块糖可以同时白而甜。白糖是物，白与甜是同一物的性质。性质尽管彼此不同，却可同附丽于一物，为同一物的性质。我们说性质附丽于物，物为性质的"负载者"，这都表明物与性质在关系中。如果进一步问：它们关系究竟在哪里，在日常生活便难以回答。我们只知道物与性质间"关系密切"，无性质便无物，物不能无性质。白糖块无甜与白的性质，不成其为白糖块，白和甜的性质，又得附丽于糖，分开来说，白的性质可以附丽于马，雪，玉，人，成为白马，白雪，白玉，白人，甜的性质，可以附丽于瓜，果，蜜，酒，成为甜瓜，甜果，甜蜜，甜酒。所以每个性质，是物的性质，而物必有性质，才成其为物。性质在物里组成一个整体，一个"相属"，虽然整体与"相属"的内幕还不曾弄清楚。因为没有哪个性质能单独作成物，所以觉得物不只是它的性质，而要比性质多，对性质保持一个"独立的加号"。因为性质的彼此不同，在同一物里，其性质可蜕变,而其物之为物比较有恒。一棵梨树,夏天开花,秋天结实,冬天落叶。同一个梨子,几天前发辣,几天后就许甜蜜。同一个人,在幼长衰老,其血液,其筋肉组织等等,均各有变化,然其为张三或李四则不变,所以物比性质为有常。物也有变化,惟其变化,较其性质的变化,为有恒定。整个物的性质,我们也是说物的情形。关于它性质的蜕换,我们也说是物的情形的变化。这种变化,乃是某种因的作用,所以论到物的实在性,更联想到物的作用,联想到因果的关系。因果律是怎样一回事,在日常生活便无法回答。然物能有作用,能受作用,我们都知道。我们同时知道:作用因主动的和受动的而不同,譬如雨点或石头打在同一个物体上有分别,和石头打在我们头上或打在玻璃上有分别一样。物的性质的"相关",物与物间的"作用",支配物的废兴成毁;如人有生老病死,树木有荣盛枯萎,天气有风云变化,大地有沧海桑田等等。物各有它的存在,虽然久暂不同。人生上寿百年,而蜉蝣只活一日。血肉入土即腐,而白骨可历久不坏,以为考古计算推测之具。物之存灭,受时间的决定;在那里存,在那里灭,受空间的决定。在时间里演变物与物间的"作用",从某一定的地方,影响到别个地方,别个物。

物彼此有"作用",为主动,被动,所以彼此间,不是绝对不倚,而互相关连。虽互相关连,却又彼此分别,各有其特性,而只能出演一次。因为彼此分别,所以这个与那个,这一组与那一组,有数目的分别。物之受数律的规定,正如受时空规定一样。

物体外形的独立性,物的观念的关连及它们间之互相影响,变动,成毁,以及时,空,数之规定等等,形成我们日常生活中所谓实在。我们先有这样一副"剪影",再来作比较深入的讨论。

二、论感觉，客观思维，实在之连锁

我们的常识，曾替实在立了几个标准——（一）实在即独立不倚于主观，（二）实在对我们的意识内容，保持着一个"独立的加号"，（三）实在为"一次的"等等，同时也发现（一）（二）（三）都有困难。实在是什么？还是一个问号。好在我们都不是不食人间烟火的神仙，还能相信感官所供给我们的感觉。从这里也许得到一些实在的真消息。

我们不想自作聪明，还是借重前人的说法。也许笛卡尔是第一个人以感觉为对象的"标识""记号"。近人柯亨（Cohen）在他的名著《康德的经验论》里以感觉为对象的"索隐""引得"。肯定给感觉以论理的基础的，也许还是康德，他有一句名言："凡与经验的物质条件（感觉）紧切关连的，叫作实在的。"——这才是实在的积极的标准。康德这个大提案，接受休谟，而超过休谟；心折理性论者，而又纠正了理性论者。理性论者说："宇宙是数和几何图形所构成的"用心是矣，则宇宙还有何颜色？此数量化的宇宙，固然实在，也未免太实在。休谟以为感觉之外无实在，只有感觉为实在。感觉固非虚玄，然如此感觉，也未免太实在。这两种实在，都能打动康德的心，而又不能满足康德的心，所以他才有此新提案。休谟的道理，下面再谈，现在且说康德超过休谟替实在所立的新标准："凡与感觉紧切关连的"。

我们用不着看见天津，而知道天津是实在的。那就是说，我能够坐火车去，能够看到听到天津的形形色色。实在的标准，不囿于事实上的感觉，知觉，而在可能的感觉到，知觉到。不是呈现于我们的感官或任何生物的感官者,才算实在,而在某种情形下与感觉紧切关连,如:天文的,天文地理的,天文物理的计算。此类计算,是离不开最大限度或最小限度的感觉的。紧切关连,不是说一定要感觉到实在的对象,是说在可能范围内,能感觉得到。当日亚当斯与勒威耶在理论上发现海王星,伽勒在柏林的天文台上用天文地图与天比较,果然在与亚、勒二氏所说相差无几的地方发现一颗未知名的行星。第二天夜里再观察,正好说明理论与事实的差异,海王星的存在,便无可置疑。当然在1846年地球上还没有人去观察以前,海王星已经存在;不过它一定要是能被观察,如果观察必需条件齐备的话。理论的计算,也离不开可能的观察。所以不是在实际上被察觉是实在的标准,而可能被感觉才是实在的标准。康德说得更小心些:实在的标准,既不在实际上被感觉到,也还不在"能被感觉",而"凡与感觉紧切关连的,为实在的。"在"紧切关连"上,感觉要被安排着一个逻辑的地位,我们倒要看看他怎么安排法,先从感觉说起。

我不知道实在是什么？我所有的只是实在的"引得"——感觉。感觉是实在的"引得",不是有感觉便有实在。我们平日的成见,以为我们对于这张桌子有视觉,便是我"看见"这张桌子。这显然是有困难。因为对于这张桌子的视觉,你的是桌子的那一面,我的是桌子的这一面,同时我的视觉,也时时刻刻有变迁,而"我'看见'这张桌子,"是说"见"这张自同一的实在的桌子。"所见"的桌子,不是自同一的实在的桌子;因为"视觉所及",是因时间与地位变化的。

如果由视觉扩充到别的感觉,则困难更要增加。我不只能看(视觉)一个苹果,同时用手摸(触觉)用鼻嗅(嗅觉)。视觉触觉嗅觉各不相侔，我们怎样知道所视所触所嗅是自同一实在的苹果？红的感觉，与光的感觉，香的感觉，甜的感觉间有什么方法比较？我的视觉，触觉，嗅觉，味觉与这个对象：苹果有什么关系？我们有什么权利说：我"看见"这个苹果，即是对它有视觉，触觉，嗅觉，味觉？我们以感觉为出发点，为"引得"，想藉此求得实在，而现在距实在依旧辽远。我们似乎只有两条路可走：（一）放弃实在，算它为"不可知"；（二）索性否认实在，说感觉就是实在，就康德知识论中某个方向说，似乎有代表（一）的嫌疑。他因为怕跟休谟走得太远，故请来一个不可知的"物如"，做现实的底子。于是认识的对象，成了"对象自身"的现象，成了"物如"的现象。结果：认识的对象与"对象自身"，现象与"物如"均成了对立的形式。这是康德在知识论上唯一的罪状。他的"物如"说正面的解释——以"物如"为概念，为统一现象的概念——却少有人注意。走第（二）条路的有三种人：最彻底的是希腊的"哲人"，最聪明的是休谟，最愚勇的是马赫。"哲人"知道笃信感觉，则知识不可能，他们也就痛痛快快地不承认知识的可能性。休谟怪我们不当将"前后事项"因果化，将习惯并列的印象本体化，同时他自觉得如此怀疑，只是知识的批评，而不是知识的结局；休谟胸中雪亮。只有个"科学的哲学家"马赫，既彻头彻尾的相信感觉，又要在感觉上建立科学，所以最愚勇也最受批评。

"哲人"以"人为一切物之尺度"。"人"即主观，特别是感觉。感觉各人不同，即一人的感觉又各不相同。极端的说，感觉不但为一切物的尺度，并且为"在"与"不在"的尺度，"在"与"不在"也成了感觉里的现象。感觉外无物，只有感觉为唯一的实在。它不只是实在的标准，而是实在本身。外界是我的感觉，外界不实在，只有我的感觉是实在。"哲人"的对头柏拉图,却注重感觉所凭依的"普遍关连"——即是后来康德所提出的"紧切关连"。柏氏说,(一)你们捧感觉,便要假定感觉"在",抛开"在",感觉也不能成立。(二)你们所说的感觉,不能是普遍的空洞的感觉,它的"在",应该是"如是在";它有一定的性质。(三)你们主观主义的出发点,以每个感觉,都互不相同。感觉互不相同,已假定了每个感觉的自同一。不然则不能说这个感觉,那个感觉。感觉之各不相同,之互异,已假定了"同""异"。说每个感觉已假定了"一",说不同的感觉,已假定了"多",说所有的感觉,已假定了"全"。"一""多""全"以及整个的数,都为形形色色感觉的假定,"在","如此在","同""异""一""多""全"等等,都为主观感觉的客观假定。它们是感觉的凭依的"普遍关连"。惟其有此类的"普遍关连",感觉才能有知识上的价值,才能为实在的"引得"。

"一""多""全"等等,依着我们前面说法,都是数学的非实在的对象,所以不实在。"同""异"也如此。这张自同一的、实在的桌子,与那张自同一的、实在的桌子,当然有异,然"同""异"自身,却不因实在的事物有同有异而变为实在。"同"与"异"是非实在的。"在"与"如此在"同理也不必是"实在",笛卡尔说,数学的对象,虽不是实在的,而也不是乌有。它有"在",虽然不是实在。感觉没有这"普遍关连"的各种分子不能成立,我们的思想没有它们也不能成立,虽然它们是思维的对象,而不是感觉的对象。它们是思维的对象,在可能思维以外,它们没有存在。我们的思维,除掉它们不能成立,像一切离开它们不能成立一样。这个可能思维的不实在的对象,可以使实在的对象可能。

康德之于休谟,正如柏拉图之于"哲人"。他所谓"紧切关连"

的各个份子——时空范畴——我们当然不能一一列论,只就"本体"范畴的安排感觉建立实在说一说。

休谟在哲学上的供献,至少有以下三种:(一)肯定的以感觉为知识的出发点,(二)将实在里的超经验的部分完全取消:取消了外界的绝对实在性,取消了时空的绝对实在性,取消了本体,取消了因果,取消了绝对的精神主观,同时取消了巴克莱"存在即是被知觉"公式以外的上帝。(三)他也看出,苟始终依恋感觉,则为一切知识的送终,不只取消了实在的绝对部分,同时是取消了实在自己。正因为休谟做的是知识批评的工作,而不是建立知识的工作,所以康德要百尺竿头,更进一步。

休谟的同情者奥斯特瓦尔特(Ostwald)说:"……譬如一块糖,你以为将白的性质,甜的性质等等除开,后面还有什么?——一无所有。我们之认识物,只由于物之性质,除去一切性质,则所谓物,空无所有。从前科学不进步,大家总以为物后面还有点什么不能认识的,比性质更根本的东西存在。这种错误,我们不用再犯了。"固然性质后面,不能有不可知的东西。然一堆性质,也还不能组成物。譬如我尝到糖的甜,但甜既不"是感觉"也不"是糖"。我之所以能说我的感觉为味觉,对甜东西的味觉,说糖是甜的,而不是苦的辣的等等,一定要有个综合关系的基本律。没有它,一切既不能"是",也不能"不是"。有它,感觉,性质,物等等才有关系,在关系中,而它自己却又不是关系,而是如康德所云,"一切关系的条件,""本体范畴"。"本体"在康德的范畴表里,是第一个关系范畴。

所谓"本体",既不是物,也不是对象,而是它们的逻辑条件。它综合变动的杂多的感觉,成就对象的统一。如此对象才不是绝对的物,而是有条件的。物不能无性质,我们与休谟完全同意。然物不只是"一堆印象",象休谟所云。"物"这个符号,是它自己性质的逻辑的统一。既是逻辑的统一,决不又是物背后或物中的物,而是性质的关系律。马赫说:"感觉材料以外无物",然物却不能只是感觉材料,因为,单就感觉材料说,它们是彼此无关的。马赫只能说感觉材料 A, 不是感觉材料 B, 然而这组感觉材料 ABC 等等组成粉笔,那组感觉材料 XYZ 等等组成苹果,第三组 TKL 组成糖块,第四组 XΨΩ 组成书桌等等都需要一个综合的统一。叫一堆堆的性质,在对象里统一,同时达到物的性质的意义。"物"者,是认识的逻辑构成的对象的形式,"对象"呢,如康德所云,乃是"综合律的功能"。没有这个规律,感觉材料,都是些孤立无缘的材料,我们只能消极的说,这个不是那个,也许连说它是一个感觉的权利也没有,也不能给它一个恰当的内容。因为除了这个"综合律的功能",再不能有综合的关系。

"对象"的绝对性于是取消了,它的"独立的加号"也因之取消么?在经验的主观(实在的思维)说,它还依然保存,因为"综合律的功能"是在经验的主观统制之外。对于"逻辑的主观","独立的加号"却不能再"独立",因为它们都是逻辑关系的份子。因为认识(主观)是关于现象(客观)的认识,对象是认识的对象,认识与对象,"客观"与"主观",同为逻辑关系的份子,在逻辑关系里组成统一:"主观"是指逻辑的统一,"客观"是指逻辑对象的统一。用康德的话说:"经验可能性迹先的条件,同时是经验可能性的对象条件"。简单说:"经验迹先律同时是经验的对象律"。惟如此,实在才可能,实在才成其为实在。

对象既不是它的性质以外的实体,而是由逻辑规律所建立的性质的统一,则对象对我们的"给与",只限于它的性质,那就是说,对象对于我们,并不"给与",只是它的性质对我们"给与";性质的给与,由于感觉。"给与"似乎是外在的独立的,然也不是说对逻辑规律独立,只说对经验的主观独立。如果要说对象是"给与",也只能在逻辑的主观与客观范围之内,"给与"与规律,均在逻辑的统一里被安定。康德为着叫"给与"不倚于经验的主观,为着使综合的统一离开主观的疆界,失策的请来一个"物如",弄得认识的对象与对象自身,现象与物如对立。这是违背康德根本的精神,与他"先验逻辑"不协调。我们现在想简略的替他解嘲,他在"零句"里两次以"物如"为概念,为给某一定的现象以统一的概念。假若以 A 代表某一定的现象,T 代表物如,则它们间的逻辑关系可以是:$A'=f(T')$,$A''=f(T'')$,$A'''=f(T''')$。这样了解的"物如",决不是现象后面一个不可知的绝对实在。

唯如此"本体范畴",才能为常住的原则。我们在日常生活里,已意识到性质要有所"附丽",我们现在才懂得所"附丽"的,既不是性质内,或性质后面的绝对实体,也不是性质外的"神",而是这"与感觉紧切关连"的关系范畴"本体"。"本体"决不是绝对的实在,它是综合性质的逻辑功能,是现象的"函数"。现象在时空内变动,而"本体"规律"常住"。知觉感觉的对象,都要依常住的"本体","本体"的现象的变化,才能被知觉、感觉得到。因为"本体"在一切的知觉,感觉是假定,所以它"在自然里,其量无增减"。它是变动的,杂多的性质综合的统一。没有这个逻辑规律,我们决无权力去厘定各种不同的,而都只一度出现的知觉,感觉。先后同时的知觉,感觉之有科学的价值与客观的意义,都在"本体"规律及许多别的规律的厘定,故曰,"本体"规律等等为科学的可能性的逻辑基础。所以无论为"心",为"物",为"内界",为"外界",一入绝对实在,则成为神鬼境界。实在者,即不外是客观规律性。实在之所以能为知识,也正因为它是客观的规律性;而知识本身,亦不外此客观规律。我们的主观(实在思维),实在渺乎其小,其所见道,贵在见,师心自用者不与焉。

*　　　　*　　　　*

以上均凭藉古人,借得旧瓶,略盛新酒。现在再总起来看看。

笛卡尔以为在"思"里把握"在"。巴门尼德比笛氏说法客观,他说:"思"不离"在","在"不离"思"。可在性倚于可思性,不可思者亦不可在。莱布尼兹分别实在的物与实在的思,可能的物与可能的思。实在的物与实在的思,只有假定可能的物与可能的思才可能。可能的思是什么?即是柏拉图与康德所提出的:"在""如此在""同""异""一""多""全""本体""因果""时空"等等。它们有效准,不管是不是有一个主观去思维。此类可能的思,不靠实在的思;而实在的思,对于可能的思却不可须臾离。它是纯然可思的境界。它不像实在对象似的存在着,所以不是主观的。它是客观的,其客观性在效准里。我们也称它为客观思维的各个份子,或者是客观思维的内容厘定者,也许"在"是最广最普遍的一种,而"同——在""异——在""一——在""多——在"等等,是"同""异""一""多"等等的"如此在"。实在也不离"在","如此在"也受它们的厘定。惟此纯然的可思的境界,始有圆满无亏的真理,实在是此圆满无亏真理的具体表现。所以可在的依可思的维护,不可思的也就不可在。实在的可在性,离不开真理的厘定,而实在并不是实在的,虽然一切实在的却离不开实在。康德以"凡与感觉紧切关连的是实在的。"他所说的"紧切关连",是指客观思维(可能的思)的紧切关连。我们只举"本体"范畴为例。感觉要不与客观思维紧切关连,便什么也不是。有了"紧切关连",感觉便在它的主观性上加上客观的价值。感觉才"在",感觉才成其为感觉。我们当然要分别感觉与客观思维,然分别不是割裂。休谟一派人,以为感觉可以离开客观思维独立的,以为感觉是最后的实在,这是将感觉绝对化,抽象化。离开客观思维的衔接,感觉便不能成立,感觉之所以成为感觉,先要假定这客观思维的衔接。感觉之有实在性,正因为它在客观思维的关系中。"凡与感觉紧切关连的是实在的,"它受"紧切关连"着,所以是实在的,在安排了的秩序里,它表现着实在性。世界没有孤立的红的感觉,蓝的感觉,而只是我们的眼对于一件红的什么的感觉,蓝的什么的感觉,光波长度 $660\mu\mu$,我们说它是"红";$440\mu\mu$,说它是蓝,除去我生理上的神经构造,除去物理的光波的构造,除去空间时间,"在","如此在","同","异","一","多","因果","本体"等等客观的直观关系与思维关系,便无所谓"红"的感觉,"蓝"的感觉。感觉有两个方向,一方面向客观思维的关连求援,一方面为实在的对象索隐。真理与实在的距离,因为它缩短了许多。理性派的口号,似乎是"离开感觉",依我们看,正应该是"回到感觉",实在的问题,才能有比较圆满的答案。

以上所说的只是"真理与实在"问题的"序幕",还有两出正剧——"真理构造的基本型式"与"实在的构成"——还不曾排演。我们现在所知道的:实在虽不就是真理,而实在离不开真理;真理之外无实在。只有在纯客观思维或效准关系里,实在的才能为实在,具实在性。

《康德学述》成书背景及特点

陈启伟

《康德学述》是郑昕先生关于康德哲学的一部学术专著,1946年由商务印书馆出版,三十八年后(1984年)商务曾将此书重印发行。

郑昕先生的弟子、亦为康德哲学专家的齐良骥教授在《康德学述》"重印感言"中说,这本书"值得珍视","它堪称我国认真介绍康德哲学的第一部专著",我很赞同齐先生的这句评语。

康德及其哲学思想被介绍给中国人,始于19世纪末20世纪初。较早有梁启超、王国维等人发表于报章杂志上的若干简介、略述、浅论康德思想学说的文章。"五四"运动时期有的杂志上设"康德专号"集中介绍康德哲学,上世纪二三十年代续有评介、讲述康德的文字见诸书刊,但大都是粗浅、零散,缺乏较完整的解说、阐述康德思想之作。三四十年代虽已出现康德哲学原著的翻译(如《纯粹理性批判》最早的一个中译本,《道德形而上学探本》等),惜仍寥寥无几,而且学界(包括那些译者在内的国内治西方哲学的学者),并无与之相伴的评注和研究性著作。对于此前数十年间康德哲学在我国的介绍和研究状况,郑昕先生当时有一很尖锐的批评,说"此学之在吾国,犹为一未耕之地也"。(《康德学述》弁言)郑先生的《康德学述》一书正是为了弥补这一学术缺憾而作,把他在康德哲学这块园地上多年耕耘的成果贡献出来。诚如郑先生所言,

"康德之学,博大精微",其哲学体系由三大部分组成:《纯粹理性批判》(知识论)、《实践理性批判》(道德学)、《判断力批判》(美学)。《康德学述》之所述,实则仅为《纯粹理性批判》的内容(虽然对康德道德学、美学思想亦间有论及),或如郑先生自己所云:"可为《纯理性批导》一书之提要与诠释"。众所周知,康德思想深邃,但其著作"行文艰涩"难懂,郑先生在《康德学述》中以明白晓畅的文字,对《纯粹理性批判》的大端要义,做了比较确切翔实的陈述和清晰深入的阐释,在我国学术界,就当时康德哲学的介绍和研究而言,无疑是一部(也可以说是第一部,甚至是唯一的一部)真正具有很高学术价值和学术水平的著作。

《康德学述》初版于1946年。其部分篇章之前曾发表于《学术季刊》杂志。但全书的酝酿和准备工作,则始于三十年代北京大学南迁昆明之前郑先生在京任教期间。郑先生留德多年,专攻康德哲学,1932年回国任北大教授,此后数十年间倾全力于康德哲学的讲授和研究。在西方哲学研究方面,当时有两大重镇,分属北大与清华。清华哲学系力挺英美新实在论,有金岳霖、冯友兰两位大家,他们不重翻译和注释,而着力于糅合中西,将英美的实在论与中国传统的理学融为一体,构造一个推陈出新的、自己的体系。与之相反对,北大哲学系则阐扬德国唯心论,主要是研究康德哲学与黑格尔哲学,郑昕与贺麟两先生各居其首而为主导人物。他们重视原著的讲授、注解、阐述和翻译,贺先生主办的"西洋哲学名著翻译委员会"在四十年代就邀约和出版了包括康德、黑格尔哲学在内的一批西方哲学的论著和译著。其中确有一些水平极高、质量极优的学术精品、珍品,如陈康先生译注的《柏拉图巴曼尼得斯篇》(1944年初版)就是一例。郑昕先生的《康德学述》也是由西洋哲学名著编译委员会主编,并由商务印书馆出版的那一套丛书之一种,也是我们今天仍然值得珍视的一部学术著作。

《康德学述》是在抗战时期的大后方写作的,条件极为艰苦。据郑先生说,"是书成于乱离中之读书杂记",因为许多关于康德哲学的研究论著和参考书在南迁时"均弃置平津","只能随心之所记","笔之于书,剪裁为文"而"汇集问世"。郑先生曾自谦说这部著作"了无创意",但是我们重读此书,仍觉它有其独具的特点。

一、讲康德哲学,一般都是按《纯粹理性批判》中关于感性、悟性、理性的顺序进行论述的。郑先生则不然,他将《纯粹理性批判》分为两大部分:第一部分是"康德对玄学的批评",其内容恰恰是康德在讲了感性、悟性之后专讲理性的部分〔所谓"先验辩证论",包括先验幻相、先验理念、理性的谬误推理(理性心理学)、理性的二律背反(理性宇宙论)、理性的理想(理性神学)诸篇章〕。理性是超越感性和悟性的,感性和悟性是知识构成的两大要素,理性不是知识的要素,不是知识的形式,也不是知识的对象,而是知识的限界或极限,如以理性的理念为知识的对象,就产生了玄学(形而上学)。对理性的批判、对形而上学的批判正是建立积极的、正当的知识论的前提,由此而进到《纯粹理性批判》的第二部分即"康德论知识",其内容包括"先验感性论"(论时空)、"先验分析论"(范畴论、知识基本原理),讨论感性与悟性、悟性与理性、现象与本体的对立,提出知识论的总问题:"先天综合判断如何可能?"这一部分内容真正阐明了知识的构成及其限度,使知识不致僭越而误入玄学(形而上学)的歧途。

二、作者对康德《纯粹理性批判》中的概念和学说都是客观地、如实地讲述,但并非没有自己的理解和倾向。例如,他强调康德的"物如"(我们通译为"物自体"、"自在之物")是一个使现象不可僭越的"限界"或"极限"的概念,而绝非某种客观的或超自然的存在。(这个观点显然是接受了他的新康德派老师的影响。)又如,他坚持康德"悟性为自然玄法"的唯心论观点,认为科学的规律,所谓"自然律"或"理"都是"吾心之所赋予者",是悟性的"先天综合作用",实即"思想律","除开思想律不能说自然律;除开吾心之理,不能言外物之理"。郑先生并且以此观点批评了新实在论的理性(实指冯友兰的新理学),说他们"只顾说'一事有一事之理','一物有一物之理',假定满坑满谷,死口无对证之理,于事何补?于人何补?于理又何补?"

三、郑先生对康德哲学的某些概念、命题的说明通俗易解,大有助于我们对《纯粹理性批判》的阅读。例如,关于数学和自然科学之为先天综合判断的解说,较之康德原书的论述要更详明细致,读来颇有兴味。

四、郑先生讲述康德思想,许多地方做了历史源流的探究,例如范畴问题,郑先生就上溯古希腊哲学,下及文艺复兴、伽利略、牛顿科学,近代理性派和经验派哲学直至康德。这就使读者对康德的范畴学说有一更广博的理解。这种历史主义的讲述方法,是《康德学述》的一个优点。

以上所说,是我读郑先生《康德学述》一书的一些印象和感想,未必有当,仅供参考。